artdigilandbooks **letteratura**

I0491548

Corso Salani

MIRNA

Un diario cinematografico

a**r**t digiland
.com

Artdigiland Ltd
23, Griffith Downs - The Crescent
Drumcondra
Dublin D9
Rep. of Ireland
www.artdigiland.com
info@artdigiland.com

Corso Salani
MIRNA

impaginazione: Sara Pinti

in copertina:
Corso Salani sul set di *Mirna*
foto: Marianna Bac

Sommario

Chissà dove è adesso quella ragazza con i capelli così corti. E dove sono finite quelle poche parole che disse prima di entrare nella mia vita e non uscirne più, evidentemente. Almeno fino ad adesso. I capelli corti, la pelle chiara, e quel giaccone blu che non era mai pesante abbastanza, anche se a Buenos Aires è difficile che faccia proprio freddo: non era neppure pieno inverno, era già passato, ma lei sembrava che vivesse con cinque o sei gradi di temperatura in meno intorno. "Vos no sos de acá, ¿verdad?" No, non ero di lì, ci stavo vivendo per un periodo che doveva essere più breve. Ero arrivato e avevo fatto scadere il biglietto di ritorno; per una volta non avevo fatto programmi. Poi uno trova un lavoro, conosce qualcuno, va al cinema due o tre volte, incontra una ragazza come quel pomeriggio in Callao. "Tu non sei di qua, vero?". Se ci fossero state altre frasi possibili non lo so, era bastata quella a farci rimanere insieme quella sera e andare al centro Rosas per vedere un documentario montoneros. La vita culturale della città, ogni giorno mille cose da fare. E per rivederci qualche sera dopo. E poi di nuovo una domenica pomeriggio, per andare a trovare i suoi amici. Non ti preoccupare, stiamo un minuto, il tempo di un caffè, e alla fine alle tre di notte presi l'autobus per tornare a casa. E poi subito il lunedì, visto che la fermata ci era piaciuta, quelle ore che siamo rimasti lì per baciarci. Tutto il tempo che volevamo e di cui avevamo bisogno. Fino a che non passarono più autobus e ci fu da aspettare quelli dell'alba, che arrivò poco dopo. E mentre la gente iniziava a andare a lavorare, io andavo a dormire, perché fino a pochi minuti prima ero stato a baciarmi con una ragazza di Avellaneda che avevo incontrato qualche giorno prima. Non

7

Io so se per lei era normale, può darsi di sì. Per me comunque no, tutta un'altra vita che ero venuto fino in Argentina per poter fare e quasi non me lo immaginavo neppure che potesse esistere. Niente di speciale, ci sono milioni di vite molto più complicate, ma quegli ultimi anni erano stati difficili e non me lo ricordavo mica che se uno esce la sera può tornare a casa quando gli pare. O può anche non tornare, se gli capita. C'era da ripartire da capo e riabituarsi all'idea che si può vivere come si vuole e non succede niente. E come volevo, per fortuna, volle dire trovarci il giorno dopo in Florida y San Martín, davanti alla galleria d'arte, e andare con la metro, il più in fretta possibile, in una casa di Scalabrini Ortíz. Una casa che era più uno studio o chissà cosa, perché a dir la verità non l'ho mai capito bene: mobili non ce ne erano, forse al massimo un tavolino. Ma c'erano dei cuscini in terra, che furono comunque abbastanza per sdraiarci e fare l'amore, come se l'avessimo sempre fatto insieme. Come se non avessimo mai conosciuto altri uomini o altre donne. C'eravamo trovati per questo, sembrava. Quei pensieri che uno sul momento non se ne rende conto, ma poi gli rimangono in mente per sempre. Solo che i pensieri sono una cosa, e si controllano facilmente. E tu invece ti ho persa, senza nemmeno avere l'attenzione di dirtelo, scomparendo velocemente, nelle migliori tradizioni di chi sbaglia e non se ne rende conto. O, se se ne rende conto, non gliene importa, perché tanto pensa di essere più forte. Cosa volevo di più? Non avevo avuto pace finché non avevo trovato una ragazza a Buenos Aires. Mica per altro, ma stare sempre da solo era diventato un po' pesante, c'era stato quel sabato notte su Corrientes, terribile, quando tutti andavano a teatro o al cinema o a cena o dove gli pareva, e io mi ero sentito l'unica persona sola rimasta nel mondo. E allora, via con quella ricerca disperata, pronto a farmi piacere chiunque, ovunque, bastava che mi sorridesse, che mi dicesse qualcosa, che si accorgesse di me, che almeno per una sera non mi facesse sentire perduto dall'altra parte del mondo. Che era quello che avevo cercato, solo che ogni tanto risultava un po' troppo difficile. E invece non fu difficile, dopo qualche tempo, sentirmi pronto per qualche altra ragazza – sono ancora giovane, qui non mi conosce nessuno, faccio quello che mi pare. Quale altra ragazza, poi, resta ancora oggi un mistero, perché all'orizzonte non appariva nessuno. Approfittarmene e basta, invece di essere grato. Gli errori che si fanno. Per poi trovarsi quattordici, quindici anni dopo su questo aereo di Aerolineas Argentinas sulla tratta Roma-Buenos Aires, partenza da Fiumicino alle ore 19.40 di domenica 17 maggio 2009, arrivo previsto alle ore 5.00 di lunedì 18 all'aeroporto "Ministro Carlos Pistarini" di Ezeiza. Meglio arrivare quattro ore prima della partenza, così qualsiasi problema si inventano, ho tempo per risolverlo. Meglio guardare il film sullo schermo del sedile, che però qualcuno prima di me deve avere rotto. Allora mettiamoci l'Ipod, anche se non so che cantante ascoltare. E proviamo a dormire un po', tanto lo so che sono troppo emozionato e non mi riesce. E quindi, alla fine, meglio pensare soltanto a come sarebbe bello sapere qualcosa ancora di quella ragazza che a quel tempo ho trattato male. Magari proprio male no, certo non bene. Superiore, indifferente, annoiato. E adesso invece torno apposta a Buenos Aires per fare un film su quello che mi ricordo di lei. O di me e lei, che è la stessa cosa. Come se fosse la vita di qualcun altro, non sia mai che dopo si pensa che ci sono di mezzo io. Ma tutte le immagini che mi ricordo sono già le immagini del film. E quelle che mi mancano me le invento, o me le trovo già nella mente, come succede quando si fanno i film. Perché sono già pronti, basta trovare il modo e il momento per filmarli, né un giorno prima né un giorno dopo. Intanto però, è bello pensarci adesso: come essere ancora lì, tutti quegli anni fa. Ma, se proprio volessi, chissà se sarei capace di ritrovarla quella ragazza. Dunque, cosa so di lei di preciso? Nome e cognome: Mirna Alonso. I suoi genitori abitavano a Avellaneda, prima periferia popolare, anche se erano nati in Paraguay e in Argentina c'erano andati per lavorare. Una sua sorella era infermiera. Da qualche parte avevo anche il suo numero di telefono, perché Mirna era andata a pranzo lì e io la dovevo chiamare. Poi che altro? Un giorno voleva lasciare Buenos Aires per andare a vivere a Puerto

Madryn, perché lì la gente è più gentile. Non so bene a far che, ma se lo diceva la Mirna, sicuramente sarebbe andato bene: difficile che avesse torto, o che sbagliasse qualcosa. Poi che altro mi ricordo? Era stata fidanzata per parecchio tempo, e aveva fatto la brava ragazza. Diceva così, anche se alla fine penso che l'annuncio e il concetto si riducessero ad avere tenuto i capelli lunghi e legati fino a quando era stata insieme a quel ragazzo di cui non ho mai saputo il nome. Poi se li era tagliati cortissimi, il giorno stesso che si erano lasciati. Tutto qui. Perché sinceramente altre caratteristiche per essere più brava rispetto a com'era quando l'ho frequentata io, non l'ho mai trovate. Con tutta quella tranquillità che aveva, la serenità assoluta. Dal primo momento del primo giorno, dalla prima lettera di quella frase che mi disse "Vos no sos de acá, ¿verdad?", quando si era già tagliata i capelli molto corti, cortissimi. Che a volte sembravano quasi bianchi, trasparenti, sulla nuca. Se ci penso non l'ho mai vista coi capelli un po' più lunghi. Non c'è stato tempo, ho fatto finire tutto prima che le ricrescessero. Bravo, complimenti, anche a distanza di tempo. Solo che adesso magari lei è davvero a Puerto Madryn, o in qualsiasi altro posto dell'Argentina, del mondo. E ottanta probabilità su cento si ricorda appena di aver frequentato, di essere uscita, di aver baciato, di aver fatto l'amore con un italiano, qualcosa che è successo un po' di anni fa. E io invece sono su questo aereo, che in questo momento vola sopra l'Atlantico. Ho visto che in prima classe, La Club Condor di Aerolineas, salivano due giocatori dell'Inter: gioca la nazionale, tornano a casa per qualche giorno. Loro non hanno problemi, ma io ho messo in gioco soldi, tempo e coraggio, lasciando perdere le altre due volte che sembrava tutto pronto e poi alla fine non sono partito. Ma oggi ce l'ho fatta e quello che mi aspetta, credo, è rivivere quello che ho già vissuto con la Mirna a suo tempo. Questa è la differenza fra me e lei, che non ci incontreremo più, che non sappiamo niente l'uno dell'altra, che ci siamo persi come si perdono tante persone. E poi che senso avrebbe incontrarci di nuovo, riconoscerci, ripensare? Si vede che doveva andare così. Le cose che non dovrebbero succedere e invece succedono. La nostalgia che ho avuto in questi anni almeno servirà a fare un bel film. Bellissimo. Il più bello di tutti. Tanto in questi casi vale anche dirselo da soli.

***

Adesso la prima cosa da fare, ma proprio subito appena scendo da questo autobus verso il centro, è lasciare le borse in albergo, comprare il giornale e andare a fare colazione. Iniziare la giornata insieme a tutte le altre persone che vivono a Buenos Aires. Tanto, fra una cosa e l'altra, passaporto, bagagli e biglietto dello shuttle Tienda y Leon, sono già le sei. Ancora una mezz'oretta su questa autostrada, la "Teniente General Ricchieri" – chissà perché qua trovano sempre questi nomi così impegnativi, non bastava A1 o A2 o un altro numero qualsiasi? – poi il taxi, la doccia e in un attimo arrivano le sette e mezzo. L'ora più adatta per un café con leche e due medias lunas, magari tre, che il viaggio è stato lungo e in aereo, dicono, si mangia poco e male. Intanto, comunque, com'è bella Buenos Aires, anche in questa periferia che stiamo attraversando. Come è bella l'Argentina. E come è bella la vita quando non rimane altro che fare quello che ho deciso. Poi lo so benissimo che da domani, già da stasera stessa, il tempo inizierà a passare troppo velocemente, i giorni saranno ore, minuti, e senza neppure accorgermene arriverà il momento di andare via: la stessa autostrada al contrario, l'attesa, l'aereo e la mattina dopo a casa, a chiedermi perché sono tornato anche questa volta. Senza speranza, è finito tutto ed è durato troppo poco, come sempre. Però bisogna mi costringa a non pensarci già adesso, altrimenti comincia tutto male prima del dovuto. Per esempio, invece di questa desolazione che tanto si sa che prima o poi arriva, posso pensare a quella notte molto tardi, o quella mattina molto presto, dipende dai punti di vista, quando uscii da Scalabrini Ortíz e tornai a casa. Solo che alle quattro e mezzo non è facile trovare gli autobus giusti, neppure a Buenos Aires, tanto che allo scambio di Belgrano, senza rendermene conto sul momento, dopo un po' che aspettavo, andai a fare la colazione più bella della mia vita. Una delle più belle. Se ci penso, era stata bella tutta quella notte, grazie alla Mirna che aveva reso le cose così semplici. Ma, per una volta, ero stato bravo anche io, non posso dire di no: nessuna paura, nessun imbarazzo, la stessa tranquillità che potevo copiare identica da lei. La spandeva in tutta la città, ogni volta che usciva. Quella sera ero arrivato all'appuntamento con lei seguendo il bagliore della sua purezza. Fino a che non ne ero rimasto abbagliato, mentre la guardavo spogliarsi, andare a fare la doccia, il tempo di dare un'occhiata fuori dalla finestra ascoltando l'acqua che cadeva, e poi vederla tornare nell'asciugamano, i capelli già asciutti perché erano tanto corti, e il freddo che naturalmente la faceva tremare. Senza smettere di tremare tutta la notte, anche mentre la baciavo. Mirna. E dopo non c'era alcun motivo al mondo, anche a volerlo cercare a tutti i costi come al solito, per non permettersi anche quella colazione. Quel bar alla stazione di Belgrano chiuso con le tende di plastica trasparente, il cameriere che leggeva la prima edizione del Clarín, due clienti a tavoli separati che molto probabilmente era dalla sera prima che aspettavano l'alba lì, e io, "Un café con leche y dos medias lunas, por favor", pregando che i minuti passassero più lenti, che il sole si fermasse, così rimaneva notte tutto il tempo che volevo, quanto mi serviva per essere contento in quel modo. Lì sì che ero perduto nel mondo, a quell'ora, in quel posto, con quelle persone; in quella città così grande, in quella zona dove passavo di rado. Dopo la notte che avevo appena passato. Tutta la solitudine del mondo, se continuavo in quel modo ci riuscivo davvero a dimenticare tutto e rimanere qua per sempre. Può succedere di tutto, non me ne importa, sono pronto. "Io vorrei che restassi con me stanotte, ma vedo che diventi inquieto, quindi forse è meglio che torni a casa". Lo so Mirna, sarebbe meglio restare, dormiamo insieme, domattina usciamo e dopo ci sentiamo per rivederci. Iniziamo a fare la vita che si fa quando le persone si incontrano e stanno bene come stiamo noi. Invece si vede che avevo capito che, se rimanevo a dormire con te, quell'occasione l'avrei persa. Cosa ne posso sapere. Quel silenzio che c'era in quel bar, la stanchezza di tutti, dopo poco Buenos Aires sarebbe tornata uguale a sempre, milioni di persone e un unico rumore, spaventoso, che i primi giorni non si riesce a parlare in strada.

Adesso, è inutile pensare di ritrovare tutta quella bella sensazione stamattina, non ci sono proprio le condizioni. Altro quartiere, altra notte appena passata, altri anni. E poi della Mirna qui si hanno soltanto ricordi, qualche lampo nella memoria, immagini senza ordine. Un giorno però bisogna che mi ci metta d'impegno e provi davvero a capire come mai a un certo punto è diventata così importante. Come non era mai stata. Qualcosa che mi porto dietro in continuazione, che a volte mi sembra di non farcela, perché poi alla fine si tratta soltanto di tempo perduto che, come da copione, non torna più.

Ma questi sono pensieri, e invece adesso è meglio concentrarsi su quello che mi aspetta: c'è da organizzare tutto, scegliere i posti per le riprese, cercare l'attrice che deve diventare Mirna, capire come e cosa filmare. E chiarire anche le cose apparentemente minori, che poi va a finire diventano sempre le più importanti: per esempio, individuare un posto, un bar, qualcosa che possa fare da ufficio, se c'è bisogno passando direttamente dalla colazione al pranzo, un caffè a metà mattina, una birra più tardi, quando proprio ci sarà da studiare il piano di lavorazione o sistemare i giorni di ripresa sulle Ande, insomma, qualsiasi cosa che non si può fare sdraiati sul letto di camera – il tavolino non c'è, non vorrei aver risparmiato troppo sulla logistica – o su una panchina dei giardini pubblici, perché poi qui non stiamo giocando e nonostante tutto cerchiamo di fare un film serio.

Ma questo è soltanto uno dei problemi, che per non farmi stare tranquillo, devo affrontare il più in fretta possibile, perché il ritorno è già fissato alle 22.45 di un maledetto sabato 6 giugno, e fra una cosa e l'altra, praticamente sono già in ritardo. Ma si può partire per un film in America Latina, autoprodotto quanto si vuole ma pur sempre prodotto, senza avere neppure la più pallida idea di chi sarà la protagonista? Basteranno quelle tre o quattro ragazze che ho visto su internet? E poi non lo sapessi che le attrici sulle foto sono sempre diverse da come sono quando le vedo ai provini. Meglio prepararsi, perché può anche darsi che non ne vada bene nemmeno una. E allora dovrei fare tutto ancora più di corsa, telefonate, ricerche, andare a teatro a vedere spettacoli che non mi interessano, col tempo che passa e la paura di non trovare nessuna per il film. Perché poi, visto che sono venuto qui apposta, vorrei filmare il più possibile, anche lasciando perdere il fatto che una sceneggiatura non ce l'ho e le scene che ho in mente in qualche modo comunque le dovrò legare, così, tanto per dare un senso compiuto, mica per altro. Ma è inutile scoraggiarsi prima del tempo: magari succede un miracolo e una di quelle attrici che ho visto e avvertito andrà bene. "Vi chiamo appena arrivo, lunedì, così ci mettiamo d'accordo e ci vediamo nel pomeriggio o martedì mattina". Qui vicino c'è la sede dell'Associazione degli attori argentini, e mi ricordo che al primo piano c'è un bar sempre aperto. Quando stavo qua ci sono andato qualche volta, perché poteva andare bene anche fare l'attore: migliaia di annunci, mai trovato niente. Ai tavolini attori e attrici, uguali in tutto il mondo, tutti con l'aria di essere appena usciti da un set, o di avere passato nottate memorabili, o chissà cos'altro, barbe non fatte, occhiali neri anche nel più scuro dei giorni, spalline del reggiseno in vista, sussurri misteriosi e risate troppo forti, un senso generale di disfatta prima ancora di combattere. Tutto il repertorio degli attori senza fortuna, o che non lavorano, che è la stessa cosa, perché quelli che lavorano, la prima cosa che fanno è abbandonare posti come quelli e giurare di non tornarci più. Ma forse li vedo soltanto io in quel modo, e per incontrare le mie attrici, quel caffè può andare bene: dà un'aria di serietà, di efficienza – come fa quest'italiano a conoscere questo posto? – e comunque almeno sempre fra attori rimaniamo.

Però, per ora, devo dire che le cose stanno andando bene: il posto per gli appuntamenti l'ho deciso, e questo bar, El Lorea Café, che ho scelto un po' a caso per fare colazione, mi sa tanto che diventa quella specie di ufficio che cercavo. A metà strada fra l'albergo e l'Associazione degli attori – Asociación de actores, ci tengono – in Congreso, che se mi ricordo bene la sera si svuota, come una piazza di una città bombardata, e la vita se ne va altrove. Dove va, poi, è un altro discorso, perché io in tutto il tempo che sono stato in questa città, l'avrò sfiorata, a dire tanto, tre o quattro volte, cinque se considero la sera che sono andato al concerto di Armando Manzanero, corazón de Mexico. Ma era un venerdì sera, e il teatro era in Corrientes, quindi troppo facile: come stupirsi per un po' di animazione a Broadway la sera di una prima. Per il resto, quando ero solo, al massimo raggiungevo un cinema a San Isidro, o restavo a San Fernando, che era la cosa migliore da fare per non vedere tutta quella gente che si divertiva e io no; e quando ero con la Mirna, qualsiasi posto andava bene, tanto c'era lei.

Da queste vetrate si vede fuori, nessuno guarda dentro, gli autobus che passano, i taxi, quei palazzi che sembrano francesi, il kiosco dove ho già comprato il giornale. L'importante è prendere subito delle abitudini, come se vivessi qui da sempre. O per sempre, che sarebbe ancora meglio, perché sono appena arrivato e ho già capito che questa città mi piace come al solito. Che se trovassi un motivo, un modo, qualsiasi cosa, per rimanere, lo farei senza problemi. Vi annuncio ufficialmente che da oggi io sono un cittadino in più di Buenos Aires, quindi aggiornate i conteggi, preparate i documenti, adeguate il censimento, fate un po' quello che vi pare, perché io da qui non vado più via.

Però, anche senza fare piani a lunga scadenza, che sono sempre difficili da mantenere, posso pensare a questi prossimi giorni: tutte le mattine voglio uscire presto, prendere il Clarín e sedermi a questo tavolino, sempre lo stesso: se tutto va bene, fra tre o quattro giorni questa ragazza mi porta le cose senza neppure che gliele chieda. Cliente abituale, si sa cosa prende, in tutti questi anni soltanto una volta ha chiesto un toast al posto delle medias lunas. E allora, adesso diamo un'occhiata alle notizie, vediamo sull'ultima pagina se c'è in giro qualche film argentino da vedere, che magari trovo l'attrice perfetta, e poi davvero bisogna che cominci a darmi da fare. La vacanza è già finita, ammesso che sia mai cominciata. Anche se, diciamo la verità, io mi posso organizzare quanto voglio, ma rimane sempre aperta la questione fondamentale, il problema dei problemi, il millennium bug della mia filmografia: fino a che non trovo la protagonista, non si mette in moto niente. Che poi, detto così, sembra soltanto un problema di casting, qualcosa che si risolve in fretta perché poi in fondo sono già stati fatti centinaia di migliaia di film in tutto il mondo e un modo per uscirne si trova in fretta, basta fare ricorso all'esperienza. Ma qui è un po' più complicato: c'è da presentarsi come regista straniero e chissà perché non c'è mai nessuna a cui venga in mente di dare un'occhiata su internet prima dell'incontro, anche solo per curiosità; c'è da proporre un film che non ha e non avrà sceneggiatura; e c'è da offrire un compenso che grida giustizia. E questo è il meno: anzi, non è niente. Perché la poveretta che verrà scelta, non sa – e non c'è modo di avvertirla prima – che verrà travolta in poche ore, al massimo dopo un giorno di riprese, da un'ammirazione, da una gratitudine, da un amore sconfinato che, come al solito, le toglierà il respiro e, tanto per citare qualche sua collega che l'ha preceduta – anime belle nel mondo delle meraviglie – perfino la libertà. E, per non farsi mancare niente, anche da una gelosia furiosa che, se chiede un'informazione a uno sconosciuto – esempio fra i più semplici – mi verrà da piangere perché sarà come un abbandono. E se mi parlerà della sua vita, come naturalmente farà, mi ammalo – un male incurabile, nessuna speranza di guarigione, meglio congedarsi serenamente da tutto e tutti – in attesa del momento maledetto che arriva sempre senza che ce ne sia mai bisogno: perché la vita degli altri in fin dei conti si riduce sempre a raccontare a me, che proprio non mi interessa, che proprio è l'ultima cosa che voglio sapere, anzi, che proprio metterei per legge l'embargo su notizie dannose come queste, ad informarmi con tutta una ricchezza di particolari che meriterebbero cause più degne, a fornirmi un quadro aggiornato e dettagliatissimo sulla propria situazione sentimentale. Ma, per una volta, benedette ragazze – minas bendidas, in dialetto porteño – non potete fare a meno di questo obbligo che vi siete messe d'accordo per osservare nei miei confronti? Ma poi di solito fosse soltanto una notizia, un dato in più: mi dovete anche sottoporre al martirio di apprendere le generalità, le occupazioni, i dati salienti di quei vostri fidanzati, partner, compagni, ragazzi, novios, come li volete chiamare. E non sapete mai, perché io tento di essere una persona educata, che quelle descrizioni così accurate, quelle parti di conversazione che in realtà sono monologhi perché io me ne tiro fuori immediatamente, forniscono un quadro desolante della vostra anima gemella.

Perché, e non credo che sia solo una mia impressione, l'idea che ne date, senza volere, è che si tratti sempre di ragazzi spenti al traino di donne valenti, nullafacenti professionisti, uomini senza qualità, aridi pianeti spenti rischiarati appena dalla vostra luce riflessa. Per non parlare di quando vi viene in mente di compiere l'affronto definitivo, l'offesa ultima ad ogni decenza, spesso mostrando il sorriso su quelle vostre belle labbra: la presentazione ufficiale. Aiuto. Se fossi in terza media direi "Fermate il mondo, voglio scendere". Ma ho qualche anno in più e non dico niente, sempre per il problema che bisogna essere cortesi ed educati in ogni situazione, come insegnano gli inglesi. E quindi, via con i sorrisi, le strette di mano, la conversazione.

Quando invece vi meritereste, e, per la proprietà transitiva, si meriterebbero le vostre metà del cuore, il più sdegnato silenzio o la più gelida indifferenza. Perché, anche pensandoci bene pur di venirvi incontro, non riesco proprio a trovare alcun motivo perché io debba fare parte di quella vostra intimità. Ragazze, ditemi una cosa: che c'entro io? Quale relazione volete mai che abbia con i vostri momenti felici? Quale interesse? Do forse mai l'impressione di voler avere contatti e corrispondenze d'animo con chi vi può amare tranquillamente senza doversi nascondere dietro ai film, come devo fare io? Tanto sono sicuro che anche questa volta sarà lo stesso, chiunque sceglierò. Ma almeno, fino a che non accadrà quello sconcio, posso immaginare di questa ragazza, una delle tante che ci sono in città, che stamattina si sveglierà – più tardi, perché si sa, gli attori non conoscono le prime ore del mattino –, si ricorderà di avere un provino con un regista italiano, farà qualche telefonata per fare passare il tempo – anche al fidanzato, figuriamoci, non sia mai che va ad un incontro di lavoro senza prima farsi augurare buona fortuna dal suo partner –, poi uscirà di casa, prenderà l'autobus, o il taxi, se è appena un po' conosciuta, poi una breve passeggiata a piedi, visto che fa un po' freddo ma è una così bella giornata di sole, e, con appena un po' di emozione – d'altra parte ai casting bisogna essere nervosi, altrimenti si appare troppo spavalde – uscirà dal suo mistero per entrare nella mia vita e nel film che sto facendo. Chissà in che modo sarà bella, i capelli che ha, chissà se se li è tagliati da poco, e quando e perché ha scelto di farlo. Chissà se sceglie di mettersi una gonna perché pensa che i pantaloni non le stiano bene abbastanza. Gli orecchini che avrà addosso, se li avrà, se li cambia spesso, o ha solo quel paio che non si toglie mai, come se se li fosse dimenticati tanto tempo fa. Chissà se domenica scorsa è andata a un asado da sua sorella, dai suoi genitori, e come sempre si è occupata soltanto di mettere le birre in ghiaccio. Tutta la sua vita, migliaia di giorni in cui io non ci sono stato e che l'hanno portata, un giorno di maggio, a ricevere una mail e a fissare un appuntamento per parlare di un film di cui, se devo dire la verità, al momento non so bene cosa dire. Chissà tutte le cose che ancora non so di lei, perché non riesco neppure a immaginarla. Di sicuro, so solo il dispiacere e la nostalgia che mi soffocherà quando tutto sarà finito, appena tre settimane e ci perdiamo per sempre, perché anche se ci rivedremo, non sarà mai la stessa cosa, non sarà mai lo stesso film, e questo sarà soltanto un periodo del passato che, come si legge dappertutto, non torna più.

Bisogna che mi convinca immediatamente che una copia esatta della Mirna non la troverò, non esiste, sarebbe una probabilità incalcolabile, quindi meglio stare pronti a qualsiasi suggestione: al massimo, se proprio va bene, le potrà somigliare, o anche no, potrà essere completamente diversa, esattamente l'opposto, non importa, tanto poi lo capirò appena entra nella stanza che sarà lei quella che scelgo, prima ancora di parlarle, di presentarmi, senza bisogno di farle provini, una perdita di tempo che non ci meritiamo.

Quelle cose misteriose che succedono, e che le poche volte che ho provato a spiegarle sono stato preso per stupido, più o meno.

Magari proprio stupido no, perché avevo formulato il pensiero con una certa proprietà, ma certamente uno con una situazione psichiatrica delicata, al livello di chi sente le voci o vede presenze estranee nelle stanze. Però, anche mettendoci tutto l'impegno, quale altro modo c'è per comunicare l'assoluto mistero di quella corrente di serenità, come aria calda ma molto più leggera, che inizia ad arrivare quando ancora la ragazza che sarà la protagonista del film è al di là della porta e di lei arrivano soltanto i suoni più semplici, i passi, la fibbia della borsa che urta un bottone della giacca, qualche parola incomprensibile se saluta un'altra attrice in attesa? È proprio un flusso di pace – le tribù hippies negli anni '70 lo avrebbero chiamata un'energia positiva – che passa tra due persone che per tutta la loro vita hanno aspettato di incontrarsi e poter lasciare libera quella attrazione. Nati apposta per questo. Ma vallo a spiegare a chi non è in quelle stanze in quei momenti. Anche io cosa posso pretendere che pensino? Senza contare che spesso nemmeno la prescelta arriva a comprendere quello che lei stessa sta trasmettendo, e si fa sempre una gran fatica poi a spiegarglielo, a farglielo capire, o, certe volte, a farglielo accettare. Come se fosse chissà quale colpa, chissà quale tradimento alla vita che si è costruita attorno. Guarda che qui la vita non c'entra niente, qui si tratta di fare un film, che è tutta un'altra cosa rispetto alla vita, e se c'è questo amore infinito fra me e te, non vuol dire che ce lo portiamo fuori anche quando torniamo ognuno al proprio posto. Ma, mi chiedo e vi chiedo, lo capirete mai? Non dico che sia facile: io non faccio altro, le ore che passo le spendo pensando a queste cose e il risultato è che ogni tanto mi presento in qualche posto del mondo con un film da fare e un'attrice da trovare – a me andrebbe bene anche sempre la stessa, ma siete voi che dopo un po' vi si complica troppo l'esistenza. Non posso pretendere che perdiate tanto tempo su questi pensieri, sempre mille cose da fare e sinceramente posso capire che arrivare a scoprire altri modi di innamorarsi, sul momento, possa risultare – detto con linguaggio diplomatico – alquanto sorprendente.

E anzi, a dimostrazione che comunque anche per me, più abituato di voi, non è mai semplicissimo calarmi in questa disposizione d'animo, che richiede impegno e fatica, adesso decido di rimandare a domattina l'inizio di questi incontri benedetti, perché un po' d'emozione c'è sempre ed è anche bello provare a sentirla finché si può.

Tanto oggi qualcosa da fare ce l'ho: prima di tutto, come da tradizione, impegnarmi in quella lunga traversata che qui da Congreso mi farà prendere Callao, girare a sinistra per risalire tutta Santa Fé fino a Scalabrini Ortíz, dove è prevista la sosta davanti al numero civico 1235, una moderna palazzina alta e stretta, il cui ingresso super luxury – come si leggerà un giorno sulle guide per accompagnare la visita guidata ai luoghi della mia vita – è rivestito in marmo appena rosato e illuminato da lampade che donano all'ambiente una piacevole e riposante luce gialla pastello, e al cui sesto piano – ma potrebbe essere il quinto – c'era quello studio i cui frequentatori, evidentemente, si accontentavano, come me e Mirna, di accomodarsi sui cuscini poggiati a terra, spero con altri scopi. Poi, prima di rimettermi in marcia, probabilmente mi concederò un breve ristoro, un caffè e un vaso de agua con gas, e via di nuovo verso il centro, continuando su Scalabrini Ortíz fino a incrociare Corrientes, per percorrerla tutta fino a Callao e tornare a Congreso, dopo tre o quattro ore di escursione e tredici chilometri e trecento metri in tutto, calcolati una volta su internet. Una specie di pellegrinaggio che ho scelto di fare ogni volta che torno a Buenos Aires, chilometri di nostalgia pura, perché una volta con la Mirna siamo usciti da quello studio che era diventato casa nostra per tutto il tempo che ci regalavamo per fare l'amore, e, nonostante l'ora, e nonostante che ci fossimo presi a vicenda tutte le forze e tutte le energie, decidemmo di fare quella passeggiata verso il centro, senza uno scopo preciso. La volta che forse siamo stati più vicini, perché la strada non finiva mai e non finiva neppure, a quel punto, la voglia di sapere chi avevamo appena amato fino a non poterne più. Fino ad allora c'era stato poco tempo per scoprirlo: la prima urgenza, l'immediata necessità – me lo ricordo bene – era stata risolvere quel desiderio terribile che anche io sentivo ma che era stata la Mirna, naturalmente, a rivelare. Una volta esaudito questo, poteva essere il momento per quelle cose che si fanno tra adulti consenzienti, la conversazione, gli sguardi obliqui, i sorrisi, lo svolgersi sereno dell'attrazione. E adesso, a distanza di anni, ci si deve accontentare di questo Cammino di Santiago nella città di Buenos Aires, perché ogni metro è conquistato al tempo che allontana dalle cose, e ogni persona delle migliaia che incrocio mi fa sperare che sia la Mirna e invece mi dice soltanto gli errori che si fanno. Se fosse un film scandinavo, questi pensieri prenderebbero il bel titolo "Espiazione": ma, nonostante tutto, io cerco di mantenere una certa leggerezza e adesso voglio approfittare di questo itinerario, ogni volta sempre identico, per pensare davvero al film che devo fare. A questo punto ho tutto il tempo che voglio, questo giorno serve soltanto a nascondermi in questa città meravigliosa. Perché il pensiero che devo avere sempre presente è che, per fare un film in Argentina, bisogna diventare argentini, altrimenti vengono fuori quelle cose che non si sopportano, le immagini più banali, peggio del peggiore turista, senza anima, senza cuore, soltanto per mostrare agli amici di essere andato così lontano. Ignorare ogni meraviglia dello sguardo. È vero, ho poco tempo, e quel poco scorrerà a velocità doppia, ma mi devo convincere che io abito qui, che non mi sono mai mosso, che mi sono abituato a tutto e filmo soltanto la vita come se fosse vera, nei posti dove accade. Poi un film come questo, due donne che si amano – una sono io – sperdute in una città così grande, dove voglio mai che si muovano? Quale fascino possono mai avere i posti che sfiorano? Che poi, questa è una preoccupazione che faccio bene a tenere presente, ma che probabilmente si rivelerà superflua, visto che, per le imperscrutabili ragioni della creatività, di solito più lontano vado, meno filmo gli ambienti di contorno. Quindi qui, anche facendo un semplice calcolo chilometrico, dovrei essere al sicuro da qualsiasi tentazione. Anzi, la cosa migliore che potrei fare sarebbe di filmare la città rendendola irriconoscibile, un luogo sterminato in cui Mirna e Monica – andrà bene questo nome o ne devo pensare un altro? – davvero sono minuscole presenze, leggere e invisibili. Poi, certo, quando ci spostiamo sulle Ande il discorso cambia, ma qui davvero non ha senso dichiarare per forza di essere a Buenos Aires. Vale anche come ripicca, che mi ci trovo sempre tanto bene: tutti si aspettano di vedere questa metropoli del Sudamerica? E io faccio vedere un bar che potrebbe essere ovunque, una strada del più totale anonimato, una stanza che magari, chissà, la posso avere anche girata in Italia.

L'unica cosa pratica che posso fare al momento, tanto per non perdere i contatti con le attrici che sicuramente già si staranno chiedendo "Ma questo italiano quando chiama?", è telefonare a tutte e prendere appuntamento per domani. Così inizio a sentire le loro voci – una almeno mi piacerà di sicuro – e do un ordine al lavoro che, se continuo in questo modo, non comincia mai davvero. La cosa migliore che posso fare è comprare un numero argentino, che fa sempre un certo effetto, togliere la scheda italiana dal cellulare e non rimetterla più. Al limite, se proprio mi va, rimetterla quando atterro a Fiumicino, sennò nemmeno questo, e chi mi deve chiamare spenderà un po' di più. Siamo gente disinvolta, abituata a viaggiare per il mondo, e queste telefonate le posso fare anche camminando: normali conversazioni di lavoro, basta non far sentire l'emozione e l'attesa, poi il resto è tutto molto semplice.

È proprio una bella mattinata, quando tutto deve ancora cominciare: milioni di possibilità davanti, immagini, dialoghi, luoghi, sequenze, scene, le persone che entreranno nelle inquadrature come comparse involontarie, le musiche che ci saranno negli ambienti che scelgo e che rimarranno nel film, una colonna sonora casuale che, non ho mai capito come e perché, è sempre la più adatta. Davanti ad ogni fotogramma ci sarà un incrocio gigantesco di direzioni da prendere, e ognuna porterà verso un film diverso. Non dipende nemmeno da me, perché io posso arrivare fino ad un certo punto, ma poi resta solo da affidarsi alle cose che si filmano, che lo sanno da sole cosa fare. A me basta che rimanga la storia di Mirna, perché è arrivato il momento di farle questo omaggio, perché è già troppo tempo che non penso ad altro, e perché se non faccio questo film, alla fine, nelle ultime ore prima di morire, mi dovrò chiedere cosa ho vissuto a fare. Che poi, come sarebbe bello se la Mirna una volta andasse al cinema – anche se francamente mi pare difficile che questo film arrivi fino al Cine Auditórium Sociedad Italiana de Puerto Madryn – si sedesse in platea accanto a qualche amica, bevesse i primi sorsi della Coca Cola nel bicchiere di cartoncino, poi si spengono le luci, iniziano i titoli di testa e quando legge la regia le arriva un primo ricordo, poco più di un sospetto, una traccia leggerissima di quando ancora abitava a Buenos Aires, mille vite fa: "C'era un italiano che non si capiva bene cosa facesse in città, mi pare si chiamasse Corso... Madre mia, che stupida, io mi ero anche innamorata, lui no, visto che scomparve da un giorno all'altro, più o meno." Poi però il film va avanti e a forza di scene che abbiamo vissuto insieme, la traccia diventa certezza, perché quelli che passano sullo schermo sono i giorni che scorrevano in quel periodo, anche le parole saranno identiche, e anche il palazzo in Scalabrini Ortíz, che per quanto mi riguarda è diventato un tempio davanti al quale venerare un'esistenza che non vivo più. E poi Mirna si chiama Mirna, e anche il cognome è lo stesso. Elementi sufficienti per fare due calcoli semplicissimi e scoprire che quella sera in quel cinema di Puerto Madryn, Provincia de Chubut – a settembre si vedono passare le balene, e su una spiaggia a pochi chilometri ogni anno torna una colonia di pinguini Magellano – sta passando un film fatto da me che parla di lei. Unica soluzione per non perdersi mai, per continuare ad amarsi senza potersi più vedere, uno dei tanti modi che ci sono per dare un senso al lavoro del cuore, una di quelle cose che, appunto, le attrici capiscono di rado, ma questo è un altro discorso. Sarebbe bello, quando il film sarà finito, se succedesse davvero: Mirna si può commuovere – era sempre così delicata – le amiche se ne accorgono, le dicono qualcosa, la prendono in giro, poi dopo vanno a mangiare una pizza, come da tradizione dei gruppi di amiche argentine, e allora racconta qualcosa. Ma davvero non pensava che succedesse una cosa del genere, perché lei, anche senza esagerare, di storie ne ha avute tante e quella con quell'italiano non era stata poi molto più importante di altre.

Piuttosto le piacerebbe sapere – riferiscono alcune fonti molto vicine alla protagonista involontaria della vicenda – cosa mai sia passato nella testa di quell'uomo, dopo quattordici anni di silenzio, cosa lo abbia portato a un film in cui, senza dubbio, si parla di lei, e perché l'amore che c'era stato, se c'era stato, fra lei e lui nel film è diventato l'amore tra due donne. Questo proprio non se lo sa spiegare – e nemmeno io. Comunque, nel complesso, una cosa piacevole, che è giunta assolutamente inaspettata. Ma che non avrà seguito, perché lei adesso sta bene lì a Puerto Madryn, gli anni vissuti nella Capitale sono così lontani e, sul serio, credetemi, per me il passato è soltanto passato.

In realtà mi facevo più agile di quanto non sia: è meglio che mi fermi per telefonare a queste ragazze, visto che se cammino e parlo al cellulare nello stesso momento, mi trema la voce e chissà cosa pensano. Perché va bene essere un po' emozionati, è vero che anche attraverso queste semplici telefonate si decide il mio futuro immediato, ma addirittura farsi sentire prossimi all'asfissia non vorrei suonasse esagerato. Che idea si farebbero? E poi è già di per sé abbastanza complicato riuscire a mettersi in contatto con queste indaffaratissime rappresentanti della bella gioventù bonaerense, perché tra una segreteria telefonica, una voce registrata che invita a richiamare – una ragazza che fa questo tipo di lavoro vocale in Polonia la conosco, è bellissima – non si riesce a fissare un appuntamento che sia uno. Peggio per loro, casomai non sanno cosa si perdono: io più che dire chi sono e di richiamarmi a questo numero, che non so neppure se dico bene perché l'ho appena comprato e sono ancora abituato a ripetere quello italiano, non faccio.

Ma, dico io, ci si può far trovare così impreparate il giorno in cui, si sa, è stato detto, firmato e controfirmato, che io avrei telefonato per fissare un incontro più o meno immediato? Cominciamo malissimo, ragazze, e se avessi più nomi a disposizione, questa, vi assicuro, sarebbe già una prima selezione: chi risponde subito, la vedo, le altre prima risolvano i loro problemi di connessione col mondo professionale, poi, forse, vedremo, le faremo sapere, le ricevo. Ma qui i nomi sono cinque e non c'è da dettare condizioni.

La migliore di tutte, ed è davvero tutto dire, è quella che sulle foto mi convinceva meno e che ho chiamato soprattutto per fare numero: tale Magalí, di cui non è stato possibile sapere il cognome, quasi fosse un segreto internazionale da custodire con riservatezza estrema. Lei almeno ha risposto, una decina di parole prima che cadesse irrimediabilmente la linea. Esaurimento totale della batteria, senza neppure avere avuto modo, immagino, di segnarsi il mio numero per poter richiamare, prima o poi, con comodo, senza fretta. Ma Ines, Lola, Nidia, Manuela, nomi in ordine sparso, per un motivo o per un altro, non mi hanno concesso il privilegio di un appuntamento. Una mi ha perfino chiesto di richiamarla più tardi, ché doveva vedere un po' di cose prima di fissare. Due cose, intanto, le vedo io: prima di tutto mi riesce davvero difficile immaginare cosa tu possa avere di più importante di questo incontro che ti propongo. Mica per me, figuriamoci se ti voglio far pesare il mio curriculum – che pure mostra una certa gloria, vedremo il tuo – ma i semplici dati di fatto dicono che tu sei un'attrice e io sono un regista che ti potrebbe offrire un film da protagonista. Questo tanto per cominciare; per finire, invece, anche rendendomi conto di immiserirmi in fin troppo futili questioni, segnalo il fatto che cortesia vorrebbe che fossi tu a richiamare, altrimenti sembra che tu stia facendo un piacere a farti incontrare, un fastidio da sistemare nell'intervallo fra mille altre attività molto, ma molto più importanti. Questo, non ti offendere, prendilo come un consiglio gratuito per il futuro della tua carriera, che molto difficilmente, a questo punto, prenderà il volo da un bel film fatto con me, dato che mi hai innervosito, e ancora devo decidere che tipo di atteggiamento tenere domani, quando finalmente mi concederai un po' del tuo preziosissimo tempo.

Speriamo almeno di riuscire, prima di sera, ad avere un quadro preciso di chi devo incontrare e quando, anche se a un certo punto dovrò staccare tutto perché c'è da andare a vedere le prove di un gruppo teatrale di Lomas de Zamora, dove lo so già che non troverò nessuna attrice possibile, ma è comunque tutta vita in più, visto che non capita spesso di passare una sera di maggio nascosto nel buio di un teatro di quel quartiere così lontano. E soltanto ieri ero ancora in Italia, con tutta la desolazione che ne consegue.

Intanto posso sospendere tutti i pensieri, provare a far scorrere gli ultimi istanti di quiete, e poi basta, non si può più rimandare, perché ci sono occasioni in cui bisogna trovare il coraggio che non si pensa di avere. Qualche metro, poi la casa è la stessa, il portone è quello, il kiosco che non chiudeva mai è ancora lì accanto. Cosa volevo che cambiasse? Sono io che non vivo più qui, il resto, come era prevedibile, è rimasto al suo posto. Che impressione mi fa.

Tutta questa gente che passa, non lo sa, non se lo immagina, non gli interessa, ma adesso fermo qualcuno e glielo chiedo se da quella porta a vetri, quella notte che siamo arrivati dal centro con la metro – il subte, il primo costruito in tutta l'America Latina – ci sono passato davvero, oppure se, a forza di pensare a un passato che ho fatto esaurire troppo in fretta, mi sono immaginato tutto, per avere poi qualcosa da filmare. Perché da solo non riesco più a capirlo, e nemmeno adesso che sono qui davanti, con tutta questa emozione, riesco a distinguere, e mi pare che quattordici anni fa da quella porta siano passati soltanto due fantasmi, che poi sono entrati nell'ascensore con il cancellino di ferro, sono saliti di qualche piano, sono usciti su quel corridoio col pavimento lucido, la ragazza ha aperto la porta di un appartamento e sono entrati in una stanza più o meno vuota, dalle finestre le luci di tutta Buenos Aires. E più tardi un corpo così chiaro, tutto quel silenzio per ascoltare soltanto i respiri, e tutte quelle ore che non bastavano mai. Come è possibile che in questa città infinita, che in questo quartiere alla periferia del centro, che in questo palazzo così identico a mille altri, io abbia vissuto quella che negli ultimi anni mi pare sia diventata la parte più importante della mia vita, come se non ce ne fossero state altre? La stessa vita che mi ha riportato qua davanti tante altre volte, adesso perfino per rivivere tutto esattamente nello stesso modo, per quello che permette un film. Perché quel passato è diventato così presente? Cosa sarà mai successo nei tracciati della memoria? Perché altri ricordi, altri giorni, altre donne, sono stati messi da parte ed è rimasta soltanto quella vita normale che, a suo tempo, ho attraversato con tanta indifferenza? Sono domande che ci si fa, perché qui non è il momento per avere altri pensieri e neppure per sperare, come invece sto sperando, che in quel corridoio dietro la porta a vetri si apra l'ascensore ed esca davvero la Mirna, i capelli più lunghi, gli stessi occhi così scuri, la giacca, la borsa, quegli orecchini a cerchio che se non sto attento le chiedo come ultimo ricordo prima di non rivederci davvero mai più, gli occhiali da sole perché adesso lavora, ha più soldi e quindi è anche molto più stylish. Lunghi momenti per riconoscerci, il sorriso, un abbraccio e in un momento comincia tutta un'altra vita che chissà dove ci porta. C'è quella pizzeria davanti dove ho cenato anche l'anno scorso, "Scusi, posso spostare un po' il tavolo, che devo vedere se arriva una persona?", non doveva arrivare nessuno, naturalmente, dovevo soltanto guardare questo palazzo che è il centro di tutta Buenos Aires. Ci voglio tornare quando veniamo qui a girare, tanto sono scene notturne e un'oretta per cenare la troviamo di sicuro. E qualunque sia l'attrice che sceglierò – sempre ammesso che ci riesca, perché al momento il telefono continua a tacere – dovrà essere pronta a queste pause nelle riprese, il tempo per ritrovare i ricordi e i pensieri, e se qualche volta filmerò una scena soltanto per dieci minuti e il resto del tempo lo passo a guardare una porta di un palazzo, o una fermata dell'autobus, o la vetrina di un bar o quello che voglio, sarà bene che capisca che il film si fa anche in questo modo, non c'è niente di strano, e anzi, sarebbe meglio se anche lei si adeguasse a questi ritmi e a queste intensità.

Se questo giorno non finisse mai sarebbe la cosa più bella del mondo. Perché stanotte in aereo ho dormito poco, pochissimo, poi da stamattina non ho smesso di camminare un minuto, pensando a tutto, in continuazione. E anche tutta questa eccitazione di essere qua un po' di energie le brucia, anche se è davvero il problema minore. E adesso sento arrivare la stanchezza, quel freddo nelle ossa che poi di solito finisce che mi viene da piangere alla prima stupidaggine. Però il fatto è che vorrei che tutta la vita fosse così, lo sfinimento assoluto, il disfacimento di ogni energia, perché non c'è tempo per riposare, non viene neppure in mente, c'è soltanto da vivere ogni attimo possibile perché è la cosa più bella e più giusta da fare. E mentre aspetto il treno del Ferrocarril General Roca alla stazione di Constitución – nei bagni dicono si muova un grosso giro di promiscuità gay – fumerei la millesima sigaretta della giornata, rimanendo sul marciapiede fino a che non chiudono le porte, così almeno andrei fino in fondo, mi farei male per una nobile causa, la vita maledetta che fanno i registi viaggiatori – così dicono le riviste – come me. Ma non fumo, e non mi pare il caso di ricominciare adesso; in compenso di solito bevo molta birra, ma qui non la vendono e mi accontenterò di una Seven Up che il venditore ha trovato in chissà quale magazzino de mala muerte, perché è scaduta e sembra fatta con l'acqua naturale. Ma va bene lo stesso, figuriamoci, io sono solo uno fra i tanti che tornano a casa dopo il lavoro, faccio la coda per salire sul treno, e cerco di restare vicino alla porta, perché lì almeno arriva un po' d'aria – io lo so che non è questione di caldo o freddo, è che nelle ore di punta come queste non c'è proprio aria in giro sui vagoni – e quando arrivo alla mia stazione, tra una quarantina di minuti, molti passeggeri staranno dormendo, perché in un'ora e mezzo, due di viaggio, sempre senza mai uscire dalla città, non c'è mai molto altro da fare.

In queste zone meridionali della città ci sono venuto di rado, e adesso mi sembra un altro mondo, anche se in fondo è tutto uguale; ma c'è questa aria di oscurità e di stanchezza che nella zona al nord non si trova spesso, perché, chiaro, là si vive meglio, si guadagna di più, e rimane il tempo e la voglia per sentire la musica in cuffia o leggere il giornale mentre si torna verso casa. Comunque a me va benissimo così, e se questo treno mi vuole portare fino alla fine della città, chissà tra quante ore, proprio dove finiscono le baracche di un'ultima villa miseria, dove vivono i boliviani che non hanno neppure provato a avere fortuna perché sarebbe stata fatica inutile, io ci sto. Basta che non mi uccidano per futili motivi, poi un modo per stare bene lo trovo certamente, perché questa città non mi basta mai e non mi è mai andata via dal cuore. Datemi solo il tempo di iniziare questo film – e magari anche finirlo, se proprio non chiedo troppo – che qualche attrice finalmente mi ha chiamato e, fra una cosa e l'altra, domani potrei anche innamorarmi di una sconosciuta a cui far ricostruire Mirna, e non lo so poi cosa può succedere. Questa è una curiosità che non vorrei perdere, poi se c'è da decidere di rimanere qui per sempre perché non c'è altro posto nel mondo, io – lo giuro solennemente sulla Costituzione argentina – sono pronto a farlo.

Intanto qua è proprio tutto come avevo immaginato, per fortuna non ci sono sorprese: in questo teatro ci sono delle attrici che danno il meglio di sé sul palco, perché gli è stato detto che un regista straniero è seduto in platea. Cosa ne sanno chi sono, come ho intenzione di lavorare, quello che ho in mente eccetera eccetera. Alla parola regista di norma si scatta sugli attenti e recitare diventa un'estasi trasfigurante. Ma non basta, e mi dispiace anche pensarlo, perché vedo l'impegno che ci mettono. Il fatto è che le attrici che cerco non le trovo nei teatri amatoriali, anche se di Lomas de Zamora, e infatti non so come mai vi stia facendo perdere tempo. Anche se queste prove mi avete detto che non le fate per me e il testo che metterete in scena fra qualche mese, strappando tempo e attenzione a tutti i lavori che vi tengono occupate durante il giorno, lo avreste dovuto ripetere anche se io fossi rimasto in Italia. Piuttosto, senza distrarre nessuno dal sacro furore della scena, qualcuno mi potrebbe dire chi è quella ragazza che è l'unica che non ha niente da recitare e sta lì, allegra e raffreddatissima, riempiendo di acqua calda le bombillas di tutti perché non si deve mai rimanere senza il mate – lo annuncio subito così poi non ci sono equivoci, forse è l'unica cosa dell'Argentina che non mi piace e che una volta ho bevuto soltanto perché

altrimenti la scaramanzia si sarebbe accanita per non farmi
tornare mai più. Quell'acqua amara e melmosa bevetevela
quanto volete, se siete convinti che vi piaccia. Ma qui c'è il
problema che, per gli insospettabili percorsi della fantasia o
della memoria – più o meno la stessa cosa – l'unica ragazza
che si avvicina in qualche modo all'idea che mi è rimasta della
Mirna è proprio questa vostra assistente, segretaria o non so
che altro, a cui ovviamente – ma me lo potevo immaginare e
difatti mi piace proprio per questo – non è mai venuto in mente
di recitare; proprio l'ultima cosa che farebbe, ma figuriamoci,
studia per maestra elementare e lavora qui per guadagnare
qualcosa. Cara Valeria – sei Valeria, no? Ci siamo sentiti per
mail e guarda come è utile internet, stasera sono qui! – io
le attrici della vostra compagnia le ho guardate, alcune sono
anche abbastanza brave ma, che ti devo dire, non ci posso fare
niente, non è che mi posso imporre chi farmi piacere e chi no.
Piuttosto quella ragazza là, quella raffreddata...
È già successo ed è sempre andata a finire che mi sono bruciato
le amicizie appena cominciate, perché basta una mail lanciata
nell'ignoto e i più ingenui, o semplicemente i più gentili, subito
si mettono a disposizione, mi mostrano tutto quello che hanno,
sperano chissà cosa e poi io mi fisso su chi non c'entra niente,
la segretaria, la donna delle pulizie, la maestra di chitarra, come
quella volta in Friuli che poi, infatti, si sono offesi tutti e non
mi hanno più rivolto la parola. Però, ti dico la verità Valeria,
così dopo lo spieghi anche alle tue colleghe, non si tratta
semplicemente di trovare un'attrice; anzi, alla fine quella è la
cosa che mi interessa di meno, perché sai quante donne ci sono
nel mondo che sanno recitare. Piuttosto c'è da immaginare tutta
una vita nascosta dietro al fatto che, questa vostra lavorante,
per esempio, fa di tutto per non guardarmi, e ti potrei anche
dire che lo so che questo è il trucco più banale e abusato per
richiamare l'attenzione. Però, chissà perché, in genere è banale
soltanto per gli altri, perché io invece ci casco sempre, e adesso,
ma te lo dico solo come esempio, mi sembra di non poter fare
il film senza di lei. Spero solo piuttosto che non rieccheggi

anche dentro questo teatro la banalità che tutti, non io, sono pronti a ripetere in casi come questi, quando qualcuno ignora e un altro, per reazione, rimane agganciato. "Sai, è timida". Mi chiedo sempre da dove arrivi questa analisi che più spicciola non si può, e che già tanti danni ha fatto nel panorama delle relazioni umane. Perché è soltanto una frase distratta e senza senso, un po' come conversare del tempo in treno o dei cileni che parlano a voce bassa, tanto per restare in zona. E secondo voi, osservatori amatoriali della psiche umana, a me basterebbe liquidare l'esistenza di questa ragazza che si ostina a mostrarmi di non avermi visto, ascoltando quella vostra sciocchezza gratuita, priva di ogni fondamento? Può anche darsi che sia timida, non dico di no, ma allora perché non mi spiegate anche come mai io, che ho tutta un'esistenza fieramente vissuta all'insegna dell'introversione più penalizzante, sento che, di tutte qua dentro, solo lei potrebbe essere in scena quello che è stata Mirna nella vita? Dove la trovo quest'attrazione? Non sarà un po' troppo comodo ridurre tutto a un gioco di seduzione a cui, mi pare evidente, nessuno dei due protagonisti ha voglia di partecipare? E vi dico anche che sono più che sicuro che, nonostante tutti i problemi caratteriali a cui voi accennate con tanta noncuranza, Alejandra – nel frattempo ho chiesto il nome – farebbe il film con una grazia e una leggerezza che voi non potete immaginare.

Sono pensieri che devono rimanere nella mente, come è giusto, perché non me la sento, subito il primo giorno, di trasformare in nemico chi invece mi ha accolto con tanta disponibilità. Per stasera lascio perdere, ma Alejandra la tengo in mente e se domani ai provini non arriva neppure un'attrice possibile, in serata sono di nuovo qua, pronto a tutto, pronto anche a far cambiare vita a una studentessa delle magistrali che si è messa in testa di non guardarmi. Per adesso, davvero, questo giorno può bastare. È cominciato quarantadue ore fa e ancora devo capire come tornare verso il centro. C'è un autobus del Servicio preferencial – pare – che arriva fino all'Obelisco, poi sono poche centinaia di metri a piedi. Ma sì, dai, andiamo a mangiarci una pizza, che a questo punto due ore in più o in meno non contano niente – Alejandra non viene, vero? Lo sapevo, non sia mai che mi dia una soddisfazione – così mi dite un po' meglio come vi è venuto in mente di mettere su questo gruppo teatrale e, se mi riesce, provo a raccontarvi il film che devo cominciare. Scusate solo un attimo, mi suona il telefono, non so davvero chi possa essere, visto che il numero l'ho comprato oggi. "Hola, Corso..." Senti che confidenza "Scusa, ma non ho mica capito chi sei... Ah, sì, mi ricordo, prima è caduta la linea..." Comunque, Magalí – il cognome continuo a non saperlo, ma non è il momento per chiedertelo – mi va benissimo che mi chiami a quest'ora: piuttosto mi chiedo se tu sia proprio sicura che questo sia il modo di comportarsi con un regista che non hai mai visto, perché va bene che avevi esaurito la batteria, va bene che sei tornata a casa soltanto adesso, va bene tutto, ma ci sono sempre i telefoni pubblici, mica siamo in Italia, e se aspettavi ancora, rischiavi di trovare staccato e allora, come diceva una ragazza che si chiamava Silvia, Aloha!

"Mi sono diplomata l'anno scorso e adesso sto cercando di trovare lavoro in teatro, ma anche il cinema mi interessa molto"... "Scusa, posso farti una domanda? Come mai vuoi girare proprio a Buenos Aires?"... "Ma è una storia di due lesbiche? Chiedo solo per sapere"... "Ma Monica...hai detto che si chiama così, no?... Chi sarà? L'hai già trovata?"... Mi possono fare tutte le domande che vogliono – ai provini funziona in questo modo – però bisogna si rendano conto che io molte risposte non le ho, e quelle che ho non le posso nemmeno dire, sennò si entra nel personale e chissà dove si va a finire. Riducendo un po' ai minimi termini, ma neanche tanto, io so soltanto che nasce tutto da qualche immagine, qualche ora, qualche giorno vissuto anni fa con una persona che non so dove sia finita. Più di questo, anche con tutta la buona volontà, non saprei proprio cosa inventarmi. Stamattina poi, che con tutti questi incontri mi pare di avere perso anche quelle poche idee che avevo:

perché ognuna di queste ragazze che arriva non è la Mirna e, dietro il lieve nervosismo che tradiscono, mi devo sforzare di immaginare una persona che comunque è esistita. Quanti film potrei fare con ognuna di voi, ragazze: perché se vi ho viste sulle foto e adesso siete qui, vuol dire che qualcosa di voi mi è arrivato; sono sicuro che lavoreremmo bene insieme, che sarebbero film bellissimi, che una notte a fine riprese, quando si deve cercare alla disperata un posto dove cenare perché sta per chiudere tutta la città, mentre siamo seduti al tavolo, ancora prima di ordinare, mentre beviamo un po' di vino di Mendoza – no, stasera niente birra, bevo quello che bevi tu, ti va? – mentre mi raccontate qualcosa della vostra bella vita, che ne so, di quando siete andata a Bariloche per la settimana bianca con la scuola, o delle lezioni di ballo che sicuramente prendete, o mentre mi narrate di quel vostro fidanzato che adesso ha trovato un nuovo lavoro e vi vedete meno – ci può essere argomento più arido? – sono certo che mi chiederei se non sia il caso di innamorarmi di voi, perché se le ore che passiamo sono così belle, tutta quella stanchezza dopo aver filmato tutto il giorno, tutta quella confidenza tranquilla, tutta quella serenità reciproca, allora perché non lo dovrebbe essere anche il resto della vita? Ma serate come queste, che, vi dico la verità, sono uno dei più bei motivi per fare film – che proprio uno entra tranquillo e rilassato in un ristorante e ne esce furiosamente innamorato, di regola non corrisposto sennò che gusto c'è – quelle occasioni per legarci per sempre e non lasciarci mai, non ci saranno fra me e voi. Perché siete tutte bellissime, bravissime, siete quello che potete essere e anche di più, ma non ci riesco a convincermi che possiate essere la Mirna. È inutile anche che mi senta in colpa, è la legge crudele del lavoro degli attori, ogni giorno un esame e mille probabilità di non superarlo; sono io che esagero, e mi fa solo tristezza il pensiero di loro che tornano a casa aspettando una telefonata, perché non sanno di che film si tratta e potrebbe essere l'occasione della loro vita. "Com'è andata?" "Penso bene, adesso vediamo se mi chiamano" e poi dover spiegare ai genitori o agli amici o a chi pare a loro che anche questo incontro è andato male, evidentemente, e c'è ancora da aspettare per iniziare la carriera stellare che tutti si aspettano.

Se potessi, cambierei all'istante tutta l'idea per la quale sono venuto fino quaggiù nell'Hemisferio Sur, e inventerei un ruolo per ciascuna di loro, anche solo per ringraziarle di essere uscite di casa stamattina per venire qui a Asociación de actores. Solo che invece adesso dovrò mettermi a cercare un modo rapido e indolore – fast and safe, come dicono nelle commedie americane, e in effetti suona meglio – per trovare qualche altro contatto. Le quattro attrici che ho visto non vanno bene, ne manca ancora una, quella che esaurisce la batteria del cellulare proprio mentre sta parlando con me, poi potrò mai rispondere a chi mi chiede informazioni che il film si è bloccato causa mancato reperimento di attrice protagonista? Non ci potevo pensare prima, invece di cedere di schianto alla smania di partire? Sai adesso quante ore di oscurità polverose, gradinate scomode, biglietti a due pesos senza intervallo, monologhi pretenziosissimi, urla sguaiate, strepiti gutturali, tonfi scomposti, dovrò sommare prima di prendere atto, 99 probabilità su 100, che non c'è nessuna attrice possibile neppure nel giro off del teatro bonaerense? È vero che rimane sempre la dolce Alejandra del teatro di Lomas de Zamora, ammesso che sia sopravvissuta al raffreddore che la stava consumando, ma non è una situazione facile. E poi è inutile che finga di non essermi accorto che stamattina appena mi sono svegliato, ripensandoci, mi piaceva un po' meno di ieri sera. E poi arriverà mai il giorno in cui, preparando i film, avrò un orizzonte sentimentale un po' meno adolescenziale? Ogni volta mi sembra di pensare alle compagne del ginnasio, la più carina, la più cretina, cretino tu – come ripete un noto cantautore della scuola romana – ma le scuole sono finite da un pezzo e io cerco un'attrice. E basta. Cuori e batticuori, fremiti, ritrosie e timidezze non sono ammesse, proprio bandite dalla gamma delle reazioni. Se ci metto impegno e costanza, prima o poi sono sicuro di riuscirci a raffreddare i sentimenti e a condurre queste ricerche con il distacco necessario. È anche una questione di qualità, perché è vero che fino ad adesso le attrici con cui ho lavorato sono sempre state la cosa migliore dei film, ma può anche essere stata fortuna. E la fortuna, come sanno bene i giocatori d'azzardo, è imprevedibile e può anche andare a finire che un giorno io scelga un'attrice soltanto perché mi piace come si muove, come mi parla, come mi guarda, senza accorgermi che non sa recitare.

Perché poi, anche tutto quel nervosismo di stamattina mentre venivo agli incontri non va bene: era lo stesso che sentii quando uscii con la Cristina della Quarta C, primo banco a sinistra, vicino alla finestra. Dal 12 marzo aveva smesso di prendere l'autobus e veniva a scuola, e all'unico appuntamento con me, a bordo di un ciclomotore Piaggio, modello Ciao, colore blu notte. Non mi devo più trovare in condizioni come queste; adesso me lo segno anche sull'agenda così poi non ho scuse, quando torno in Italia la prima cosa che faccio, anche con il sostegno di specialisti se ce ne sarà bisogno, sarà di razionalizzare il mio rapporto con le attrici. È qualcosa che devo a me e al lavoro che faccio, una questione di rispetto, perché non si può ridurre tutto a questi invaghimenti privi di futuro e di senso. In genere sono considerato una persona seria, non vedo perché non ce la dovrei fare. Pensa poi dopo che orgoglio: è stato un cammino lungo e difficile, altro che fast and safe – dice, con una punta della sua solita ironia, a dimostrarci che è tornato fra noi – ma ce l'ho fatta. E adesso...al lavoro!

Questi sono i pensieri da avere, perché non devo mai dimenticare che se non ci fossi io non ci sarebbe nemmeno il film, quindi, riducendo ai minimi termini, nei confronti delle attrici il potere ce l'ho io. E sarebbe anche arrivato il momento di esercitarlo. Tutto vero, ma cosa è adesso questo fruscio che arriva dalla porta? Cos'è questa ombra che vedo con la coda dell'occhio? Cosa è questo silenzio tutt'attorno? Perché gli orologi si fermano e gli specchi non riflettono più? Perché il pavimento si apre sul buio della terra? Il cuore ha smesso di battere e il sangue è diventato acqua gelida. Guarda le ragazze del bar che si sono trasformate in statue, e gli attori ai tavoli tornati studenti d'Accademia. La Mirna mi sta pensando e decide che se un giorno farà un film, lo farà su quel periodo che ha passato insieme a me. La vita si è fermata in tutta Buenos Aires, in tutto il mondo. La luce è soltanto un lampo che acceca, mentre vibrano tutti i muscoli, i nervi, i tendini. Da questo momento esatto non rimane altro che arrendersi. Farsi trovare disponibili a tutto quello che vorrà dalla mia vita questa ragazza che è appena entrata, e ancora prima di vedere dove sono seduto, si è già presa tutto di me. E io glielo do volentieri, perché non aspettavo altro che questo. C'è soltanto questa ragazza di Balcarce che mi cambierà la vita. Esa mina de Balcarce que me va a cambiar la vida, così lo capiscono anche in Argentina, perché non ci devono essere malintesi. Non c'è niente di più importante, la Mirna mi è rimasta in mente solo per farmi tornare qua quattordici anni dopo e una mattina di maggio incontrare Magalí – il cognome per adesso resta un'incognita, e quando mi riprendo glielo chiedo – che ieri aveva il telefono scarico e oggi si è seduta qua davanti, come se quello fosse il suo posto riservato. Sono già ridotto così, eppure lei è soltanto appena appena intimidita, perché va ancora a scuola di recitazione e fino ad adesso ha fatto soltanto un cortometraggio, ma le cassette del girato sono state perse durante il ritorno da Neuquen verso Buenos Aires. Le prime notizie che iniziano a affluire verso il centro di controllo, anche se qui di controllo ce ne è poco, e se non faccio attenzione le dico che io sono a posto così, che la mia attrice l'ho trovata, che dopo questo faremo tanti altri film insieme, e che adesso non rimane altro che metterci d'accordo su quando cominciare a girare: per me anche subito. Però c'è bisogno anche di questa conversazione, che d'altra parte è così piacevole, perché fino a cinque minuti fa io questa ragazza l'avevo soltanto vista in foto e non mi aveva affatto colpito, anzi, e adesso è qui davanti a me, così tranquilla, che sorride mentre mi guarda e capisce tutto quello che le dico. Beata lei, perché io devo ancora tornare sulla terra, le cose intorno hanno appena cominciato a riprendere il loro funzionamento normale, e nella mente non ho proprio spazio per raccontare quello che sto facendo qua. Figuriamoci in spagnolo, che mi sono sempre vantato di sapere come l'italiano – sennò come avrei potuto insegnare all'Universidad del Cine? – e ora mi sembra soltanto un ammasso di suoni scomposti, inutili e incomprensibili. Però non posso dare l'impressione di questa estasi che mi chiude la gola: la gente in questo modo si spaventa, perché non è abituata, e perché, anche con tutte le scusanti, mi rendo conto che non è mica tanto normale che un uomo si entusiasmi in questa maniera per un incontro di lavoro appena iniziato.

Però questo entusiasmo, questa gioia, questa beatitudine, questa sensazione di essere in pace col mio destino – tanto per ripetere una frase di un regista tedesco che riesce a dire quello che io so solo pensare – è lei a darmela, io non ho colpe. Cosa devo fare, dirle di andarsene altrimenti davvero mi alzo e la abbraccio, adesso, subito, e la tengo stretta fino a che non deve chiedere a qualcuno di aiutarla a separarsi da me? Si viaggia nel mondo per momenti come questi e in fin dei conti ha anche poco senso, adesso, preoccuparsi delle reazioni da offrire a una sconosciuta che mi parla di sé con tutta la serenità possibile e che al posto di un banalissimo caffè – devo imparare da lei – ha chiesto un' acqua con gas, por favor. Solo che, se mi metto a piangere dalla felicità, così, subito, d'amblè – come avrebbe detto il mai troppo compianto Carlo Dapporto – c'è il rischio effettivo che non arriviamo neppure ad accennare al motivo per cui ci siamo incontrati. Mi immagino la scena, lei che a un certo punto, continuando a raccontare della sua scuola e degli spettacoli che ha già messo in scena coi compagni, alza gli occhi e scopre che mi scendono le lacrime, che non riesco a respirare, che sono in preda a una crisi emotiva di cui si era persa l'inizio. Quindi ferma le parole, non sa più cosa fare, si imbarazza, si alza e se ne va, mentre cerco di spiegarle dietro, senza speranze, che non si deve preoccupare, sono soltanto contento di aver trovato chi stavo cercando. Ma si potrà mai impostare una collaborazione su queste basi? Si potrà investire un'innocente di queste emozioni, senza neppure avere la cortesia d'avvertirla che il suo interlocutore evidentemente ha gravi problemi psichici?

Però, se provo a guardarmi dall'esterno, tutto sommato non dovrebbe andare proprio malissimo: al limite parlo troppo poco,

cioè, per niente, e questo non va bene perché tra un po' questa disgraziata esaurisce gli argomenti e voglio vedere come ne usciamo. Ma per il resto l'espressione la tengo concentrata e attenta, come deve fare un regista che valuta un'attrice appena conosciuta, e quindi, sì, mi pare vada bene, non ne sono certo, devo capire, lasciatemi un po' di tempo per decidere. E comunque, cara Magalí, mentre mi racconti di questi tuoi studi, la lezione di storia del teatro, quella di improvvisazione, quella di acrobazia circense – chiariamo subito, in un mio film questa specializzazione non ti servirà mai, dico mai, sono pronto a metterlo per iscritto – mentre mi parli del cortometraggio perduto di cui non hai mai visto un fotogramma, devi tenere presente questa cosa: io, certo, ti ascolto e ti seguo, però lo stesso mi trovo la mente occupata da una serie infinita di altre cose che ti riguardano direttamente. Per esempio, anche se ti potrà sembrare strano, immaginare le parti mancanti al racconto sommario della tua vita, quelle che tralasci pensando che non siano importanti. E invece a me, ti dico la verità, non ti mortificare, i tuoi studi, la tua preparazione d'attrice, il tuo curriculum, sono le cose che mi interessano meno, ai confini del nulla. Io vorrei sapere, piuttosto, ogni istante della tua esistenza, dove vivi, come vivi, cosa fai, cosa bevi a colazione, gli autobus che prendi, se ti metti mai gli orecchini, le parole che dici, i pensieri che nascondi, la ricostruzione esatta del giorno in cui sei partita da Balcarce, 500 chilometri a sud di Buenos Aires, e sei arrivata nella capitale, una in più fra sedici milioni di abitanti. Cose così, la vita minima che di solito fra persone normali non viene detta. Ma probabilmente io normale non sono e mi tocca immaginare tutto, anche il colore delle pareti del posto dove vivi, il sorriso distratto quando chiami una volta la settimana i tuoi genitori, la strada che fai quando torni tardi dal cinema. Ho bisogno di tutto, perché ti ho appena conosciuta e riesci a immaginare tutto il tempo che devo recuperare?
Intanto però c'è questo problema che sta per arrivare e devo trovare una soluzione al più presto. Non posso far parlare all'infinito un'attrice al casting, non sta bene, non si fa, e poi si vede benissimo che inizia a non avere più argomenti, quindi tra

poco si fermerà, guardandomi sgomenta, e se non dico niente diventa soltanto una crudeltà gratuita. Ma poi almeno fosse una di quelle tattiche che insegnano alle scuole di autostima, ammesso che esistano, o comunque in posti simili. Quei corsi per imparare a dominare i nervi e la forza di volontà: durante una conversazione di lavoro, rimani impassibile, non replicare, limitati a fissare in silenzio il tuo interlocutore finché lui non si sentirà a disagio. Qui però, osservando la realtà delle cose, a disagio sono soltanto io, perché devo fare questo sforzo per trattenere l'unica frase che voglio dire, che proprio, se la tengo ancora per me, mi sembra di buttare via la vita. Come sarebbe più semplice e più bello se adesso interrompessi questa sventurata, risparmiandole questa agonia, e le dicessi che domattina alle otto ci troviamo qua davanti e cominciamo a filmare; non seguiranno altre dichiarazioni. Invece, chissà per quale ostinazione, mi devo ancora trattenere. E allora via con la fatica enorme, proprio lo sforzo supremo, di dirle che per Mirna io cerco un'attrice capace di improvvisare più o meno tutte le scene, e che il personaggio protagonista – è ancora presto per dirle che in realtà sarebbe una persona esistente, non scopriamoci troppo – è la donna più serena e naturale del mondo, capace di accettare tutto senza mai perdere la sua tranquillità. Ha una luce propria che rischiara tutta Buenos Aires, fino agli angoli più bui, fino alle persone più nascoste. Chi le sta accanto, come Monica – lo vedi come è bella la vita, non mi chiede se è la storia di due lesbiche – può solo innamorarsi e lasciare perdere tutto il resto, perché basta uno sguardo, un respiro, un sorriso di Mirna per cancellare migliaia di giorni inutili, mai esistiti, e la sua leggerezza riempie ogni possibile ferita. Il tempo che Mirna e Monica passano insieme, nel mezzo di una vita che per chiunque sarebbe difficile, è come un estasi di pace: solo che Mirna sa fare sempre e soltanto quello che ha in mente – è una delle poche persone che ci riesce – e a un certo punto deciderà di andarsene, perché c'è un posto nel mondo che deve raggiungere e i proprio pensieri per lei sono come ordini.

Certo, questo è difficile da far passare come soggetto, di solito si racconta una storia, si danno dei dati, si citano alcune scene, si ripetono a memoria parti di dialogo, cosa ne so, tutte quelle liturgie del cinema che, se sono state inventate, un motivo ci sarà. Ma Magalí mi ascolta e le va bene così, perché sorride con quegli occhi così scuri e allora adesso quasi quasi le dico che Mirna era uguale a lei – e non è vero, ma è come se lo fosse – e quindi basta solo che mi lasci filmare la sua vita, e vedrai che facciamo il film più bello del mondo. Come tu, qui nel bar di Asociación de actores, sei la donna più bella del mondo, bisogna proprio che te lo dica, e se c'è qualcosa che non va, se ti sembra troppo, rassegnati, perché io questo film me lo sono conquistato con l'orgoglio e la volontà – e difatti, cara Magalí, ho già pronto il tatuaggio di fine film su cui metterò, insieme alle altre cose, proprio queste due parole, solo che in inglese, che suonano meglio: pride and will – e mi considero autorizzato anche a queste confessioni a cuore aperto.

Dio mio che mattinata, quando sembrava tutto perduto c'è stato questo incontro benedetto: adesso chissà cosa diventa la mia vita, niente rimarrà com'era, perché già lo so che fino a quando non ne potrà più degli assalti della mia venerazione, Magalí Lopez – tanta attesa per un cognome che potevo facilmente indovinare – sarà il cuore di ogni mio fotogramma, il motore necessario per mettersi a inventare tutto il necessario per arrivare alla fine di un film, dalla prima parola del soggetto all'ultima lettera dei titoli di coda. Non avrò davanti altre immagini, altri volti, sarà un affetto sfiancante, senza respiro, che a un certo punto ne dovremo parlare perché così non si può più andare avanti e lei stessa, come altre prima, mi dovrà rassicurare, spiegandomi con sussiego, come altre prima, che se anche non la tengo prigioniera isolandola dal resto del mondo – cito a memoria una frase scolpita nel granito dell'ingratitudine – lei con me lavora lo stesso, e bene, forse anche meglio. E che se la asfissio in quel modo, come ho fatto con altre prima, sempre così possessivo, sempre così geloso, la reazione più naturale – continuo a citare, adesso con un lieve senso di nausea, causa banalità – quella più istintiva, è di allontanarsi da me. Succede così in amore, succede così anche fra registi e attrici. Peccato che me l'abbiano detto solo persone che avevano molta meno esperienza di me, e di film avevano fatto soltanto i miei, quindi non ho mai capito bene da dove prendessero questa verità, alla prova dei fatti così fragile.

Ma se c'è una giustizia nel mondo, Magalí a queste banalità criminali non ci dovrebbe arrivare, se non altro per il fatto che viviamo in continenti diversi e lontanissimi, e a parte i giorni delle riprese, sarà difficile frequentarci con una certa regolarità. Giuro che parlo ancora cinque minuti, poi le chiedo se vuole fare il mio film. L'ultima cosa, a cui tengo parecchio, perché non solo viene dalla vera Mirna, ma arriva addirittura dal primo film che ho fatto, tre o quattro attrici fa, e ho spiegato una sola volta alla diretta interessata, un'aiutoregista che più che grazie non disse – e quale altra reazione avrebbe dovuto offrire? – e poi però, ogni volta che ha visto un mio film, in qualche modo ci si è riconosciuta, presumo con una certa lusinga, per carità, sempre trattenuta e discreta, non è che poi si pensa che ci ho fatto caso. Quindi, adesso vediamo come spiegare a Magalí l'importanza di un paio di orecchini dorati, a cerchio, che Mirna deve avere addosso ogni momento del giorno e della notte, un segno costante su di lei, un omaggio che io faccio a qualcuno senza doverlo spiegare, una caratteristica del personaggio, che sono quelle frasi fatte che agli attori fa sempre piacere sentire. Perché quegli stessi orecchini dorati, a cerchio, li portava una donna che mi è sempre piaciuta, mi piace e sempre mi piacerà, e l'unico segnale che adesso le posso inviare, come da una desolata astronave perduta sempre più lontana nello spazio verso il pianeta terra, è questa abitudine a cui non rinuncio di abbellire i volti già belli di chi filmo con gli stessi orecchini che aveva lei ai tempi lontanissimi in cui ci vedevamo, io innamorato, lei no, almeno così dichiarava alla stampa. Ma queste sono storie private, che è meglio rimangano dove sono, senza fare danni – fra l'altro, perché proprio non resisto a pensarlo, chissà se si è mai chiesta se il fatto che avessi deciso di andare a vivere in Argentina avesse a che fare con lei.

Piuttosto a Magalí posso ripetere quello che ho scritto su quel tentativo di soggetto che, già lo so, cambierò in ogni parte, meno questa degli orecchini. Dunque, com'era la frase? Adesso non mi viene in mente proprio uguale, ma mi pare fosse tipo "…gli orecchini che Mirna ha indosso, due cerchi dorati che probabilmente, nel tempo, si è anche dimenticata di avere". Non era proprio così, e la frase esatta adesso me la dice Magalí, perché mi interrompe per completarla e ripete esattamente, alla perfezione, quello che avevo scritto io, tutto identico, come se avesse letto quel soggetto che io tengo nascosto, come se l'avesse amata lei quella ragazza che è rimasta sulla terra. "Due orecchini che le erano stati messi da bambina, appena nata, e lei poi non se li era più tolti, se ne era dimenticata". Qui, davvero, non si tratta di casualità, di essere più o meno sensibili, non si può parlare neppure di telepatia, di empatia o di qualsiasi altra manifestazione delle infinite possibilità della mente. È successo solo che due persone avevano bisogno di incontrarsi per poter essere complete, per avere un unico pensiero, un unico sentimento; anche un'unica vita, per il tempo che durerà il film. C'è chi si spaventa quando lo intuisce, quasi fosse una violenza che subisce. Violenza di chi, ci sarebbe da chiedersi, perché nessuno fa niente, è soltanto qualcosa di invisibile che lavora nell'aria, incontrollabile, dotato di vita propria, e non c'è modo di opporsi, se si ha la fortuna, o la sventura – perché la controindicazione è che si può anche non tornare più normali – di trovarcisi in mezzo. Se un giorno Magalí me lo chiederà cos'è quell'amore che prova per me senza volerlo provare, senza neppure che sia veramente amore – ma non ci sono altre parole – glielo dico che i film alla fine sono soltanto un pretesto per vivere questa attrazione infinita, che lega due persone che non immaginavano l'esistenza l'una dell'altra, ma che per dare un senso completo alla propria vita aspettavano soltanto il momento di trovarsi. È questa attrazione che fa esistere quello che non c'è e che fa vivere vite vere a persone che non esistono, anche se – ma è poi così riduttivo? – soltanto nei film.

È solo che io adesso non ce la faccio più, sono rimasto anche troppo in questa stanza, fra queste persone intorno, perfino davanti a Magalí, che invece non dà segni di cedimento. C'è un limite di tempo anche alle emozioni che uno può vivere, poi diventano pericolose; sono una persona anche io – come si sente dire nei peggiori dialoghi dei peggiori film intimisti, italiani e no – e quello che mi resta da fare è liberarmi al più presto da questo incontro, sennò va a finire che sciupo tutto l'incanto per qualche stupidaggine che non c'entra niente.

Non è che devo inventare chissà quale scusa, in fondo posso avere anche altri impegni – il niente assoluto, soltanto ricordi a cui potrei ripensare benissimo anche restando qua – altre attrici da incontrare, dei set da trovare. Sai quante questioni si devono risolvere prima di dare il via a un film? Anzi, la prima, la più importante, da cui, fra l'altro, dipende non solo il film, ma anche il mio stato d'animo delle prossime settimane, dei prossimi mesi – il che, dovendo convivere con me stesso, non è cosa da poco – la questione che davvero se non si risolve non andiamo più avanti, è parlarci da persone adulte, in modo chiaro e diretto: io che le propongo di essere la protagonista del film e lei che accetta. Altre possibilità non ne vedo, non per presunzione, ma, altrimenti, a cosa sarebbe servita tutta questa procedura di riconoscimento – in gergo militare si usano termini di questo genere e io in fondo in queste imprese impossibili di realizzare film mi sono sempre considerato un soldato, preferibilmente inglese –, perché avremmo sprecato tutte queste parole, tutti questi sguardi, tutta questa attrazione misteriosa? Soltanto per trovarci il 19 maggio 2009 nella città di Buenos Aires, Repubblica Argentina, alle ore locali 12.27, in Calle Alsina al civico 1776, nella sala bar della Asociación de Actores, con io che ti affido anni di pensieri, ricordi e speranze e tu che non vuoi prenderti questo carico? Queste cose possono succedere nella vita normale, ma oramai ci siamo conosciuti e della normalità, dobbiamo prenderne atto, sono rimaste soltanto macerie. Quindi, coraggio, è il momento: "Mira, Magalí, te digo la verdad, porque no tiene sentido esperar: me gustaría mucho hacer la película contigo, así que...si te interesa...(Nota per i non ispanofoni: "Allora, Magalí, ti dico la verità, tanto non ha senso aspettare: mi piacerebbe molto fare questo film con te, quindi...

se ti interessa...″). Tutto qui, i massimi sistemi della conoscenza, le profondità inaudite dell'animo, ridotte a una formula di convenienza. Ci sarà tempo per tutto, adesso conta solo risolvere questo ultimo problema che è rimasto, poi voglio fare una pausa, perché c'è tutto un mondo là fuori e io mi voglio illudere di poter vivere ancora queste ultime ore di libertà con la mente leggera. Quindi, appunto, ti interessa? "Sí, mucho" (non c'è bisogno di traduzione). Ecco fatto, adesso siamo legati per sempre, manca solo che gli attori ai tavolini e le ragazze al banco – con tutta probabilità, attrici anche loro – si mettano a battere le mani, come si fa nei matrimoni più popular. Il problema è che, come reazione immediata a questo accordo ideale, mi sento vuoto e inutile, tutte le energie svanite; adesso quasi quasi aspetto che Magalí esca dalla stanza e poi mi metto a piangere, finché qualcuno a caso non viene a consolarmi. E forse non smetto nemmeno allora. La tensione si è sgretolata di colpo, quanti anni erano che mi chiedevo chi sarebbe stata Mirna in questo film, che a un certo punto sembrava maledetto perché non partiva mai? Quanti anni sono che non so più niente di quella bella ragazza con i capelli tanto corti, che voleva solo che l'amassi, poi la nostra vita sarebbe stata semplice come neanche mi posso immaginare? Davvero, Magalí, non te la prendere, ma tutta questa tristezza adesso bisogna che me la risolva da solo. Sarebbe troppo complicata da spiegare, e anche priva di interesse, te lo assicuro. Sono cose che si sentono, e disgraziatamente non sono il Duca di Wellington, che dopo aver sconfitto Napoleone a Waterloo scrisse a Lady Shelley – copio direttamente dall'agenda, perché queste frasi bisogna tenerle sempre a portata di mano: "Spero, con l'aiuto di Dio, di aver combattuto la mia ultima battaglia. È una brutta cosa stare sempre a combattere. Nel folto del combattimento sono troppo occupato per avere una sensazione qualsiasi, ma una sensazione di sciagura sopravviene subito dopo...mi sento uno sciagurato anche nel momento della vittoria, e sempre sostengo che, dopo una battaglia perduta, la più grande iattura umana è una battaglia vinta". Chissà cosa pensò Lady Shelley; e chissà cosa penserebbe Magalí, se adesso all'improvviso mi mettessi a parlare come un generale inglese dell'800.

Quindi per oggi basta davvero, Magalí: è stato il giorno più bello di tutti, due vite che si sono unite, due anime che si sono completate. Esci prima tu da questa stanza, poi tra poco vado via anche io. Ci sentiamo più tardi, per metterci d'accordo su tutto. Intanto, credimi, non mi andrà mai più via dalla mente quel sorriso che hai avuto quando ti ho detto del film.

Questo ristorante in Scalabrini Ortíz è triste abbastanza per passarci la serata. Ho fatto bene a venirci, altrimenti oggi mi entusiasmo troppo e poi mi sembra tutto facile, mentre tutto il mondo sa benissimo che non lo è. E poi quante cose ci sono da pensare, che davvero non bastano le ore fino a domani, mentre fuori continuano a passare gli autobus e le automobili, come se la giornata non finisse mai e nessuno sentisse il bisogno di tornare a casa, anche solo per la cena o per fare due chiacchiere in famiglia. Che poi, volendo, ci sarebbe anche da capire, ma questo è un problema minore, come mai in Argentina i ristoranti li fanno sempre così grandi, quando oramai dovrebbe essere dimostrato che rimangono costantemente semivuoti, anzi, il più delle volte, dispiace confessarlo, deserti. Per forza poi uno si intristisce anche quando non vorrebbe: una sala da cinquecento tavoli e tre persone in tutto, che cenano a prezzo fisso, sedute accanto ad un dolore – dal testo di una vecchia canzone di un famoso cantante italiano, detto "Il Divo Claudio". Comunque a me questa tristezza, questa mestizia che mi fa sentire pallido e stanco – saranno le luci al neon, chissà – mi piace parecchio e meglio non potrei stare, il tavolo davanti alla vetrata, così posso guardare la casa che la Mirna non mi ha mai detto cosa fosse, bastava che aprisse la porta e ci lasciassero in pace per le ore che ci servivano, il film che è ancora tutto da fare, e questa ragazza che fino a stamattina non esisteva e adesso – lei non lo deve sapere – è al centro di tutto, che se per esempio dopo quando la chiamo mi dice che ha cambiato idea e forse è meglio che per il film trovi qualcun altro – non si può mai sapere, i fidanzati ingelositi sono capaci di tutto, anche di imporre questi sconci – l'unica cosa che posso fare è non girare più neanche un fotogramma in tutta la vita, cambio mestiere, non ne voglio più sapere, non ha più senso nulla, troviamoci qualche altro lavoro per tirare avanti, "Scusa, tu facevi film, vero?" "No, mi spiace, mi scambia per qualcun altro, non mi importuni più".

E a proposito di Magalí: cerchiamo di mettere insieme i dati che ho, tanto per avere un'idea più precisa. Allora: Magalí Lopez, ventisei anni, nata a Balcarce, una città della Provincia di Buenos Aires, distante cinquecento chilometri – mi sono dimenticato di chiederle se è sul mare. Frequenta l'ultimo anno alla Escuela de Arte Dramático.

Poi da parte mia, io devo stare attentissimo a non addentrarmi oltre, perché sicuramente, con quella tranquillità che ha, la ragazza di Balcarce è capace di raccontarmi per filo e per segno tutta la sua storia sentimentale, uno screening dettagliato dal primo fidanzatino della Escuela Primaria che si chiamava Pedro fino all'ultimo novio, con cui convive, perché – mi pare già di sentire le parole esatte, se c'è bisogno le deposito in busta chiusa da un notaio e poi le confrontiamo – finalmente ha trovato una persona con cui, davvero, dividere tutto, ma proprio tutto.

Se inizio adesso a immaginare quello che sicuramente avverrà, ma non si sa quando, non si finisce più di soffrire, quindi è meglio che pensi a Magalí per quello che è, perché tra un po' la dovrò filmare e in qualche modo bisogna che mi prepari. Il problema è che non sono sicuro di averla guardata bene; anzi, l'unica sicurezza che ho è di non averlo fatto. Perché, facendo mente locale, ricordo pochi dettagli, quelli proprio più evidenti, che sarebbe stato impossibile non notare. Per non doverla guardare negli occhi – turbamento che ancora non sono in grado di sopportare – so che mi sono concentrato sui capelli, che sono neri e lisci, quindi li possiamo sistemare come ci pare, legarli, non legarli, la coda alta, la coda bassa, alti sulla nuca, sciolti, e in un giorno speciale ci si può anche arrischiare perfino in una crocchia old style che non piace mai a nessuno meno che a me. Le trecce no, quelle le lasciamo – e Dio solo sa quanto volentieri – ai

filmetti amatoriali scandinavi, porno e non porno. I capelli neri
che non sono come quelli della Mirna, che li aveva corti, appena
tagliati, che quasi non si riusciva a decifrare il colore, e Magalí
invece li ha abbastanza lunghi, almeno fino alle spalle – mi pare,
non sono sicuro, perché appena ci mettevo troppa attenzione
mi sembrava di fissarla troppo e mi sentivo in colpa come se la
stessi molestando in mezzo alla strada.

Comunque lisci lo sono,
così quando giriamo la scena in cui Magalí esce dalla doccia
– Dio mio, ci sarà da pensare anche al problema delle scene di
nudo – proprio quella prima sera che lei e Monica si chiudono
nella casa di Scalabrini Ortíz – qui davanti, basta attraversare
la strada – sono sicuro che saranno bellissimi, bagnati e lucidi,
tirati all'indietro come se fossero fissati con la brillantina. Devo
iniziare a segnarmi queste note, anche a costo di intitolare il film
"Memorie di un coiffeur", ma, per come è messa la situazione
della sceneggiatura, che semplicemente non è mai stata scritta,
qualsiasi dettaglio può servire a costruirci sopra chissà quante
scene. Il film lo voglio fare così, tanto qui non è questione di
raccontare una storia – che poi è anche una frase d'ordinanza
che mi piace poco –, questo lo fa il cinema italiano, che sempre
annuncia questa intenzione credendoci disperatamente. A me
che non faccio cinema italiano, basta filmare una persona che
recita un personaggio che è stato una persona – così anche i
critici più esigenti possono stare tranquilli – e siccome non devo
rendere conto a nessuno, può anche andare a finire che fra le
scene degli orecchini e quelle dei capelli, metà film lo risolvo,
non lo so, devo vedere, tutto può essere. Magari il film non avrà
un grosso successo di pubblico, questo lo deve mettere in conto,
ma almeno lo faccio come voglio e, come scrivono i giornali più
radical, di questi tempi non è poco.

Che poi mi sono fissato sui capelli di Magalí perché erano la cosa
più facile da guardare, tenendo lo sguardo alto e senza incrociare
i suoi occhi. Certo, non ci sarebbe stato niente di male, i registi
possono e devono guardare le attrici con cui vogliono lavorare,
ma io proprio non ce la faccio, e non ce l'ho mai fatta con
nessuna delle ragazze che hanno lavorato con me: di una, figlia

delle infinite pianure polacche, dopo due film girati quasi sempre in primo piano e un'ossessione che dura ancora oggi, non ho mai saputo di che colore li avesse, credo verdi ma non ne sono sicuro. Ma questo non è un problema, perché alla fine ci sono cose più importanti di due pupille – che comunque, nel caso di Magalí, penso siano scure come i suoi capelli – anche perché, se mi devo fidare dell'esperienza, le immagini dei suoi occhi le filmerò in automatico, sono le inquadrature che mi riescono meglio e nemmeno ci devo pensare per farle, come sempre ore e ore di girato fissando due occhi che guardano dappertutto, chissà dove, e alla fine resto soltanto io senza saperne il colore. Piuttosto ci sono quelle mani che ho già capito che mi piacciono parecchio, così piccole e sciupate, perché evidentemente Magalí vive la vita vera e non ha tempo per curarle, non ci pensa neppure, non sa cosa voglia dire, sì, forse su qualche giornale ha visto attrici di tutt'altro tipo appena uscite dal manicure, ma non si recita con le unghie limate, al massimo ci si può spalmare sopra, come ha fatto lei, un po' di smalto, rossissimo, il più rosso che c'è, ma chissà quando l'ha fatto, perché, al momento, su quelle unghie che si mangia ne è rimasta solo qualche traccia lontana. Le mani della Mirna, identiche. E mi sembra che siano passati mille anni da quando le ho viste, mille vite da quando mi hanno cercato dappertutto, come le mie hanno cercato su di lei. Ma poi fossero solo le mani. Io non lo so cosa succede, davvero – dottore, mi aiuti lei – è che tante volte arriva questa asfissia improvvisa, questo desiderio tremendo di essere accanto o addosso a tutto quel corpo che mi girava intorno nudo come se non potesse essere altrimenti, è proprio un richiamo che arriva da non so dove – devo continuare, dottore, o per una prima diagnosi basta questo? – e mi sembra di morire perché c'è soltanto una cosa che voglio, fare di nuovo l'amore con la Mirna, come l'abbiamo fatto, buttare via questi anni che sono passati e essere di nuovo in quella casa che forse era uno studio, su quei cuscini, io e lei insieme, quella pelle così chiara, quei capelli corti, quella bocca a disposizione, mentre fuori scompariva Buenos Aires e anche il mondo, una catastrofe, un bombardamento nucleare, ci siamo soltanto noi due e questa voglia che non finisce mai, la mia vita per farti gridare, tu dammi solo te stessa che il resto non esiste. Lampi dolorosi che arrivano nel centro dell'animo, tristezze che devo controllare, perché in questo periodo va così e tutto può diventare un martirio per il tempo e le cose lasciate alle spalle, per non parlare delle persone. Anche io che mi vado a mettere in questi guai, senza che nessuno mi abbia obbligato: per cercare di risolvere una mancanza è già andata a finire che ho solo peggiorato la situazione, e sono arrivato qui soltanto ieri. Questa domanda che ho sempre in mente, per esempio, non va bene, perché tanto non lo posso sapere cosa sta facendo la Mirna in questo momento, dove lo sta facendo e con chi lo sta facendo. E essere geloso è proprio una cosa ridicola – algo ridículo, forse en español suona più forte – perché poi si sa cosa succede, che a un certo punto perfino il film diventa meno importante e d'improvviso lascio tutto a metà, prendo un autobus della Andesmar o della El Pinguino e in un'alba che l'Argentina non avrebbe mai voluto vedere sorgere, mi presento nella città di Puerto Madryn, Patagonia settentrionale, disturbando l'innocente popolazione con la fastidiosa domanda. "Scusi, per caso conosce Mirna Alonso?". Non fossero mai successe cose simili; non avessi mai disturbato testimoni occasionali; non avessi mai sprecato il tempo in queste gesta che mi ostino a considerare romantiche, ma inizio a avere il sospetto che siano soltanto stupide.

Però, dietro a questa bella autocritica, rimane il fatto che qui siamo arrivati davvero al ridicolo, perché non avrei mai pensato di trovarmi con questa desolazione nella mente e di chiedermi, come se fosse lecito, cosa starà facendo adesso Magalí, se appena uscita da Asociación de Actores ha chiamato qualcuno – che poi, chi vuoi mai che sia questo qualcuno se non il boyfriend, chiamiamolo così – e se per qualche istante di queste ultime ore mi ha mai pensato. Tutto come se fosse affar mio, come se mi dovesse riguardare, come se fino al momento in cui ci siamo incontrati non avesse avuto una vita propria – e questa, in effetti, sarebbe l'ipotesi più rassicurante.

Meglio tentare di distrarsi, sennò qui si impazzisce: adesso

guardo un po' la partita che sta passando in televisione – il
River Plate pareggia col Velez – bevo qualche Quilmes – che
piaceva tanto alla Mirna, ma così sembra morta – e poi, sul
tardi, chiamo Magalí, perché prima o poi questo film lo dovremo
iniziare davvero. E comunque, ho voglia di sentirla.

Quindi alla fine è così facile cominciare un film? Basta chiamare
un'attrice la sera tardi, anzi, mi sa che era notte – ci devono
essere state troppe birre fra l'intenzione e l'esecuzione –, trovarla
sveglia che aspettava la mia telefonata – e me lo dice anche, è
questa la cosa importante, con una confidenza che sembrano
anni che la chiamo tutte le sere alla stessa ora – e fissare per
il giorno dopo in Plaza Italia. "Aspetta, scusa, sai, io sono un
po' ansioso, Plaza Italia intendo davanti alla Rural, però quale
porta? Non è che poi non ci troviamo? Facciamo davanti alla
biglietteria, tanto ce ne è una sola, no?" Insomma, se è tutto
così semplice, allora dove vanno a finire tutti gli anni di attesa,
le speranze, i dubbi, le emozioni, le delusioni, i ricordi? Perché
non è mica tanto normale che uno la domenica pranza a casa
sua in Italia e due o tre giorni dopo inizia a girare un film in
Argentina: tre giorni fa vivevo una vita normale e tra un'oretta –
diciamo un'oretta e mezzo, così ho anche il tempo di prendermi
un bel caffè – cambia tutto, mi brucio le navi alle spalle, mi
volterò indietro e non riconoscerò più niente. Perché tanto lo
so che i film diventano più veri della vita vera, non c'è modo di
scampare a questo equivoco, è sempre stato così fin dall'inizio,
c'è anche una diagnosi firmata da fior di specialisti a certificarlo:
qui poi, figuriamoci, con questa confusione che sto già facendo
fra quello che ho vissuto davvero, quello che ho in mente di far
vivere a Mirna e Monica, e quello che vivremo Magalí e io – che
è più o meno la stessa cosa–, non ci sarà proprio modo di restare
lucidi e presenti, anzi. Se fossi un gotico tedesco mi liquiderei
in poche parole: si annunciano tempi bui, e di quello che ero…
soltanto una pallida memoria. Però, se uno non arriva fino in
fondo, se non parte già sapendo che sarà un disastro psicologico,

una catastrofe emotiva, una sciagura sentimentale, che senso potrebbe avere fare queste fatiche, queste spedizioni belliche che lasciano dietro di sé soltanto rovine e distruzione? Spero solo di mantenere una dignità, che è la cosa più importante – anche se le passate esperienze, rivelano alcun fonti ben informate, danno poche garanzie – poi mi posso innamorare di chiunque, di Mirna, di Magalí che fa Mirna, di Magalí e basta, di Monica, che non c'è nemmeno un'attrice che la interpreta, di una comparsa passeggera che mi sorride per sbaglio, di una giocatrice di hockey su erba, che fra poco andiamo a filmare una partita fra il Saint Catherine e il Club Atletico de San Isidro. Ecco, anzi, se adesso ho un po' di tempo, voglio vedere di capire questa cosa dell'hockey su prato – gioco di origine anglosassone, molto popolare nelle isole britanniche e in alcuni paesi del Commonwealth, oltre che fra le classi più agiate della borghesia argentina. Nel film girato in Cile ci stava bene, perché le protagoniste venivano dai quartieri alti di Santiago, Las Condes, Providencia, quelle zone là, e poi comunque volevo vedere la più protagonista di tutte con la gonnellina da gioco e la bandana bianca a tenere i capelli. Ma qui con Mirna davvero non ha nessun legame, lei è soltanto una che lavora in un chiosco, ha altre mille cose da fare per guadagnare due pesos, insomma dovrebbe avere una vita difficile, e l'ultima cosa che le interessa è arrivare fino a Tortuguitas per vedere undici ragazze viziate e bionde passare due ore del pomeriggio giocando contro altre ragazze viziate e bionde, solo vestite di altri colori. È vero che quando stavo qua ci andavo tutti i sabati e il giorno che sono ripartito per l'Italia mi sono fatto tatuare lo stemma del Saint Catherine sul braccio – sarò l'unico nel mondo? Speriamo di sì – ed è vero anche che a quei tempi c'era la capitana della squadra che mi piaceva parecchio, ma proprio tanto, che poi dopo ho cercato mille volte su internet che cosa stesse facendo, rintracciandola prima in un'Università della Florida, e poi di nuovo a Buenos Aires, oramai sposata, se ho capito bene. Solo che quando stamattina ci ho parlato al telefono per chiederle il permesso per filmare nel Club – dal terreno di gioco è passata a un ruolo dirigenziale –

purtroppo mi è sembrata antipatica, ai confini dello sgradevole, inutilmente executive. E dire che è vice campionessa olimpica e non ho mancato di dirle che lo sapevo, e che quando vivevo qui ero stato un suo tifoso – non è che mi sono sbagliato e ho detto che sono un ammiratore?

Comunque ora guardo un po' come va, magari se la incontro lì al campo e proprio non ne posso fare a meno mi presento e la saluto, altrimenti lascio perdere, così impara, e non saprà mai che comunque, nel mondo, c'è un uomo che si è costretto a farsi piacere l'hockey su prato soltanto perché una volta aveva visto il Saint Catherine in televisione, fra tutte le giocatrici aveva individuato proprio lei, e il sabato dopo, e quelli dopo ancora, per un intero campionato, era andato a vederla di persona – nota per i miei eventuali biografi: nelle cronache registrate del canale TyCsports, la domenica mattina, mi sono rivisto spesso, un po' isolato dagli altri tifosi. Forse chiedendo in direzione si recupera qualche cassetta del tempo.

Per adesso, però, basta hockey, che tra un po' arriva Magalí e iniziano le ostilità. E a proposito di belligeranza, visto che dico tanto e che se alla fine potessi fare tutto il film in uniforme sarei proprio contento: lo dovrei sapere che i comandanti più coraggiosi – non dico Wellington, basta uno a caso – sono così sicuri di sé da riuscire a dormire prima delle battaglie. Invece io stanotte non ho quasi chiuso occhio per tutta questa emozione che non se ne vuole andare e che spero prima o poi mi dia una tregua, anche solo per avere cinque minuti, dieci, non chiedo di più, per far andare la mente a regime normale. Non è il sonno, non è la stanchezza, quelli si sopportano, è che ho letto sul giornale che perfino gli scienziati più eminenti conoscono appena una piccola parte delle possibilità della mente, e non vorrei essere proprio io quello che, per sopportare troppo a lungo questa tensione, si avventura nelle sterminate praterie della pazzia, da cui – la comunità scientifica gli deve rendere onore – sapeva che non sarebbe più tornato. Anche solo pensando a come sono andati gli altri film, c'è da aver paura: la mancanza totale di sonno, di fame, gli incubi che ho avuto a occhi aperti, le visioni sentimentali mentre gli altri continuavano a chiacchierare, la voce di quell'aiutoregista nella stanza, mentre lei dormiva di là. Se tutto valesse meno la pena, a questo punto ci sarebbe soltanto da scappare, tornare a casa, ho fatto un bel giretto in Argentina, chi ti ha detto che volevo girare un film? Ma la vita è qua, l'ho scelta io, ho fatto di tutto per costruirmela e come potrei non essere della partita? C'è gente che con questa frase si è convinta a raggiungere il Polo Sud prima di tutti, vedrai che ce la posso fare anche io a arrivare in fondo alle riprese. Basta solo che la bella Magalí non inizi in questo modo, con i messaggini, che fra l'altro ho sempre sopportato poco: "Sono in ritardo di una decina di minuti". Lo so, agli attori piace da morire farsi attendere e un giorno magari arriveranno anche a scriverla sul curriculum la capacità che hanno di lasciare qualcuno in attesa – nel 2007, per il film "Le ombre senza nome" arrivò al trucco con 32 minuti di ritardo, poi nel 2008, sulla serie tv "Acqua di fuoco", si presentò sul set più tardi di 45 minuti–; ma tu e io, è bene chiarirlo fino da oggi, facciamo qualcosa di diverso, quindi queste abitudini lasciamole a chi se le merita, alle attrici con le unghie limate e ai registi che gliele fanno limare.

Ma poi in realtà, ripensandoci, sono stati belli anche questi ultimi minuti che da dieci sono diventati venticinque, perché adesso la vedo arrivare, appena un po' di fretta, recitando un'inquietudine che non sente, la più piccola fra tutte le persone che risalgono le scale del subte, ma la più bella, o almeno, bella per quello che mi serve in questo momento, i capelli legati, le maniche della giacca un po' troppo lunghe, gli occhi scuri: una giovane donna di Buenos Aires che – canta ancora "Il divo Claudio" – cerca me tra la folla, con la mano saluta, e due baci discreti tra noi due. E io, ufficialmente, prendo atto che da questa storia non ne esco più – che è quello che voglio – e sarei anche disposto a cancellare tutto il passato, proprio dal primo respiro del 9 settembre 1961 fino a quello di qualche secondo fa, quando Magalí è uscita dalla metro e io l'ho vista: più niente, come se non avessi mai vissuto prima, ci sono solo i giorni che devono arrivare, basta che ci siano sempre questa stessa emozione e questo senso di attesa. Perché c'è ancora un po' di tempo prima di arrivare a Tortuguitas, bisogna prendere il pullman – ma perché gli autobus di linea qui li chiamano micro? –, uscire dalla città, guardare sulla Panamericana tutti quei motel per coppie clandestine e no, ricordarsi la fermata giusta, poco prima di un viadotto – ma di viadotti ce ne sono migliaia fino alla Tierra del Fuego – e poi entrare in quel mondo riservato in cui le ragazze giocano a hockey, e un loro week end, uno proprio normale, del più basso profilo, costa come l'intero budget di questo film.

Tu ed io, Magalí, su questo micro – fuori fa troppo caldo anche se è già inverno, ho comprato i biglietti per il servicio preferencial con l'aria condizionata – in viaggio verso l'ignoto, che è l'unica cosa che ci possiamo aspettare nei prossimi tempi, visto che un film insieme non l'abbiamo mai fatto. Chissà dove va tutta questa'altra gente che ci ha lasciati liberi i sedili sul fondo, e chissà come è la vita che abbiamo lasciato alle spalle: non ci crederai, ci sono stato in mezzo fino a dieci minuti fa ma non me la ricordo più. Io, anzi, se vuoi, faccio una dichiarazione ufficiale al Clarín, e anche a La Nación – così anche la parte più conservatrice dell'opinione pubblica ne verrà informata–, riceviamo e volentieri pubblichiamo: "Non avrei potuto trovare un'attrice più brava, più bella e più attenta di Magalí Lopez, e non capisco, amigos de la pampa, perché sono dovuto venire io dall'Italia per farvela scoprire". E non importa se la sto filmando da pochi minuti, poco più che inquadrature di servizio, semplicemente lei sul sedile di questo autobus che guarda fuori dal finestrino. C'è lo stesso da prendere le misure, da capire chi c'è davanti alla telecamera, iniziare a rendersi conto che questo stesso viso lo avrò davanti agli occhi, sempre più vicino, sempre più dentro, per tutto il tempo che mi serve, fino a non poterne più, se mai succederà. E non importa neanche che di tutta questa giornata, novantanove probabilità su cento, non monterò nemmeno un fotogramma. Io il conteggio non lo so fare – se in un secondo ci sono venticinque fotogrammi, quanto tempo ne durerà uno solo? – ma mi è bastato il primo per capire che Magalí è come la Mirna, identiche anche se non si somigliano, due ragazze, due donne che erano in questa parte del mondo e bastava solo venire qua, trovarle, e farsi segnare per sempre.

Stasera quando torno in albergo ci voglio pensare per bene a questa cosa, – perché, in fin dei conti, a parte tutto il resto, non sarebbe tutto più semplice se questi incontri meravigliosi avvenissero nelle immediate vicinanza di casa? – ma adesso facciamoci vedere un regista attento e concentrato, filmiamo più del necessario, almeno non lascio neanche il tempo di farmi chiedere – domanda legittima, aggiungono gli avvocati difensori, prima di risolvere il contratto che non c'è – come mai di tutta la troupe internazionale che ci sarebbe potuta essere alla fine qui ci sono soltanto io.

È meglio sul serio se adesso lascio perdere queste sciocchezze, perché qui mi devo concentrare sulla fermata a cui dobbiamo scendere, che di arrivare fino a Ushuaia per adesso non se ne può parlare, e poi comunque ci sarà da superare anche la malinconia di questa partita che ci aspetta, mica tanto per il gioco in sé, anzi; solo che l'ultima volta che sono venuto da queste parti era nell'altro secolo e poi, più niente, basta, qualche foto sul sito della Federazione hockey argentina, però, francamente, non è che l'ho cliccato spesso.

Eppure sarebbe anche questa una vita possibile, in questo posto così diverso da tutto il resto della città, con la Panamericana a pochi metri – ho scelto il viadotto giusto, nonostante tutti questi anni – e questa finta campagna che hanno sistemato come se fossimo nelle verdi brughiere d'Inghilterra, adesso magari passa a cavallo la Duchessa del Kent e poi stasera troviamo un pub e con due birre o tre diamo un calcio alle amarezze. "This corner of a foreign field will be forever England". Non so se qui l'hanno letta quella poesia "Questo angolo di un campo straniero sarà per sempre Inghilterra": in realtà sarebbe un'iscrizione funebre per i soldati inglesi caduti all'estero, ma se tolgo l'aspetto mortuario, sembra scritta proprio per un posto come questo. Le guardie all'ingresso hanno le divise simil bobbies, le palazzine del club

– che è un complesso residenziale di lusso, ma anche una scuola privata, oltre che un centro sportivo d'alta specializzazione, e chissà che altro – sono nascoste nel verde che squadroni di giardinieri paraguaiani hanno il compito, l'ordine, la missione di mantenere sempre della stessa tonalità e intensità, e le auto, se non le tradisse la targa celeste e nera, sono le stesse che si incrociano a Balmoral, Range Rover 4x4 metallizzate, per una guida di impareggiabili potenza e leggerezza.

E poi ci sono queste belle ragazze che attendono di giocare la partita chiacchierando in gruppetti, elegantissime – quello che si dice la grazia – il gonnellino blu con la riga laterale rossa, la polo bianca senza maniche, i calzettoni blu col bordo bianco, e lo stemma – è sempre quello, altrimenti avevo sprecato un tatuaggio – cucito sul petto. Un giorno voglio capire come mai, sia adesso sia quando venivo ogni sabato, le giocatrici sembrano tutte di origine tedesca, anche se i cognomi stampati sulla maglia, come sempre in Argentina, appartengono a tutti i paesi europei: deve essere il benessere, che altro si può pensare, perché non è normale che abbiano tutte i capelli biondi e gli occhi chiari, come del resto quasi tutti i ricchi in ogni parte del mondo.

Comunque, Germania, Inghilterra o Argentina, deve essere lo stesso una bella vita, in un altro mondo: a tutta questa gente, giocatrici, genitori, fidanzati, mariti, sicuramente i soldi non finiscono mai, escono dalle loro belle case in città soltanto quando vogliono, prendono la macchina – gli autobus e la metro non esistono, al massimo un taxi, ma proprio quando papà si è arrabbiato e per una settimana non dà le chiavi – e, "guarda, io tutti i fine settimana li passo a Tortuguitas, lì ho tutte le mie amiche, ci vediamo per un drink, la domenica ci troviamo nel giardino di qualcuno per un asado – lascia pure in terra, adesso chiamo una ventina di paraguaiani e ci pensano loro a pulire–, poi la sera andiamo al cinema, e il lunedì, ma con molta calma, sennò troviamo traffico, torniamo a Buenos Aires". A fare cosa, poi, non si sa.

Ho anche letto sul giornale che da qualche anno c'è gente che questa fatica di fare pochi chilometri per andare e venire dalla città se la evita, e vive direttamente in questi spazi recintati –

chiamati Country – con guardie armate all'ingresso, qualche
garitta qua e là e l'illusione perenne di vivere in Europa, che
è il pensiero preferito di tutti gli Argentini più benestanti,
nonostante l'evidenza che in Europa non si viva in posti come
questi – basta dare un'occhiata su internet. Lo so, io ho tutta
un'altra vita, e, per quel poco che la conosco, anche Magalí,
però come mai ogni volta che arrivo fin qua mi prende questo
struggimento, questa voglia di essere diverso, di essere ricco
come tutti qui intorno? Non è per i soldi, è che proprio sembra
che non conoscano il significato delle parole più abusate nel
resto del mondo: problema, preoccupazioni, ansia, che ne so,
tutti questi termini qua per loro sono suoni misteriosi che forse
avranno ascoltato in televisione, ma non li hanno mai capiti
e soprattutto non hanno mai avuto occasione di usarli. E ora
neppure si accorgono di noi, un uomo e una ragazza tutto
sommato presentabili, ma non c'è nessun contatto, io faccio
cinema a basso costo, e loro penserebbero al prezzo del biglietto
al Multicine Hoyts, e la mia attrice, per tutto il film, prenderà la
paghetta settimanale che danno ai loro figli più piccoli – i più
grandi hanno il conto giovani al Banco Central – e siamo stati
gli unici a essere fermati dalle guardie all'ingresso, nonostante
che la vostra vicecampionessa olimpica – orgullo de nuestro
Club – avesse avvertito.
Ma va bene lo stesso, perché tanto qui si tratta di pura teoria, e
non mi ci vuole niente a immaginare per me un week end, anche
uno solo, identico a quelli che passate voi da mille anni. Basta
pensare alla Mirna, passare a prenderla in un ufficio del Barrio
Palermo – hanno appena rimesso a posto degli appartamenti
bellissimi, praticamente dei loft, stavo pensando di comprarne
uno, che casa nostra sta diventando piccola – pranzare al Dashi
Sushi Restaurant in Fitz Roy, poi salire sulla nostra Range Rover
metallizzata, imboccare la Panamericana, Ramal Luján, e al
viadotto giusto svoltare a sinistra. "Caro, lo sai che in tutti questi
anni non mi sono mai accorta che c'è un micro che arriva a
Tortuguitas? Chi saranno quell'uomo con la telecamera e quella
ragazza con il vestito grigio che stanno entrando nel Saint

Catherine? Ce l'avranno il permesso?". Giorni così, con questo stesso sole di inizio inverno, le verdi pianure d'Inghilterra anche se si parla spagnolo, e l'unico problema del sabato – non più di uno al giorno – è capire a che ora inizia la partita di hockey e quello della domenica è sapere se l'asado lo fanno gli Hoffman o i Marchand. E certo non è quello di spiegare adesso a Magalí perché siamo qua. Mica per altro, ma ancora non abbiamo tutta questa confidenza per passare i sabati insieme e a Tortuguitas comunque ci si viene soltanto se c'è un motivo, altrimenti si resta a casa. Ma non è facile, me ne ero già accorto in Cile ma adesso ne ho la conferma ufficiale: l'hockey io non ho mai saputo filmarlo, mi ci ostino, mi impegno, ma niente da fare, le ragazze corrono troppo veloci, per non parlare della pallina che il più delle volte, con la telecamera neppure la vedo, e anche Magalí non ho proprio idea di dove metterla, sembra tutto controluce, o troppo buio, o troppa luce, questo genere di problemi.
Si comincia malissimo, ma che proprio peggio non si potrebbe. E poi adesso c'è anche questo dubbio che mi viene in mente a tradimento e se non sto attento mi porta giù nel fondo della paura. Perché io lo so che di solito le attrici, soprattutto le più giovani, hanno una vita distante anni luce da questa che viene esibita a Tortuguitas: sempre mille cose da inventarsi per sopravvivere, provini per occhi svogliati, chilometri affaticati per lasciare foto sbiadite, lavori ad ore che lasciano dietro soltanto amarezza. E, per reazione, è difficile che non si sentano in dovere di mostrare, anche solo con un'apposita espressione stampata in faccia, tutta la loro severa riprovazione verso chi sta meglio di loro. Prontissime poi, naturalmente, al primo accenno di successo e di conseguente benessere, ad impossessarsi di tutte le abitudini e i vezzi che fino al giorno prima hanno deplorato con tanta sufficienza.
Magalí, a dire la verità, è rimasta indifferente, forse perfino incuriosita dal Saint Catherine, però non vorrei che nascesse questo equivoco pericoloso, di quelli che poi finisce subito che arrivare in fondo al film diventa un calvario senza pietà: perché, è vero che mi piacerebbe essere ricco – sai quanti film in più

potrei fare–, va bene che vorrei avere una villa qui per il week end, così ci verrei con la Mirna, che lavora tutta la settimana e si vuole riposare, e va bene anche che queste ragazze che giocano mi piacciono tutte, dalla prima all'ultima – l'hockey è la massima espressione dell'eleganza femminile e las chicas del Saint Catherine ne sono le sacerdotesse – ma lo stesso non vorrei che pensasse che – italiano, regista, in questo caso anche produttore – appartengo a posti come questi e che il mio orizzonte mentale quindi arriva fino a una Range Rover Discovery e poco oltre. Magalí, ti giuro, io non sono così – gli dice l'italiano, gesticolando come tutti gli italiani–, non ho gli occhi azzurri e i capelli biondi dei ricchi d'Argentina, non so mai come fare a pagare affitto e bollette, sono pieno di debiti, anche gravi, e l'unica proprietà che mi possono confiscare è una lavatrice che nemmeno volevo. Faccio la stessa vita che fai tu, forse anche peggio perché sono più grande, e qua ci vengo solo perché le ragazze che giocano a hockey sono le più belle del mondo e non mi importa se sicuramente sono odiose, a me basta solo che giochino, corrano e si insultino come stanno facendo, senza mai perdere la tenerezza – come diceva un loro connazionale di cui probabilmente si vergognano.

Comunque non ti preoccupare, da qui ce ne andiamo in fretta, dagli solo il tempo di finire la partita. Io intanto continuo a filmare, cercando di non confessarti che, nonostante tutto l'impegno, c'è proprio una tradizione negativa che vuole che le riprese del primo giorno siano orribili, roba da vergognarsi di averle fatte, a livello dei filmini di una prima comunione. Poco più di prove, tentativi, studi – ma sono parole che nobilitano troppo il risultato penoso – per capire lo sguardo da avere. Anzi, se un giorno mi verrà in mente di seppellire per sempre la mia carriera – già abbastanza sepolcrale, come sottolineano i suoi critici più feroci – monto insieme le scene di tutti i primi giorni di tutti i film che ho fatto e le presento al pubblico: "Non esistono parole per descrivere lo stretto necessario a coloro che non sanno cosa significhi l'orrore...l'orrore...l'orrore ha un volto..." Il Colonnello Kurtz, dopo averlo visto, userebbe le stesse parole di Apocalypse Now, e solo per limitarsi ad una critica garbata e rispettosa. Ecco, per oggi può bastare, bisogna che prenda il ritmo, non si può avere tutto e subito. Al Saint Catherine ci siamo divertiti, abbiamo visto bella gente, c'è stato anche il tempo per una bibita nell'intervallo, ma adesso mi piace anche stare qui sul pullman, tu ed io, le prime luci della sera, "Corso, ho l'Ipod, se vuoi puoi filmare Mirna che ascolta la musica". Diciamo la verità, cosa potrei aspettarmi di più da questa giornata? Fra l'altro mi piacerebbe anche arrivare fino in centro con Magalí, prendere il subte da Plaza Italia fino a dove arriva lei, guardare le finestre di casa sua, con tutti i rischi che comporterebbe, stare insieme fino all'ultimo istante disponibile, far passare la notte in fretta e poi domattina ricominciare a filmare come se non ci fossimo interrotti neanche per un minuto. Però voglio pensare a un po' di cose e poi, comunque, finché ce la faccio, è meglio che mantenga le distanze, un uomo misterioso che scompare nella notte di Buenos Aires. Perché, visto che lo so che la fine è quella di sempre – un cicisbeo, un tappetino, un cavalier servente, sparate al petto, risparmiate il volto – almeno la soddisfazione di conquistarmi qualche ora di dignità me la voglio togliere.

E allora, Magalí, scendiamo da questo micro, che oggi mi sei piaciuta anche troppo per i miei gusti, ti accompagno fino alla fermata della metropolitana e ci vediamo domani. Magari puntuali, se proprio non è un disturbo. Procedura di separazione classica, non mi faccio sorprendere: un bacio sulla guancia – sono finiti i tempi dell'imbarazzo, quando istintivamente provavo a darne due, come da tradizioni italiane – un lieve abbraccio appena più insistito del normale – abbiamo girato le nostre prime scene insieme – i ringraziamenti di rito e poi – la vita è così – ognuno per la sua strada. Solo che chissà adesso dove scompare Magalí, chissà chi la sta aspettando, cosa pensa di questo primo giorno del suo primo film. Non lo so mica se sono stato all'altezza, magari l'ho delusa, si è annoiata, si è scoraggiata, pensa di avere avuto a che fare con uno squilibrato che filma le ragazze in gonnellino mentre giocano a hockey. E il problema del ritardo di domani lo risolve

non venendo proprio all'appuntamento, così si toglie il pensiero.
Sono queste le inquietudini, c'è poco da fare, e tutta questa
gente indifferente che c'è in città a quest'ora non lo sa da dove
arriviamo noi due, cosa abbiamo fatto: ha sicuramente pensieri
più importanti di cui occuparsi – dice, fingendo un'umiltà che
non prova – però, lo stesso, io ho cominciato il mio film, sono
stato in un posto dove non tornavo da una quindicina d'anni,
un po' meno, e l'ho trovato uguale, ho ascoltato la capitana del
Saint Catherine, una ragazza coi capelli biondi raccolti a coda, le
mani magre, i polsini di spugna coi colori del club, il riflesso del
sole al tramonto che le faceva stringere gli occhi, rimproverare le
compagne dopo la sconfitta, come un comandante i suoi soldati:
impegno, orgoglio, coraggio, rispetto, solidarietà, era stata persa
una battaglia, ma la vergogna non era per la sconfitta ma per non
aver lottato per perdere, almeno, con onore. Lei – gridava, e se
vedeva che la stavo filmando mi faceva sequestrare la telecamera
– non si era alzata quella mattina per tornare a casa la sera
umiliata dalla sua propria squadra. Bisogna che mi segni questa
scena e queste parole per un prossimo film, che tanto i soggetti
nascono così, uno si volta un attimo, fa un po' d'attenzione, e la
mente gli si riempie di mille immagini.
Adesso quello che invece resta da fare è andare in quella pizzeria
qua vicina a Plaza Italia – che vuol dire vicina a Scalabrini Ortíz
– dove una volta siamo andati con la Mirna. Una bella notte, quel
bel sorriso stanco che mi regalò tornando verso il tavolino con
altre due birre, i bottoni d'oro della giacca, quei capelli corti, la
bocca che mi aveva appena baciato per ore, le poche parole, tutte
le pause, un unico pensiero, quello che avevamo fatto in quella
stanza e che volevamo ricordare.
Se ce la faccio, mi metto allo stesso tavolino, prendo la stessa
birra, mi concentro un po' e fra pensare a Magalí, alle riprese di
oggi, e a tutta quella notte con la Mirna, mi faccio venire una
bella malinconia – magari felice, ma sempre malinconia – e non
ci si pensa più.

La fila di gente in Callao. C'era scritto di presentarsi alle quattro di pomeriggio, forse le cinque, ma meglio arrivare un po' prima. Però mica mi immaginavo che c'erano già mille persone – secondo gli organizzatori, settecentocinquanta per la questura –. "Mantenete la fila in ordine, non occupate tutto il marciapiede, girate intorno all'isolato". Quando l'assistente di produzione lo facevo io, non ero mica così odioso. Almeno, non credo; che poi sarebbe bastato avessero detto il motivo per cui ci avevano fatto andare lì. L'annuncio ad Asociación de Actores diceva solo di presentarsi a quell'ora: non vi sembra il momento di una spiegazione, che noi attori – a quel tempo andava bene anche fare l'attore in Argentina – a queste cose ci teniamo e poi facciamo più volentieri tutte le code che volete?

E all'improvviso, verso le due, un allarme generale, la fila che ondeggia, il silenzio assoluto, la tensione, i nervi, il terrore di perdere una possibilità di lavoro, chissà quale: un assistente, il più cretino di tutti – ci doveva essere stata una votazione, è lui ne era uscito vincitore – annunciò qualcosa a voce bassa, restando vicino alla porta, così già il decimo, quindicesimo disgraziato in attesa non riusciva a sentire e doveva chiedere a quello davanti di cosa stesse parlando quel puntino lontano all'orizzonte. "Non ho capito neanche io, adesso chiedo" e gli ultimi della fila la risposta la ebbero verso mezzanotte, quando i primi si erano già andati a cercare un altro lavoro. Tutta quella disperata curiosità per vedere arrivare, di mano in mano, un modulo da riempire, nome, cognome, indirizzo e via così, tutto l'occorrente per essere schedati, senza che nessuno, ancora, ci dicesse cosa stavamo facendo lì. Comunque non importava, io ero dall'altra parte del mondo, gli attori queste cose le devono affrontare tutti i giorni, figuriamoci se mi scoraggiavo. Anzi, era come vivere una vita in più, che se non fossi andato a Buenos Aires non avrei mai conosciuto. Come mi chiamavo e dove abitavo lo sapevo – Chacabuco 1046, 1646 San Fernando, Prov. de Bs. As. – il curriculum lo allegavo, lo avevo tradotto apposta. Però c'era una cosa che proprio non capivo al punto 6 – ma non ero io che parlavo così bene lo spagnolo?. A chiedere a qualcuno mi vergognavo, poi sennò, come sempre, ci sarebbe stato da spiegare cosa ci facevo lì, perché un italiano che emigrava in Argentina in quei tempi – e neppure in questi, per la verità – non era un'opzione contemplata, sembrava andare oltre la normale comprensione della gioventù bonaerense. C'era stata una sceneggiatrice, Ana, che mi aveva perfino detto se le potevo confidare i motivi per cui ero scappato dall'Italia – ricercato dalla polizia? Terrorismo? Mafia? Omosessualità?! – che tanto lei i segreti li sapeva tenere. E comunque non avevano nemmeno torto a non capire: su uno che andava, in questo caso io, ce ne erano mille, duemila, che si mettevano in coda davanti ai consolati dei paesi di origine delle loro famiglie per farsi fare il passaporto e emigrare in Europa.

Comunque, se non risolvevo quel punto 6 non potevo entrare nell'ufficio, volevano il modulo completo, lo avevano già detto, e andava a finire che buttavo via il pomeriggio. E allora, bisognava farsi coraggio, un bagno di umiltà, e chiedere aiuto a qualcuno lì accanto.

È così che cambia la vita, con quella semplicità, uno guarda in avanti e non c'è nessuno con la faccia almeno simpatica, allora si volta indietro e trova la Mirna, comparsa da chissà dove, perché oramai erano due ore che ero lì, mi ero già voltato chissà quante volte e non l'avevo ancora vista. E non l'avevo vista perché non c'era, sono sicuro: lo potrei giurare in tribunale, non cambierei mai versione. Mandata dal destino in quel posto preciso, in quel momento preciso, bastava solo che le chiedessi di quel punto 6, poi al resto ci pensava lei. Perché era lì apposta e – Signor giudice, dico la verità, soltanto la verità – quando mi voltai, i suoi occhi mi stavano aspettando: lei sapeva cosa stava per succedere ed era preparata. Aveva quel sorriso così leggero; se ci penso adesso, sembrava che con quel sorriso mi volesse rimproverare per avere aspettato un po' troppo a parlarle. Ma non era colpa mia – lo giuro – è che quel cretino dell'assistente aveva dato i moduli troppo tardi. Però almeno mi piacque subito, dal primo istante del primo sguardo: una bella ragazza che lì per lì pensavo fosse coreana, perché aveva gli occhi tagliati come gli orientali,

e invece, poi, i suoi genitori erano semplicemente paraguaiani.
Le cose che succedono ovunque nel mondo, un uomo e una
donna che si dicono qualcosa, si guardano, si sorridono, niente
di impegnativo: ma quell'uomo ero io e la donna era la Mirna,
quindi, risolto il problema del modulo, per me si poteva anche
chiuderla lì. "Gracias, muy amable" più di questo, francamente,
non avrei saputo cosa altro dire. E se poi pensava che volevo
attaccare discorso? Se pensava che volevo passare il tempo in
compagnia? Se pensava che ero quel tipo di uomo che se una
ragazza è gentile, in un istante si può pensare di portarsela a
letto? A me quelle cose non erano quasi mai riuscite, gli incontri
casuali non li avevo mai fatti andare oltre lo stretto necessario,
e quando invece avevano avuto un seguito era sempre finita che
mi ero innamorato: il finale, comunque, sempre lo stesso, ognuno
per la sua strada, perché così va il mondo – a questo proposito,
Signor giudice, vorrei mostrare alla corte tutti i miei film.
Però quel giorno né io né la Mirna andammo per la nostra
strada. La conversazione la faceva lei, io ci mettevo le risposte
"¿Vos no sos de acá, verdad?" "No" Quanta fatica deve avere
fatto, le avessi dato la soddisfazione di offrirle qualche spunto,
un appiglio, qualcosa, si potrà mai lasciare sola una ragazza in
quel modo? "¿De donde sos?" "Italiano" Fossi stato la Mirna,
mi sarei lasciato perdere "Sai che ti dico, italiano? Qué te vaya
bien, adiós". Ma la Mirna non era me – meno male!, rumoreggia
la giuria popolare–, quel pomeriggio andò avanti lo stesso e
ogni parola che mi diceva era un'occasione in più per guardarla.
Quelle minuscole rughe intorno agli occhi, microscopiche, la
pelle appena più scura, il rosa delle labbra, i denti, la lingua,
e quegli orecchini distratti, indifferenti, due piccoli cerchi
dorati che la Mirna non si ricordava neppure di avere, se ne
era dimenticata. Eh, ma guarda il caso però, guarda il destino
splendido...crudele e splendido! – le parole di vita vissuta di
un grande cantante emiliano si adattano alla perfezione–,
perché quegli stessi orecchini li avevo visti tante volte indosso
a un'aiutoregista, e quel giorno su Callao era come tornare
indietro di qualche anno e ricominciare tutto daccapo. Mirna,

tu quegli orecchini non toglierli mai, te ne prego, lasciali anche lì dove sei adesso, a Puerto Madryn o a Buenos Aires, se sei rimasta qui: erano bellissimi su quella pelle bianca che avevi, e anche se non me lo merito, mi piacerebbe che rimanesse almeno questo di tutto quel periodo passato troppo in fretta, perché poi, davvero, te lo giuro, all'aiutoregista non ci pensai più e gli orecchini erano soltanto tuoi.

Comunque, la Mirna poteva anche essere la donna più bella del mondo – e in alcuni momenti secondo me lo è stata – poteva anche dirmi subito, come prima cosa, che voleva andare a fare l'amore da qualche parte, poteva essere tutto quello che avevo sperato, ma non sarebbe stato niente in confronto a tutta quella tranquillità che mi arrivava a ondate in fondo al cuore, al centro dello stomaco, come avere voglia di piangere per una felicità sconosciuta che non avevo fatto niente per guadagnare. Tutta la serenità del mondo si era concentrata dentro di lei, l'aveva riempita, non finiva mai, traboccava fuori dai suoi occhi, dai suoi respiri, e allora che altro poteva fare se non regalarla a chi le stava intorno, come me in quel momento? La voglia disperata di affidarsi a lei, annuncio ufficialmente a tutti i presenti che io da questo momento non prendo più una decisione che sia una, pensa a tutto questa ragazza che ho appena conosciuto, penso che sia meglio per tutti. Intanto, per esempio, finalmente entriamo dentro questo ufficio e vediamo perché hanno convocato questa folla oceanica che inizia a essere stanca; basta non perderci di vista, io non sono abituato a queste cose, l'attore l'ho fatto ogni tanto e sono sempre stato chiamato, e poi sono da solo in un paese ostile, mi devo conquistare la vita giorno per giorno – i pensieri che non sapevo di avere, uno li tiene nascosti finché può, poi crolla tutto d'un colpo – a volte mi sembra di non farcela, ma non saprei neanche come tornare in Italia, non ho soldi, è stato bello tagliare i ponti, scomparire, non farsi più trovare, non mi sono pentito di niente, ma ci sono dei giorni che mi sembra di non farcela, io vorrei essere argentino come te, cerco di esserlo, ho cominciato anche a pensare in spagnolo, ma poi in tante occasioni mi sento escluso, perso, persona non grata, per restare in gergo diplomatico. Sediamoci accanto, stiamo a sentire cosa dicono, tu ascolta anche per me, io intanto ti guardo di nascosto, che là fuori non ci avevo pensato a quanto sei bella con quella giacca blu che tieni chiusa al collo. Non lo so se tu sei abituata, ma a me questo tipo di colloqui mi mettono l'angoscia, mi sento prima di un esame, ci hanno messo su queste seggiole e chiamano a gruppetti. Decidi tu quello che vuoi fare, tanto ho già capito che scegli la cosa migliore anche per me: che questa sia una brutta situazione è un dato di fatto, si tratta solo di capire se ce la sentiamo di restare qua – e magari dopo ci offrono anche un lavoro, non si sa mai, un premio alla pazienza – oppure ce ne andiamo, perché non siamo disposti a subire questo rallestramento casuale, in cui fra l'altro viene negata ogni dignità al lavoro degli attore – così si sono espresse numerose organizzazione per la difesa dei diritti umani.

Evidentemente non c'era niente di più importante, per noi, che rimanere insieme, il resto non contava più, oramai che eravamo arrivati fin là potevamo anche aspettare quei pochi minuti, e invece "Ya está, vamonos, no me gusta este lugar" "Vamos". Agli ordini.

E meno male che c'era la Mirna, perché se dipendeva da me, andarcene avrebbe voluto dire tornare in strada, e separarci per sempre, "Arrivederci, questo sarà l'addio, ma non pensiamoci... con una stretta di mano, da buoni amici sinceri ci sorridiamo per dirci arrivederci" – come cantava Don Marino Barreto Jr. – Ma forse esagero, questo davvero non riesco a ricordarlo, lo penso solo perché, viste le passate esperienze, mi sembra impossibile che sia stato per merito mio che l'immediata separazione non avvenne. Perché due ore dopo bene o male eravamo al Centro Cultural Rosas, c'era un documentario da vedere, e non è che feci molti sforzi per organizzare la soirée: avevo già deciso di andarci e bastò solo dirglielo, o farmelo strappare sotto tortura. Nel mezzo, questo sì me lo ricordo bene, mi ero voluto tenere una pausa di solitudine, avevo inventato una scusa, la più banale, la più ridicola, una zia, una cugina da andare a trovare – anche a pensarci adesso, una stupidaggine indecorosa per un uomo di

trentacinque anni – ma quelle due ore a tu per tu sentivo di non
farcela a reggerle, una prestazione al di là delle mie possibilità.

In ogni caso, a parziale risarcimento della pazienza della Mirna,
va detto che quelle due ore di sospensione furono le più noiose
di tutto il tempo che ho passato a Buenos Aires, anche il caffè
era cattivo, la birra calda, le empanadas scadute.

E poi dopo, il documentario, la sala piena, molti capelli lunghi,
giacche di pelle nera, orli scuciti dei jeans – non è che sono già
il più vecchio qui dentro? – due ore di apologia montonera, un
sogno sempre vivo, tanto a combattere in strada ci sono andati
altri anni fa. Ma davvero, con tutto il rispetto e tutta l'attenzione,
su quello schermo, quella sera, sarebbe potuta passare qualunque
immagine, un documentario come quello, una commedia
americana, un cartone animato cecoslovacco, un fotogramma
bianco: io non ci avrei fatto caso. A me piaceva soltanto stare
seduto lì, accanto alla Mirna. Dio ti prego, fa che entri ancora
più gente, così ci dobbiamo stringere e sfioro la sua spalla con
la mia. Cose così, e tutto quell'oceano di serenità, come tornare
indietro agli anni delle medie, del ginnasio al massimo, il sogno
di contare fino a dieci e poi le dico che mi piace; disturbo la
proiezione, il pubblico si innervosisce, inizia a fischiare, "Non lo
vedi che stanno parlando della storia più crudele dell'Argentina?"
Sì, lo so, do noia a tutti, scusate, ma questa ragazza mi piace,
su Corrientes una settimana fa mi ero giurato che non avrei
più passato una sera da solo a guardare gli altri stare bene, e
adesso eccomi qui, e se non le dico subito che mi piace, che
sono innamorato, che la voglio sposare, ho paura di sciupare
questa vita che sto vivendo. Giuro che adesso mi comporto bene,
ma almeno facciamo un patto, voi questo documentario lo fate
durare cinque, sei ore, tutta la notte, troviamo un accordo, a me
basta soltanto rimanere qui accanto a questa ragazza di origine
paraguaiana. Può anche andare bene se a un certo punto il
film finisce, noi ci distraiamo un attimo e ci chiudono dentro il
Centro fino a domattina – l'avevo immaginato tante volte con le
compagne di scuola, non mi sarei fatto trovare impreparato. Io
questo incanto me lo sono guadagnato, non immaginate quante

sere identiche a queste sono rimasto a casa per andare a letto
presto, ho versato sangue, sudore e lacrime – voi che guardate
documentari, ne avete mai visto uno in cui Winston Churchill
si rivolge agli inglesi fiduciosi: "Blood, sweat and tears"? – per
spendere un po' di tempo con qualcuno, una donna, perché qui
a Buenos Aires senza una donna non ci voglio più stare, i giorni
sono lunghi, io mi impegno ma avanzano sempre delle ore e – lo
confesso pubblicamente, pronto a qualsiasi conseguenza – da
solo non ce la faccio più a sopportarmi.

Questa era l'aria che si respirava, e c'era solo da sperare che
la Mirna non sentisse quel carico di aspettative sotto cui la
stavo per schiacciare, perché magari si spaventava, e quando
finiva quel documentario finiva anche quel bell'incontro. "Ti
ringrazio per avermi invitata al cinema, ma per me sarebbe
molto complicato vederci un'altra volta" Pochi giorni prima una
costumista di uno spettacolo di Tango–Butoh mi aveva liquidato
con questa eleganza, e anche la Mirna avrebbe potuto usare le
stesse parole, cosa ne sapevo, perché non era mica detto che se
una volta era andata al cinema con un italiano allo sbaraglio, poi
ci doveva restare legata tutto il resto della vita. Ma almeno per
quel giorno il resto fu soltanto – e fu comunque tutto – uscire
dal Centro Cultural, non era tardi ma cenare insieme sarebbe
stato troppo, camminare poche centinaia di metri, aspettare un
micro che mi portava a casa, e lei che se ne andava chissà dove:
nemmeno la banale cortesia di essere io ad accompagnarla.
Ma che persona ero diventato? Lasciare tutto in quel modo
indefinito, nessuna certezza, nemmeno sapere se e quando e
come e dove ci saremmo rivisti, perché io naturalmente non le
avevo chiesto il numero – eppure di commedie americane ne
avevo già viste migliaia – e non ero sicuro di avere detto bene
il mio quando lei me l'aveva chiesto, con il solito sorriso che le
veniva quando aveva a che fare con me.

Pero almeno feci in tempo a non perderla di vista quando
l'autobus – il numero 60, detto El internacional per la lunghezza
del suo percorso – si allontanò e lei iniziò a camminare, sola
fra la gente, chiudendosi la giacca al collo, quegli orecchini

che vibravano ad ogni passo: cosa ne so, in quel momento una solitudine assoluta, e io che la lasciavo sola nel centro di una città sterminata. Però lei sapeva dove andare, non guardava nessuno, ed era bellissima. Altrochè commedia americana: la tenerezza infinita. E la disperata necessità – che altrimenti sarebbe stata una vita distrutta – di ritrovare quel mistero di ragazza, arrivata dal niente per regalarmi la serenità. Insomma, tutto questo per dire che stamattina devo capire come risolvere le scene che ho promesso a Magalí. Tutti bei discorsi, tante belle parole – "i registi sono incantatori di anime": la prossima volta che qualcuno ripete una stupidaggine del genere, mi usa la cortesia di escludermi dalla lista, per favore? Grazie – e qui fra dieci minuti mi arriva questa ragazza che si è messa a disposizione del film e io già al secondo giorno non so cosa fare. Fra ieri sera e stamattina mi sa che ho pensato troppo alla Mirna, e il risultato adesso è che mi sembra di essere con lei, ancora nel 1995, e non riesco proprio a farmi interessare tutto il resto: che senso ha fare questo sforzo tremendo di ricostruire il passato in un film, se il passato non è mai finito? E meno male che la ragazza del bar mi ha riconosciuto, sono soddisfazioni che capitano di rado e bisogna approfittarne. Le cronache rosa rivelano che l'italiano le abbia anche chiesto come stesse e lei gli abbia risposto "Tutto bene, grazie, solo un po' raffreddata". Un giorno di questi le chiedo il nome, che magari in qualche prossimo film un personaggio lo chiamo come lei.

Ma è presto per pensare ai prossimi film, non so neppure se ce la faccio a portare avanti questo: devo davvero inventarmi qualcosa per iniziare, e possibilmente finire, la giornata in modo onorevole. Per non essere sconfitto senza combattere, come la capitana del Saint Catherine. Che tanto, poi, da quelle situazioni di vuoto assoluto, di blocco completo, di mancanza totale di qualsiasi idea, da quelle ore drammatiche in cui non so neppure il mio nome, il mio grado e il mio numero di matricola, figuriamoci come fare un'inquadratura, da quegli stalli di ogni attività cerebrale – corredati dai sintomi consequenziali tipo nausea, cefalea, affaticamento o debolezza, perdita dell'appetito,

cambiamento del gusto, cambiamento del colore della pelle,
aritmia cardiaca, anemia, stupore, morte – da quell'aridità
dell'immaginazione ci sono già passato e non ci voglio più avere
niente a che fare, non sono cose per me, io ho altre abitudini e se
mi dovessero ricapitare, davvero mi arrenderei con l'espressione
piangente del latino umiliato, le braccia alzate, la bandiera
bianca, il giuramento solenne di non fare più film.

Allora cerchiamo di riordinare le idee, che altrimenti arrivo in
fondo al prevedibile ritardo di Magalí senza avere preso una
decisione che sia una. Il fatto però è che qui c'è soltanto una
sicurezza, purtroppo: fra l'altro io ci spero sempre, in ogni film
mi illudo e ogni volta mi devo rassegnare; perché non sono
quell'ambientalista di Gibilterra che mi piaceva tanto – per
chi volesse indagare, si chiama Catherine, ha fatto l'Erasmus a
Verona ma preferisce non parlare l'italiano, lavora la sera in un
bar di Casemates Square – che per un attimo fermò tutta la vita
intorno a lei, la folla immobilizzata dalla bellezza di quello che
aveva appena detto "Giving up is not an option at all". Lei aveva
ragione, ma bisogna considerare alcune cose: era anglosassone,
era una bella ragazza e quindi poteva dire quello che voleva, e
comunque parlava dei massimi sistemi, la filosofia del vivere, il
rispetto del pianeta e del prossimo. Io qui al momento invece ho
solo questo problema, ugualmente rispettabile: che non ce la può
fare nessuno, in nessun modo, a ricostruire il passato in un film.
Quindi, cara Catherine, dire che arrendersi non è una opzione
possibile, in questo caso non vale. Guarda, ti vengo incontro, al
massimo ci si può avvicinare a ricreare quello che è già stato,
ma proprio identico non sarà mai. Ci pensi adesso, per esempio,
rifare in Callao quel colloquio di lavoro, dal primo minuto
all'ultimo, l'ufficio, la gente, gli assistenti odiosi, io che aspetto,
la Mirna che risplende nella solitudine? E se anche ce la facessi,
con squadre di scenografi, di costumisti, di comparse, dove
sarebbe l'anima, il cuore di tutte quelle ore? Quindi c'è solo da
adattarsi, fare il possibile, scomporre tutti i ricordi, i sentimenti,
i rimpianti e le gioie, e lanciarli un po' a caso in scene che da
sole conterebbero poco, poco più che vita reale ripresa da una

macchina da presa – Insorge l'opposizione: "Perché, non è forse quello che i film devono fare?" –.

Quindi, adesso mentre aspetto Magalí, che tanto arriva quando le pare, trovo una bella cabina telefonica e le invento così, su due piedi, fra un altro caffè che chiedo e la pagina del Clarín aperta sullo sport, un bel colloquio di lavoro via telefono, qualcuno che le chiede tutti i suoi dati, anche quelli del punto 6: così Mirna si presenta, ci dice tutto quello che dobbiamo sapere, nome, cognome, età, il lavoro al kiosco, il fatto che non ha un indirizzo vero e proprio perché dorme di qua e di là, al limite quello dei suoi genitori a Tigre ma non ci va quasi mai; poi che altro mi ricordo? Alla peggio qualcosa me lo invento, non è che adesso dobbiamo fare un interrogatorio di polizia, ed è soltanto in parte colpa mia se non c'è stato molto tempo per saperne di più. Certo, qualche domanda in più gliela avrei potuta fare, anche solo per educazione: è che se faccio il conto – che non voglio fare sennò mi inquieto e dopo filmo male – stavamo quasi sempre chiusi in Scalabrini Ortíz e poi quando uscivamo francamente era un po' tardi per fornire le generalità.

Mi sembra proprio una bella idea, così poi questa scena la monto quasi all'inizio del film e ci togliamo in fretta il pensiero. E diamo anche una bella lezione di stile a tutti quei film – soprattutto italiani, ma si contano in ogni paese d'Europa – che siccome qualche sceneggiatore americano di passaggio nelle scuole di cinema gli ha detto che bisogna raccontare la vita anteriore del personaggio, eseguono l'ordine ciecamente, e non gli rimane più tempo per farci innamorare di quello che vive nel presente.

Rimane il problema di far incontrare Mirna e Monica – se fossi una donna, mi starebbe bene questo nome, quindi lascio questo – ma quella è un'altra scena che mi è venuta in mente in aereo, basta andare uno di questi giorni a chiedere il permesso per filmare in quel bar su Santa Fé y Pueyrredón, che ho sempre visto ma non mi ci sono mai fermato. Che poi, a parte tutto, mi sembra abbastanza desolato e dimenticato per quell'incontro miracoloso fra due donne sperdute nella crudeltà dell'esistenza – "Io lì? Non c'entrerei neppure per un bicchier d'acqua?", mi

71

sembra già di sentirle le anime belle capaci di tutto meno che di vivere la vita vera.

Lo vedi come vanno avanti le cose, sono venuto qui a fare colazione che non sapevo dove mettere tutta quella voglia di rivedere Magalí, tutto l'entusiasmo di girare ancora qualche scena – Speriamo migliori di quelle dell'hockey! Sussurrano i demoni annidati nella coscienza – e adesso, non più di un'ora dopo, è già chiaro tutto. E, senza voler essere pedante, se arrivasse anche Magalí, sarebbe ancora meglio.

Da un articolo del Clarín di lunedì 24 maggio 2009, pag. 34, a firma Kiki Perez: "TUTTE LE DONNE DI BUENOS AIRES VORREBBERO ESSERE DIFESE DA QUEST'UOMO". (Accanto al titolo, la foto di un uomo italiano, le maniche della camicia arrotolate, una telecamera in mano, il volto ombroso): "Ieri mattina, durante le riprese di un film italiano che si svolgevano in Plaza de Congreso, alcuni malviventi – almeno tre, affermano i testimoni – hanno tentato di rapinare il regista del film, sottraendogli lo zaino contenente i radiomicrofoni di sua proprietà, la scorta di batterie e altri accessori indispensabili per il proseguimento della lavorazione. Soltanto la prontezza di riflessi del rapinato ha impedito che l'atto criminale avesse conseguenze ben più gravi. Racconta infatti l'attrice argentina Magalí Lopez, protagonista de la película: "Io non ho visto il momento del furto, perché stavo recitando un colloquio di lavoro al telefono, solo che ho sentito un po' di trambusto, delle grida, mi sono voltata e ho visto il mio regista che ricorreva un delinquente. No, non so se il ladro era armato, non credo, ma adesso che ci penso ho visto brillare qualcosa, chissà forse era la fibbia della cintura, o forse un coltello a serramanico. È stato tutto così veloce, poi il malvivente è salito su una macchina in cui lo attendevano due complici, ma il mio regista ha raggiunto l'auto, è riuscito ad afferrare lo zaino passando il braccio attraverso il finestrino aperto...io ero rimasta lontana e non ho potuto vedere bene...so che sono stati un po' lì, lui tirava lo zaino, loro lo trattenevano, però lui alla fine è riuscito a strapparlo dalle mani dei rapinatori ed è tornato da me con la massima calma, pronto a riprendere le riprese" Queste le parole della testimone più diretta dei fatti, ripetiamo, l'attrice Magalí Lopez – il volto nuovo che il cinema argentino stava aspettando. Da parte della cronista del vostro giornale, amici lettori, rimane l'ammirazione per l'invidiabile stato di forma fisica dimostrato da questo regista quarantasettenne e per il coraggio con cui si è gettato contro gli aggressori, mettendo a repentaglio la propria vita e il proprio film. In serata, poi, nella sala d'onore della Casa Rosada, la Presidenta de la República Argentina Señora Cristina Fernández de Kirchner, ha insignito quest'uomo coraggioso, che ha preferito mantenere l'anonimato, della medaglia d'oro "Commodoro Rivadavia" al valor civile, la più alta onorificenza della Repubblica. Alcune fonti molto vicine alla Presidenta, rivelano le parole dette dall'eroe italiano nel ringraziare per la decorazione "È solo questione di allenamento, Señora", che ricordano quelle dette da un eroe delle Falkland decorato dalla Regina Elisabetta.

È così che vanno le cose nelle terre d'Argentina. Ed è così come dovrebbe andare la vita tutti i giorni, qualche scena da girare la mattina, un gesto d'eroismo – non è che Magalí ha notato il tremito e il pallore quando sono tornato? – poi qualche ora libera, perché i film non dovrebbero avere orari e si girano soltanto quando ci si sente. La giornata nel centro di Buenos Aires, anche se, a dire la verità, un po' mi annoio, perché va bene passeggiare, perdere tempo, adesso magari vado a bermi un bel caffè su Santa Fé, leggo il giornale, poi cerco un posto per mangiare qualcosa, anzi, prima passo in libreria, poi se ho ancora tempo vado al Cine Gaumont in Rivadavia, che c'è sempre qualcosa di bello da vedere, ma me lo dovevo immaginare che il tempo sarebbe stato inutile, perché non c'è mica spazio per tutta questa rilassatezza quando la mattina hai girato la scena al telefono e adesso mi aspetta il ritorno – l'ennesimo – in Scalabrini Ortíz, per la prima volta in compagnia di una donna che potrebbe essere la Mirna, ci somiglia, e giorno dopo giorno farà di tutto per assomigliarle sempre di più, e invece è un'attrice che conosco ancora poco e c'è tutto da scoprire. E se proprio lei si dovesse difendere, se si dovesse rendere inaccessibile, se anche lei è una di quelle attici che non tollera queste intrusioni nella sfera privata – cosa mi è toccato sentire – diciamo che ci sarà tutto da inventarsi, che tanto va bene lo stesso.

Intanto qui a Once non si riesce a andare avanti per la gente che c'è: sembra che tutta Buenos Aires debba passare nello stesso momento nella stessa strada, anche se non mi viene mai in mente che è così in ogni quartiere della città, perché sedici milioni di abitanti da qualche parte andranno pur messi.

L'ultima cosa che però devo fare, gente o no, è mettermi a immaginare cosa starà facendo Magalí, mentre io faccio passare queste ore. Lo avrà capito anche lei, già adesso, che separarci è come perderci per sempre, lo stesso vuoto, la stessa mancanza, la stessa inutilità del tempo che non si dovrebbe sprecare in questo modo? Anzi, se un giorno avrò più confidenza con lei – e francamente penso di riuscirci, anche senza fare programmi che poi sono sempre difficili da rispettare – glielo voglio chiedere se quel secondo giorno di riprese, "sai quella volta dopo la cabina telefonica, quando poi ci siamo rivisti solo la sera", è stato come tutti i giorni, oppure se anche lei ha sentito, come la sto sentendo io adesso, la stessa malinconia perché qualcosa era rimasto in sospeso e le ore fino a sera le sembravano anni lunghissimi da passare. Lo so, Magalí, non ti devi giustificare, di solito ci vanno di mezzo fidanzati, mariti o amanti, ci va di mezzo la quiete che uno si è conquistato tanto faticosamente, ma se non sentissi anche tu queste emozioni, saresti davvero contenta di essere un'attrice? Saresti davvero convinta di fare fino in fondo il lavoro che bene o male ti sei scelta? Che cosa te ne importa se non capisci più quale è la vita reale e quella che reciti? Hai proprio bisogno di saperlo? C'è qualcuno a cui devi rendere conto, a parte te stessa? Guarda me: fra mille difficoltà, – "Te li dobbiamo ricordare noi i medicinali, le sedute, i disastri

più o meno annunciati?" gli si rivolgono esasperati i familiari
più stretti – fra mille dubbi e rinunce, bene o male sono ancora
qui che cerco di vivere soltanto in questo modo, e oramai la
metà della vita e più l'ho passata. E poi comunque, anche a
farci proprio mente locale, che alternativa avevamo per oggi?
Altre scene non ce ne erano – in effetti ce ne sarebbero dovute
essere, perché un film, nel caso non me lo ricordassi, è fatto
soprattutto di scene da girare – ma per questi primi giorni non
penso di farcela a tenere i ritmi normali della lavorazione, mica
per questioni fisiche, ma è che proprio non sono in grado di stare
a tu per tu con l'attrice, se non per il minimo indispensabile,
almeno fino a che non le prendo le misure. Che vuoi che ti dica,
le cose per il momento vanno così: sappi solo che prima di te
ci sono state altre attrici che hanno lasciato segni indelebili e, –
come direbbe un divorziato al momento de reinnamorarsi – ci
voglio andare con i piedi di piombo. Non ho colpe se per oggi
avevo spazio nella mente solo per la telefonata di stamattina
e per tornare stasera in Scalabrini Ortíz, con tutto quello che
comporta. Ci provi qualche altro autore – qualcuno di quelli
che infastidiscono qualsiasi convegno sul cinema italiano,
già abbastanza fastidioso per conto proprio – a combattere la
nostalgia che sicuramente verrà a togliermi il respiro, o anche
a sopportare questi traumi a cui mi sottopongo come se fossero
un castigo dovuto, perché non si sa mica come possono andare
a finire esperimenti di questo tipo, ancora una volta io e una
donna – non è la Mirna ma è come se lo fosse – davanti a
quella porta, su quella strada, una notte come tante altre. C'è
anche il rischio di subire danni irreversibili, non lo so, magari
la memoria va in corto circuito, torno indietro nel tempo e da
stasera penserò di vivere nel 1995, quattordici anni di ritardo
sul resto del mondo, il sorriso un po' ebete di chi non capisce
cosa gli stia accadendo ma è contento lo stesso. Qui si scherza,
almeno passo un po' il tempo, ma adesso che tra poco rivedo
Magalí – sempre ammesso che, per chissà quale combinazione
degli astri, arrivi puntuale – le cose si complicheranno davvero:
l'emozione, la nostalgia, e mettiamoci anche la difficoltà di

spiegarle come mai, tra i milioni di porte, portoni e cancelli che
ci sono a Buenos Aires, noi stasera si debba andare proprio nel
barrio Palermo, proprio in Scalabrini Ortíz, proprio davanti al
numero 1235, non uno di più non uno di meno. E difatti mi sa
che prima o poi glielo dico a Magalí che non c'è un secondo di
questo film che non appartenga a una ragazza argentina che
adesso non so dove si trova. Perdida para siempre. Anche solo
per mettere le cose in chiaro, e non lasciare domande in sospeso,
che non conviene a nessuno.
Comunque, questo è un problema che, se mi va, affronterò
nei prossimi giorni. Adesso c'è da concentrarsi su questo
appuntamento che Magalí rende così vago, e provare a
sfruttare in qualche modo la festa dei centonovantanove anni
dell'indipendenza argentina – appena posso bisogna mi ricordi
di guardare da chi – anche se si legge dappertutto che i veri
festeggiamenti si svolgeranno l'anno prossimo, per i duecento
anni, con tanto di florilegio di fuochi di artificio e parata militare
al gran completo dalla Casa Rosada fino qui a Congreso. Siccome
queste cose in Argentina, ma un po' in tutto il Sud America, non
si sa mai come vanno a finire – in un attimo ci si può trovare
nel bel mezzo di un colpo di stato – è meglio se cerco di pensare
alla festa che c'è adesso, con tutti questi concerti nelle strade, la
gente che arriva in maglietta da tutta la Gran Buenos Aires e si
deve preparare a patire questo freddo che è sceso d'improvviso.
Tutti felici, tutti che gridano, tutti che bevono birra. E in mezzo a
tutta questa argentinidad, ci metto Mirna sull'Avenida de Mayo
mentre cerca di sistemarsi un orecchino che stasera, chissà per
quale motivo, non vuole saperne di entrare nel lobo. Le scene
che nascono per caso, il momento dei momenti, il mondo smette
di respirare, non me ne importa niente, dopo me lo dite e smetto
di respirare anche io, pazienza, è andata così, ma adesso fatemi
filmare questo sorriso di Magalí che prova a mettersi un cerchio
d'oro all'orecchio – il sinistro, per gli esegeti più affezionati
– gesto che avrà fatto tante volte prima, ma che adesso vale
milioni, miliardi di fotogrammi, le luci gialle dei lampioni, la
musica che arriva da un concerto vicino, la nebbia che è scesa

stasera, i suoi occhi scuri che guardano altrove, i riflessi di quell'orecchino che ho comprato due giorni fa, e mai acquisto, nella storia dell'umanità, è stato più benedetto. Se fossi venuto a Buenos Aires soltanto per questa scena che non è neppure una scena, perché Magalí gli orecchini se li stava mettendo per poter cominciare a girare e non pensava che la riprendessi, se avessi fatto tutti questi chilometri soltanto per uno solo di questi fotogrammi, sarebbe stato comunque un viaggio che si giustificava da solo. Perché queste immagini – annuncia il regista con una certa enfasi – sono tutta la mia vita, non ci sono altre ragioni per stare al mondo, tutto il resto non conta niente, qui c'è Magalí che fa qualcosa che ha fatto la Mirna e non esiste più nessun altro desiderio. Dio ti prego, io sono un peccatore – parafrasando lo speech di Prince durante il Live Aid '85 – ma fa che Magalí continui a non riuscire a infilarsi quel piccolo cerchio d'oro all'orecchio, perché qui io non so più chi ho davanti, la Mirna mi si è aggrappata all'anima e non va più via. E Magalí è tutto quello che può essere, la conosco appena e già se ne va da sola a prendere le immagini nel fondo della mia coscienza, sa esattamente cosa fare, non sbaglia niente. Ha questo sorriso, questa confidenza, che adesso quasi quasi fermo qualcuno di questi qui che perdono tempo a festeggiare, gli chiedo di tenermi la telecamera e vado ad abbracciarla, perché così non si può andare avanti, queste distanze sono già diventate una tortura che rovina l'esistenza. Che senso ha recitare questa parte del regista e dell'attrice, quando siamo soltanto due persone che si sono trovate, un dovere della nostra vita che abbiamo svolto diligentemente – va bene così? – e tutto il resto sono scorie di cui liberarsi il prima possibile. Siamo noi due che stiamo facendo il nostro film. Soltanto questo, altro non c'è. Se anche si mettessero insieme eserciti di studiosi del comportamento, di psicologi o psichiatri, a scelta, di filosofi, di chimici, qualsiasi tipo di specialista, non ce ne sarebbe uno capace di trovare un solo motivo, neanche il più minuscolo, perché io e Magalí – 47 anni e 27 anni, italiano e argentina, regista e attrice – non si debba avere tutta la confidenza del mondo, nei gesti, nelle parole, nelle opere e omissioni. Buenos Aires è meravigliosa, stasera più di sempre, anche soltanto vista dietro il viso di Magalí, che voglio riprendere in primo piano, sempre più vicino, per tutta la vita. E appena ho un momento di pausa lancio un concorso per trovare una parola che spieghi cos'è quella serenità che le fa luce intorno – c'è una commedia americana che credo tratti un argomento simile e si intitola "Serendipity", ma quella parola non mi piace come suona, spiega poco, e poi che c'entriamo io e Magalí con gli americani?. È come un regalo che lei, e Mirna prima di lei, fanno all'umanità, un oceano tranquillo che sommerge le cose e le persone.

Sono questi i pensieri da avere in una sera di maggio, mese invernale nell'emisfero sud, mentre io qui filmerei per sempre, un'unica sequenza fino alla fine, basta solo che Magalí resti con me, che non ci si perda mai, che di perdite ho già avuto la Mirna ed è un errore che – sottolineano i quotidiani sportivi – ha macchiato indelebilmente una carriera fino ad allora più che onorevole.

Questa sera è appena cominciata e sono già ridotto in questo modo. Però non è colpa mia, questo almeno bisogna che me lo riconosca: è Magalí che ha fatto diventare meraviglioso un gesto semplicissimo. Milioni di donne lo hanno fatto identico oggi in tutto il mondo, in Groenlandia, a Gibilterra, in Sudafrica, in Canada, che ne so, ovunque, in tutti i paesi dei cinque continenti, e anche in Antartide – che a volte è considerata il sesto–: in una qualche base sperduta fra i ghiacci, una bella ricercatrice, Laura Maier, si sarà svegliata stamattina e dopo una rapida e infreddolita toilette – la finestra del bagno dà proprio sulle sterminate brughiere gelate di Dolleman Island – si sarà messa due orecchini con gli stessi gesti di Magalí, una specie di legame con la vita che ha lasciato sospesa alle spalle, le lezioni all'Università, le ore di studio ai tavoli della Biblioteca Centrale, qualche cena con le amiche, vulcanologhe come lei. O in Irak, in Afghanistan, in un qualsiasi teatro di guerra: una bella soldatessa inglese del The Duke of Lancaster's Regiment, Claire Devon Martin, i capelli biondi, le efelidi, gli occhi chiari – per me va bene anche se è israeliana, una delle due che una volta ho visto ballare di notte a un posto di blocco – avrà indossato il giubbotto antiproiettile e poi, un attimo prima di uscire in pattuglia, si è ricordata di aggiustare quegli orecchini che sono il suo portafortuna. Milioni di gesti simili in ogni posto del mondo: qui sull'Avenida de Mayo li ha avuti Magalí Lopez, e non immaginava che sarebbe diventata una delle sequenze più intense di tutta la mia carriera, una delle tante, una in più che si aggiunge a tutte le altre, come se ci fosse davvero una classifica o una scala di valori. Perché, per esempio, non è che adesso che giriamo sulla metropolitana – credo ci voglia un permesso, ma finché non mi arrestano ho deciso di rischiare il tutto per tutto – queste immagini, che poi sono quasi soltanto primi piani, valgono qualcosa in meno o qualcosa in più. Io non c'entro niente, non so di cosa mi accusate, davvero, passavo di qua per caso, in fondo cerco solo di fare film che sembrino più veri della vita vera – "Troppo facile citare i critici amici, perché non hai il coraggio di leggere cosa dicono di te su certi siti internet?" gli grida qualcuno nascosto fra la folla "Non sono così giovane da considerare critico chi scrive a caso su internet. E chiudiamola qui" risponde sicuro il regista – quindi cosa ci posso fare se mi piacciono così tanto queste cose così normali, una ragazza che si aggiusta un orecchino, che aspetta la metropolitana, e via così, ogni secondo di vita scomposto in mille fotogrammi. E se qualcuno vuole sentire parlare della storia – che è una richiesta che arriva sempre, anche quando si vorrebbe sentire altro – non si rivolga a me: per questo ci sono gli autori, soprattutto quelli che se lo dicono da soli di essere autori. La storia che filmo io è questa, una ragazza che aspetta il subte della linea B – la rossa – alla fermata Carlos Pellegrini. Oggi è un giorno festivo e passano meno convogli: meglio così, almeno ho più tempo per filmare tutte queste luci riflesse negli occhi della mia attrice. È questa la storia, ve l'ho detto, mettete da parte i manuali di sceneggiatura e scendete sulla linea del fronte a filmare i minuti che si vivono, non quelli che avete scritto. Ma poi, scusate, ma di tutto il mondo, di tutta questa epoca detta anche – non da me! – della civiltà delle immagini, dovete venire a disturbare proprio me? Tutto quello che ho fatto per conquistarmi questo film e questa attrice, non conta niente?

E, in ogni caso, siete proprio sicuri che la vostra difesa a oltranza della grammatica filmica possa influire in qualche modo sulla libertà assoluta che io sì difendo con onore e la coerenza del comportamento quotidiano? – Bene! Bravo! Si levarono le grida dei Pari d'Inghilterra alle parole orgogliose che erano appena risuonate nella Camera dei Lords. Voi parlate, sentenziate, insegnate, ed io intanto vado verso Malabia, su uno di questi vagoni di fabbricazione giapponese, che al tempo che li prendevo con la Mirna erano appena arrivati in Argentina e adesso mostrano i primi, leggerissimi, segni del tempo. Rimane ancora il mistero di queste lampadine liberty che i figli del Sol Levante hanno voluto applicare alle pareti, e anche il resto è tutto uguale, e io non devo perdere tempo ed energie a pensare a chi mi potrebbe disturbare. Non esistono disturbi, turbamenti, non esiste più niente, questo me lo devo mettere bene in testa: esistono soltanto i ricordi che rivivo. Ed è tutto. Non c'è niente di più. Basta solo ripensare a quella sera quando presi questa metropolitana con la Mirna. Ci avrà pensato anche lei, come lo pensavo io, che stavamo semplicemente andando a fare l'amore? Io l'emozione la sentivo, mi cascarono le cose di tasca quando cercavo il biglietto. Ma questo era il meno, qualcosa che poteva succedere. Anche se avrei preferito di no, perché io sarei dovuto essere l'uomo misterioso, l'espatriato, quello che wherever I lay my hat on, that's my home: e invece quel momento imbarazzante, tutto sparso davanti al cancellino, gli occhiali da sole, il portafogli, le chiavi e la scatola di preservativi che il farmacista mi aveva venduto poco volentieri – autorità morale autoelettasi senza bisogno. È che proprio avevo la gola chiusa, perché non c'era altra cosa che avessi voluto fare, ma adesso che stava per succedere, sentivo quella specie di peso che invece la Mirna, come sempre, non aveva idea che si potesse provare. Altrimenti dove l'avrebbe trovata tutta quella indifferenza, tutto quell'affetto sereno, dal primo minuto di quella sera, dal primo istante di quell'appuntamento in Florida y San Martín "Sai, dov'è quella galleria d'arte"? No, non lo sapevo, non l'avevo mai vista, eppure c'ero passato tante volte perché in Florida andavo tutte le sere a leggere i titoli dei giornali italiani. Ma l'avrei trovata ad ogni costo. E dopo un po' che ero arrivato uscì fuori dal buio, da chissà dove, come se fosse stata nascosta lì per un po', solo per vedere cosa facevo mentre la aspettavo. Non mi sono mai ricordato di chiederglielo, in fondo aveva fretta anche lei di vedermi, non c'era da fare quei giochini che non servivano a niente, ci conoscevamo appena, cosa c'entrava mettersi a scherzare proprio quella sera. E comunque: era così bella, infreddolita come l'ho sempre vista, il cappello calato sugli occhi, la giacca, e quella borsa che la faceva sembrare una donna. Non ho mai capito se era bella davvero, o se la vedevo io in quel modo. Perché quando mi sorrise, ancora prima che io la vedessi, secondo me si sarebbe dovuta fermare almeno tutta Buenos Aires, l'Argentina, l'Emisfero sud. Era la donna più bella del mondo, ma perché la gente non si bloccava, non le diceva qualcosa, non la fissava, non la seguiva fino a dover chiamare la polizia? Una ragazza così leggera che non smetteva di sorridere, su tutta Florida fino al subte, una giovane donna che manteneva l'impegno preso qualche sera prima, fra un bacio e l'altro, fra un milione di baci e l'altro, perché non c'era stato modo di rimanere insieme e ci eravamo dovuti separare. Una cosa che non sarebbe dovuta succedere – io magari non me lo ricordavo, negli ultimi tempi ero stato occupato, ma di solito le cose non funzionavano in quel modo, di solito due adulti che si baciano in mezzo alla strada rimangono insieme tutta la notte – e difatti non successe più. Che poi c'è da chiedersi cosa avessi nella testa – anche se non è il caso di riaprire queste lesioni del passato, gli suggerisce lo psichiatra da cui è stato mandato per un ciclo di sedute – perché che la Mirna non avesse una casa dove andare a dormire, men che mai con un uomo – io – era una cosa che era già stata detta. Ma io invece una casa ce l'avevo, e praticamente ero andato in Argentina apposta per non avere preoccupazioni di quel genere. L'unica giustificazione che posso trovare adesso a quella sciocchezza, è il fatto che Buenos Aires ha distanze complicate e fra l'ultimo bacio alla fermata e il primo dopo l'ingresso in casa, sarebbe dovuta passare almeno un'ora e mezzo, un'ora un quarto se proprio fossi stato travolto dalla passione – come ero stato travolto – e avessi preso il bus del Servicio Preferenciál, che faceva meno fermate. Comunque un po' troppo per mantenere quel desiderio straziante che non ci faceva separare. E poi, pensandoci adesso, è stato meglio così. Altrimenti adesso magari non avrei girato queste scene così belle con Magalí.

Anche se forse, ecco, parlare di scene è un po' eccessivo, perché, a prima vista, sono solo immagini di una bella ragazza in metropolitana: ma ci può essere solitudine più dolente, silenzio più esauriente, ci può essere donna più bella di quella che sto filmando? Anzi, Magalí, visto che stasera sei così bella e io ho così voglia di filmarti, non ti spaventare se adesso non scendiamo a Malabia, se arriviamo a Los Incas–Parque Chás, giusto il tempo per cambiare vagone, e torniamo indietro fino a Leandro N. Alem, e così per tutta questa notte; usciamo all'alba a riveder le stelle, facciamo colazione in Scalabrini Ortíz, e non importa se non ci rimane tempo per girare altre scene. Si sente dire spesso, dappertutto – il più delle volte quando non ce ne sarebbe bisogno – che bisogna sapersi accontentare, e queste immagini, tu in mezzo alla gente su questo vagone, sono lontanissime dall'accontentarsi. Anzi, qui casomai c'è soltanto da preoccuparsi perché fino ad adesso non mi ero mica accorto che sei così bella. Pensavo di avere scelto un'attrice carina come cercano di essere tutte le attrici, niente di più, niente di meno, e invece stasera ecco la sorpresa, sei la più bella di tutte. Me ne ero reso conto prima quando filmavo gli orecchini, ma avevo pensato fosse soltanto una suggestione del momento, la voglia di esserti un po' più vicino, questa bella serata, la musica dei concerti in mezzo alla strada, il primo freddo, queste cose qui, anche solo il fatto di essere anche io insieme a tutta questa gente di Buenos Aires. Ma adesso che ti filmo così da vicino – devo stare attento a non urtarti con la protezione dell'obbiettivo, che un'attrice prima di te dopo le prime due o tre volte iniziò a irritarsi – adesso che ti vedo per bene, soltanto il tuo viso senza nessun gesto o distrazioni, lo vedo che sei bella e basta, inutile cercare giustificazioni. Che cosa devo dire, nessuno mi ha obbligato, me la sono cercata e adesso me la devo risolvere da solo. Non c'è nemmeno una persona qui – e nemmeno altrove – a cui chiedere aiuto, conforto, assistenza, comprensione, pietà. Si vive per questo tipo di emozioni e quando arrivano ti va via il respiro: c'è chi si butta col paracadute, chi esplora le profondità degli oceani, chi guida come un pazzo a fari spenti nella notte per vedere se poi è tanto difficile morire – per citare forse il più grande cantante e autore di musica leggera italiana, nativo di Poggio Bustone, Provincia di Rieti. E io pratico questo sport estremo che non ha un nome: si tratta di scegliere un paese sulla cartina geografica, raggiungerlo, organizzare un casting, scegliere un'attrice e poi vedere se me ne innamoro. Anzi, secondo le nuove regole stabilite dall'International Board, per stabilire in quanto tempo me ne innamoro. E ancora infuriano le polemiche sull'omologare o meno i tempi di innamoramento riguardo a un'aiutoregista di Bologna di molti anni fa: prestazione record, c'è poco da dire, pochi minuti di conversazione e poi, nei pressi del casello autostradale di La Spezia sul tragitto Firenze–Gibilterra i giochi erano fatti, una vita – la mia – segnata, malinconie irrisolvibili garantite, anni di ispirazione assicurati. Solo che la ragazza in questione – di cui non si forniscono le generalità in rispetto alle norme sulla privacy – non era un'attrice, quindi per i puristi dei regolamenti, fuori categoria.

Ecco, comunque, dopo tanti anni, tanti chilometri e tanti film, non vorrei dover ripartire da zero, anche se in realtà qui, adesso, penso di potercela fare, perché oramai una certa esperienza ce l'ho, e ho imparato a convincermi che tutto quello che sento è soltanto per il personaggio che filmo, e non per l'attrice che lo interpreta. Meno male che riesco ancora a consolarmi con questo tipo di illusioni qua, anche se Magalí mi pare che dell'attrice abbia proprio poco, nessun gesto, nessun accenno, nessun atteggiamento. È soltanto una ragazza che recita e, al contrario di molte sue colleghe – quasi tutte, commentano i più scettici – non se ne approfitta, non mostra il patimento senza rimedio di un freddo siderale, talmente feroce da dover sospendere le riprese

per riconfortarsi e trovare il coraggio di proseguire – tanto per
fare un esempio tra i più frequenti – né si inventa di questionare
sulle inquadrature che le vengono regalate "Non saranno un po'
troppo vicine? che stamani ho il viso stanco" "Non saranno un
po' troppo lontane? che così non mi si vede" "Non sarà che delle
inquadrature me ne occupo io e tu pensi a riempirle recitando?.
E, tanto per rimanere all'attualità, a lei non viene nemmeno
in mente, come a un'attrice di qualche film fa, di questionare
sui tempi e le modalità di permanenza a bordo di un mezzo di
locomozione – stasera el subte, allora un bus di linea – come se
i film si facessero rispettando le più sciocche insofferenze delle
prestatrici d'opera artistica comunemente dette attrici, o le loro
smanie di protagonismo. Lo so che farei meglio a non farmelo
venire in mente adesso, che non c'è motivo di rovinarsi la serata,
ma finisco il pensiero altrimenti non me ne libero più. Perché
in effetti capita tante volte che uno è tranquillo e felice, gira le
scene che deve girare, non vuole niente di più, e d'improvviso
gli si materializza davanti il problema dei problemi, la questione
internazionale che richiederebbe un'apposita commissione delle
Nazioni Unite: in realtà soltanto una sciocchezza, un niente
eletto difficoltà, soltanto il pretesto di un'attrice per mettere in
chiaro – come se io poi l'avessi mai messo in dubbio – che lei è il
centro del mondo e che tutti gli altri, dal regista all'ultimo degli
assistenti volontari – nel mio caso, per fortuna, di solito ci sono
soltanto io, così si limitano i danni – non possono mai stare
tranquilli, devono sempre stare all'erta, sempre come d'autunno
sugli alberi le foglie. Non c'è stata volta che la lavorazione
non sia stata disturbata da bizze di questo genere, dalla Puszta
ungherese alle scogliere di Gibilterra, dai viali alberati di
Santiago de Chile alle brume del Friuli pedemontano.
Però basta, questa abitudine di sciuparmi per forza i momenti
più belli non la sopporto. Quanto è meglio, invece, anche adesso,
restare qui su questo vagone, andare a cercare ogni dettaglio del
viso di questa bella ragazza di Balcarce che non sa – e ancora
non è il caso di dirglielo – quale regalo mi ha fatto a venire a
Asociación de Actores per un incontro che sarebbe anche potuto

finire lì e invece guarda dove siamo già arrivati. L'emozione che sento arrivare adesso, improvvisa, subito appena siamo arrivati davanti al 1235 di Scalabrini Ortíz, come quattordici anni fa. Una notte simile a quella, perché faceva freddo come oggi, c'è una donna che è come era la Mirna, e mi sembra anche di sentire le stesse parole, gli stessi respiri, gli stessi suoni del traffico che qui a Buenos Aires non smette mai. Ma si potrà ridurre tutta la vita soltanto in questa strada, davanti a questo portone? Si potrà volere non avere vissuto altro in passato e non volere vivere altro in futuro? Perfino le compagne delle medie lo sapevano scrivere meglio sui loro diari – la Elisabetta Siri era una vera poetessa, anche se non parlava mai di me–: io invece davvero non trovo le parole e nemmeno i pensieri per rendermi conto esattamente di quello che succede. C'è questa donna così piccola e così gentile che sorride e fa tutto quello che le dico di fare, attraversare la strada sfiorando le macchine, passare davanti a quel kiosco sempre aperto e dargli appena un'occhiata, poi entrare in un portone illuminato a giorno, i marmi, i campanelli con i numeri, i vetri puliti, perché Palermo sa anche essere un quartiere di lusso e io e la Mirna, per andarci a chiudere in una casa, meritavamo anche questo. Magalí, fai tutto quello che mi ricordo, che così facciamo un film bellissimo, guardami, e poi fallo al contrario, aspetta solo il mio segno che metto a posto la telecamera, poi esci sulla strada, i fanali delle auto che ti illuminano un attimo, i capelli in disordine, le mani nelle tasche, hai appena finito di fare l'amore con un italiano che ti aveva cercata tanto, che altro viso vuoi avere?

Adesso quasi quasi smetto anche di girare, tanto me ne importa poco, il film è solo un dettaglio che non conta niente: qui siamo tornati indietro di anni, non è più accaduto niente, no il tempo non ci ha mai perduto. Tutto l'amore che c'è nel mondo stasera è stato ritrovato intatto su questa strada. Domani mattina il Clarín e La Nación parleranno di questo fatto incredibile, mostrando la foto di questa ragazza tranquilla che da cinque anni vive in città, i capelli raccolti a coda, gli orecchini a cerchio, la giacca chiusa alta al collo, il vestito leggero chiaro, a fiori, sopra i pantaloni neri. Questa ragazza – suggerisce la didascalia – ha fermato il tempo, si è trasformata in un'altra persona, ha illuminato con la sua presenza tutta Scalabrini Ortíz, tutto il barrio Palermo, tutta l'Argentina, tutto il mondo. "Il pianeta stanotte brillava solitario nell'universo" hanno dichiarato gli astronauti sperduti sulle basi spaziali. Purtroppo – si legge in chiusura – questo fenomeno meraviglioso ha fatto contare una vittima, un italiano che stava filmando nella nostra città e che è stato trovato privo di sensi in uno stato emotivo a dir poco precario. Ai tentativi del personale paramedico di rianimarlo, ha farfugliato qualcosa di incomprensibile, riferimenti storditi a un periodo del 1995, poi è stato sedato. I medici si sono riservati la prognosi.

C'è Magalí che entra ed esce da questo palazzo, nessuno fa caso alla telecamera, sembra la vita vera. Anzi, meglio, perché me la sono venuta a costruire fino a qua e non devo rendere conto a nessuno. Spero solo che appena finito – e se tanto mi dà tanto non sarà una cosa rapida – Magalí faccia un ultimo sforzo, che in fondo me lo merito, e venga a cena con me in questa pizzeria qui davanti che mi sembra sempre il posto più bello del mondo. Lo so che non è niente di che, che ce ne sono di meglio, che, tanto per fare un esempio, se torniamo in Corrientes e entriamo a Los Inmortales – della catena omonima, fondata dai mitici Felipe Fiorellino e "Chiche" Di Ciancia – per lo stesso prezzo ti portano la pizza muzzarella y aceitunas su una tavoletta di legno e una brocca di birra, ma cosa ci importa di mangiare bene? Anzi, ti dico la verità, stasera nemmeno mi va la pizza, è solo che voglio restare in zona, prendere il tavolo da cui si vede questa porta e non muovermi più di lì, io e te, un regalo che mi faccio, che mi fai, l'ultima perfezione di questa giornata iniziata con chissà quale scena – ci sono stati troppi sentimenti di mezzo, non mi ricordo più – e andata avanti fino a adesso.

Dammi soltanto il tempo di ripensare a quell'istante preciso che mi viene in mente adesso, poi do lo stop e ti chiedo di cenare con me: proprio io e la Mirna qui davanti, quella sera, mentre lei cercava le chiavi e io immaginavo tutto quello che sarebbe successo. Lei esattamente nella stessa posizione che hai tu in questo momento, gli stessi gesti distratti, lo stesso tempo che si dilata.

Non è possibile vivere in questo modo, accettare questi rischi, sono giochi pericolosi che chissà quali ferite lasciano, non si deve scherzare così con il tempo che passa: la vita, il destino, gli dei, poi si vendicano, ma io stanotte sono qui con te, Mirna, e ti vedo le mani bianche che frugano nella borsa, il sorriso che mi dai, veloce, perché stai perdendo troppo tempo – Te ne prego, non sorridere più a nessuno in quel modo–, vedo i tuoi occhi scuri che non stanno mai fermi e poi – ma è troppo facile, c'è da essere squalificati – vedo quel corpo bianco che mi vieni a dare, non abbiamo altre cose che ci legano, soltanto quella pelle e quella carne che erano il tuo regalo, la ricompensa per gli anni sbagliati che avevo passato, venivano cancellati tutti gli errori, ogni bacio su quel corpo era per ripartire da zero, fammi andare dappertutto perché non tornerò più com'ero prima, le tue spalle, il tuo petto, le tue gambe, la tua schiena, la tua pancia sono l'unica salvezza, sono l'unica vita. E tu sei l'unica donna che devo pensare, e se ti ho persa è perché non ti meritavo, questa volta te l'ho fatto io un regalo, ti ho liberata di questo peso, perché dentro di me non potevi trovare niente, non riuscivo a darti niente, capace soltanto di prenderti quello che non ti costava nulla darmi.

***

Se questa giornata non finisse mai. Se non finisse mai la vita in questo modo. È stato tutto così bello, queste ore che non passavano, il tempo immobile, una stessa notte ripetuta all'infinito, la strada, il freddo, le luci bianche della pizzeria, Magalí che mangia poco, beve una birra e poi se ne va prima di me. Nemmeno il gusto di accompagnarla alla fermata. Forse le ho chiesto troppo, si deve mantenere una distanza finché si può, finché si resiste. O forse era semplicemente stanca, perché chissà con quante altre cose riempie le sue giornate e io sono – ancora? – soltanto una parte del tempo che occupa.

E chissà perché quando arriva la notte a Buenos Aires, ho

sempre l'impressione che duri per sempre. Subito, finisce il tramonto, quelle volte che c'è, e pare che si apra un buio spaventoso, tutta la cattiveria e la miseria della vita escono fuori d'un colpo, cambia la gente in strada, arrivano i boliviani dalle periferie lontanissime, gli indios di tutti gli altipiani agli angoli delle strade, gli europei che non hanno avuto fortuna che si guardano attorno spaesati, spenti, stanchi, quando capiscono ancora una volta che indietro non ce la faranno mai a tornare. La desolazione e l'angoscia che si respira nelle strade del centro quando si svuotano, è proprio che non sembra neanche possibile che restino così deserte, ogni tanto un colectivo, ma in centro vive poca gente e quella poca sembra che preferisca non uscire. La città diventa grigia come non è mai, ci sono delle zone di buio che se uno è un po' debole si chiude in albergo e non esce più. Ma io stanotte non ce la faccio a tornare in albergo, primo perché, per fortuna, negli anni, con la Mirna e senza, ho frequentato più queste zone così scure che le Avenidas luminose – una notte sono arrivato a piedi fino a Plaza Italia, mi posso spaventare adesso per un angolo buio di Cochabamba, per dirne una?–, poi perché qui non sono mica andate via le emozioni di tutta stasera. I giocatori dopo le partite, i cantanti dopo i concerti, gli attori dopo le repliche, i registi dopo la vita più bella, si devono sentire così, questa stessa eccitazione che non li fa dormire. Se vado a chiudermi in quella stanza dello Sportsman – potevo anche scegliere un albergo con un nome meno cool e un aspetto un po' più accogliente – minimo mi entra la disperazione, per dire il primo disagio che mi viene in mente: il tempo di mettere la chiave nella porta e via, immediata, l'angoscia, l'ansia, il tremore, l'affanno, l'aritmia, cose che stasera davvero non ce la faccio a sopportare. So già come andrebbe a finire, dopo un minuto o due di resistenza – fiera ma completamente priva di efficacia, osservano gli esperti militari – l'unica salvezza, lo spiraglio di luce nelle tenebre dell'animo tormentato, sarebbe soltanto l'idea di chiamare Magalí, o, peggio ancora, di mandarle un messaggio – noi due, tre metri sopra il cielo – per poi consumarmi nell'attesa spasmodica di una risposta che potrebbe anche non arrivare, perché lei ha la sua vita e anche se penso che oggi non si sia trovata male con me, o almeno con le cose che abbiamo fatto insieme, rimangono lo stesso pochissime probabilità che si voglia o si possa distrarre dalla sua vita abituale. Un ragazzo ce l'avrà, è troppo bella per restare sola a lungo – pensa che stupidaggini penso a quest'ora – e magari non sta facendo niente di che, avrà bevuto un mate, due chiacchiere con questo novio, tanto per non perdere l'abitudine, e poi a dormire, che quel regista italiano, mi fa girare in un modo che mi stanca parecchio. O forse mi stanca proprio lui, non lo so, non ne sono sicura, non credo, lo dico ma lo devo capire.

E comunque a me Buenos Aires piace sempre, con le luci accese o spente fa lo stesso, questa notte è ancora nostra, anche se non c'è nessuna Claudia da far tremare – piccolo accenno rispettoso a un cantautore della cosiddetta scuola romana il cui vero nome, pochi sanno, è Antonio e non Antonello–, quindi adesso mi bevo una bella Quilmes, che non c'è premio più meritato, poi ne bevo un'altra, un'altra ancora, poi prendo il primo taxi che passa e mi faccio portare in giro a filmare le luci della notte, che le strade buie le conosco e non c'è niente da riprendere. Tanto lo so che sono sempre i momenti che alla fine diventano i più belli, sperduti in tutte queste ore prima dell'alba: magari faccio anche una sosta in qualche posto che rimane aperto tutta la notte, due empanadas, un'altra Quilmes, un caffè per far finta di dovermi tenere sveglio, poi un altro taxi e via per tutte queste strade che non chiudono mai, perché dove vivo io a una certa ora si va a letto, mentre qui ci si dà semplicemente il cambio, chi vive di giorno e chi vive di notte. Io oggi sono a metà, non ho sonno, non ho nessuno, faccio quello che voglio, domani ho appuntamento con Magalí soltanto nel pomeriggio e non c'è nessuna ragione al mondo – è stata fatta una ricerca scientifica che in effetti esclude l'esistenza di motivi plausibili – per non vivere anche queste ore che di solito, per problemi di distanze e di abitudini, mi perdo. Che poi, in fondo, non è che pretendo chissà cosa, mi basta che questo tassista vada piano, poi a filmare le luci dei negozi, dei teatri, dei cinema, dei ristoranti su Callao e su Corrientes ci penso io. Non importa quanto mi costano queste

ore in taxi, per come mi sento posso anche finire tutti i soldi del
film, pazienza, ne cercherò altri, me li faccio mandare dall'Italia,
li vado a rubare, ma questa notte la devo far durare quanto
mi pare: filmo su Callao, poi su Corrientes, arrivo sull'Avenida
Leandro N. Alem: lì ci sono dei portici che a quest'ora sì che
fanno paura, mica perché sono frequentati male, anzi, il fatto
è che non sono proprio frequentati, non ci passa nessuno, ed
è come se dalle 22.30 alle 7.00 del mattino non appartenessero
a questa città. Faccio andare avanti Don Ernesto – il tassista
si chiama così, me l'ha detto prima, ha anche dei parenti a
Campobasso – fino al viadotto dell'Autopista 25 de Mayo – vedi
la civiltà, un'autostrada che finisce in centro – poi una bella
inversione a U, giriamo intorno alla Casa Rosada, un pezzetto
di Avenida de Mayo – volano ancora nel vento le immagini di
Magalí che si aggiusta gli orecchini – e poi via sulla 9 de Julio
finché non ci sono più luci da riprendere e sembra che sia calata
l'oscurità su tutta la terra. Don Ernesto, stanotte le è andata
bene, dove lo trova uno che sembra un turista ma non lo è, non
lo è mai stato e mai lo sarà, che dalle due alle quattro di una
semplice notte di maggio le fa fare tutto il microcentro avanti e
indietro, la fa fermare davanti a quello schermo video enorme
sulla 9 de Julio – le sue diciassette corsie (nove in un senso,
otto nell'altro), gli ampi marciapiedi, le aiuole alberate, hanno
contribuito a iscriverla di diritto nel Guinnes dei primati alla
categoria: strada più larga del mondo (127 mt.). Adesso si prenda
pure un riposino, legga il giornale, si fumi una sigaretta, sorseggi
in santa pace il mate che si è portato da casa, ma su quello
schermo passano ore di annunci e di pubblicità ufficiali, e io non
me ne voglio perdere nemmeno una. In borsa ho tutte le cassette
che mi servono, e ho anche la pazienza sufficiente – anzi, me ne
avanza – per star qui a filmare queste immagini che annunciano
festivals, mostre e rassegne che inizieranno quando io sarò già
tornato in Italia. Sì, va bene, non ci potrò essere, arriva sempre il
momento che da questa città me ne devo andare, non ho più l'età
per bruciarmi le navi alle spalle senza che non succeda niente,
ma mi voglio tenere almeno l'illusione di studiare il programma

dei prossimi tempi, perché io sono uno di voi, spesso mi hanno chiamato El tano per la mia provenienza italiana – e non è un sopranome che si regala a caso–, ho vissuto a San Fernando, a due fermate da Tigre, ho avuto la Mirna che mi ha voluto bene, che mi ha amato, e con lei siamo andati parecchie volte a qualche evento che organizzava la Subsecretaria de Cultura de la Ciudad de Buenos Aires, per esempio, proprio il primo che mi viene in mente, il festival del cinema peruviano, che i film non erano nemmeno così male.

E intanto, mentre io lascio scorrere il tempo con tutta questa tranquillità, chissà cosa sta facendo Magalí, perché mi posso anche convincere quanto voglio che ognuno come sempre ha la sua vita, che una cosa è il lavoro e un'altra la vita, che il ruolo che ha lei nel film non è quello che è lei nella realtà, e tutto il solito repertorio a base di stupidaggini, ripetute identiche migliaia di volte negli ultimi venti anni – qualcosa di più se conto anche il cortometraggio di esame alla scuola di cinema–, però resta il fatto che adesso mi manca; ho capito subito che rinunciarci, anche solo per qualche ora, è molto più difficile di quello che speravo, e non me ne importa niente se è passato così poco tempo da quel sorriso con cui è cominciato tutto. Con le attrici va così, come è sempre andata con le donne che poi ho messo nei film. Non è che la prima volta che le ho viste non mi sono piaciute perché dovevo pensare che era ancora troppo presto. Dov'è mai la legge che proibisce di innamorarsi immediatamente? Dov'è mai la regola, anche soltanto morale, che dovrebbe impedire ai sentimenti di esplodere quando è il momento? Io alle attrici la dichiarazione d'amore gliela faccio nel momento stesso in cui gli dico che il ruolo è il loro, per il resto è soltanto un tentativo di nascondere tutta la vita che mi regalano e che, per chissà quale postilla nascosta nei codici di comportamento, pare non stia bene rivelare. Domani appena rivedo Magalí, intanto, inizio a dirle qualcosa della Mirna, così, tanto per iniziare a distruggere questa distanza che non ha senso mantenere. Almeno così si accorge della confidenza, e dopo chissà dove andremo a finire. Ma come sarebbe stato più bello, che vita migliore sarebbe stata quella di stanotte, se mi fossi inventato un motivo per costringere anche lei a queste riprese. Magari si sarebbe chiesta cosa c'entra mai lei con degli schermi luminosi, ma tanto è il suo primo film e non ha mica idea di quello che mi può servire per fare le riprese più belle del mondo. E poi guarda, Magalí, ti voglio raccontare questo episodio, che forse ti può servire a comprendere come funzionano qui le cose: allora, c'è stato un periodo di qualche anno fa in cui non lavoravo da solo come adesso, c'era un'aiutoregista che veniva con me. Abbiamo lavorato insieme soprattutto a Gibilterra, e qualche volta anche in Italia. Ecco, ti dico la verità, a me non bastava il tempo delle riprese per stare con lei. Ne volevo sempre di più, e già il secondo giorno, anzi no, era il primo – e guarda che la conoscevo perfino meno di come conosco te – iniziai a svegliarla presto, prestissimo, sempre prima, e a mandarla a dormire sempre più tardi – non dormivamo insieme, quindi non ti preoccupare. La giornata che sarebbe potuta durare, che ne so, le normali dodici ore, tredici, se proprio volevamo tirare tardi dopo cena, alla fine ne durava diciotto, venti. E così per tutto il tempo del film. Un massacro. E in quel poco tempo che lei non c'era, che dormiva, che si separava da me, io continuavo a sentire la sua voce dentro la testa. E tutto questo solo perché non ci sapevo stare senza di lei, non era proprio una vita possibile, dopo un po' il film sarebbe finito e io non volevo avere più rimpianti del dovuto. Questo solo per dirti che c'è il caso che questo film diventi anche per te un unico affanno, una rincorsa al tempo che corre troppo veloce, roba che a un certo punto non saprai più come liberarti di me, perché ti farò sentire prigioniera di questo film dietro cui – rendo una ampia e piena confessione, in pieno possesso delle mie facoltà, prendendo atto delle conseguenze – mi nascondo io. Quindi, per stasera ti è andata bene, ti ho risparmiata, ma non sarà sempre così, questo è bene che tu lo sappia.

E adesso torno in albergo anche io, che in effetti non c'è più niente da filmare. Spero solo di non sentire la voce di Magalí appena spengo la luce.

Quante volte l'avrò preso questo treno? Per tornare a casa dopo una dura giornata di lavoro, come ogni porteño che si rispetti, o anche soltanto per perdere tempo, che non è che quando stavo qua fossi sempre occupatissimo. Anzi, quando proprio c'era davanti il vuoto, prendevo il colectivo e almeno un'ora e mezzo all'andata e una e mezzo al ritorno me le assicuravo. Comunque, evidentemente, mi sono servite anche quelle ore di niente, perché almeno ho avuto tanto tempo per pensare, tutti quei percorsi misteriosi della mente che oggi pomeriggio mi hanno portato qui ad aspettare Magalí alla Estación Retiro, costruita dagli Inglesi come tutto quello che ha a che fare con le ferrovie argentine – la provenienza anglosassone si nota anche dal fatto che i treni viaggiano sui binari di sinistra, come le auto in Gran Bretagna e in alcuni paesi del Commonwealth. Meno male che come sempre c'è da aspettare, perché dopo questa notte e quello che ho capito, anche se era chiaro dal primo secondo di quando l'ho vista, anzi, per essere onesti, da quando mi è venuto in mente di fare questo film, non lo so come riesco a controllare l'emozione di rivedere Magalí. Lo stato d'animo è questo, è inutile combattere guerre inutili: bisogna solo lasciarsi andare e sprofondare verso l'inferno con il cuore e lo spirito leggeri. Siamo soldati sopravvissuti a mille battaglie, veterani delle campagne di Ungheria, dell'Isola di Capraia, di Gibilterra, di Polonia, di Portogallo, di Santiago de Chile – solo per citare le più gloriose – ci hanno attaccato su mille fronti e non abbiamo mai alzato bandiera bianca. Io non mi arrendo, questo film è più importante di me e di tutta la vita che posso pensare di vivere.
Ma anche Magalí oggi potrebbe essere un po' più tranquilla. Mettiamoci subito d'accordo, qualsiasi cosa tu abbia passato nelle ultime dodici ore, io sono pronto a sopportarla, ma questo sorriso così forzato, questo bacio così distratto – ci deve essere anche una canzone che parla di baci distratti, ma adesso non mi viene in mente – questa disattenzione mentre mi dici le solite frasi che si dicono quando due persone si vedono, mi fanno paura: noi non siamo due colleghi che oggi devono affrontare un'altro turno di lavoro, non siamo un regista e un'attrice che

chissà quante scene dovranno girare oggi, non siamo niente, siamo soltanto io e te a Buenos Aires. E di qualsiasi variazione di quella tranquillità che hai e che illumina tutto il mondo – la stessa che aveva la Mirna, sennò non ti sceglievo – io me ne accorgo all'istante, perché sento salire la paura e l'abbandono. Quell'ansia nel centro dello stomaco, e la mancanza di qualsiasi parola da dire, proprio il vuoto, il silenzio assoluto che tanti studiosi tentano di riprodurre nei laboratori di tutto il mondo. Perché mi sembra che tutte le colpe siano mie, di qualsiasi cosa: magari qualcuno oggi in Danimarca, o nel Gabon, o in Paraguay ha commesso qualcosa che non doveva? Ecco, avvertitelo della inutilità dei suoi rimorsi, perché me ne faccio carico io, sono qui per questo, non si deve preoccupare, tanto è sempre colpa mia – come dicono i bambini vittimisti.

Oggi potrebbe essere un altro giorno bellissimo, cosa ho fatto di male per non poterlo passare senza questa angoscia che sento, perché una minuscola ruga intorno agli occhi di Magalí oggi si è distesa di una frazione di millimetro in meno rispetto al solito? Ma poi non è neanche una questione fisica, lì ci possono essere mille variabili: stanotte non è riuscita a dormire, per dirne una, o ha litigato col boy friend – sperarlo non rientra nelle gentlemen attitudes, diciamo la verità – o magari potrebbe essere soltanto un po' nervosa perché sa che le scene di oggi sono più difficili. È che sento proprio che c'è questa tensione che ci tiene lontani come non dovremmo essere, un'aria gelida che ci separa, un'energia contraria – riappaiono i simpatici hippies, che credevamo estinti – che ci fa tornare indietro mille anni luce, perché in qualche momento appena più spirituale di questo, arrivo anche a pensare che queste comunioni di anime abbiano bisogno di formarsi attraverso molte reincarnazioni prima di raggiungere l'intensità che sento.

Comunque adesso partiamo pure con questo treno, arriviamo fino a Tigre, che di domenica si riempie di gente ma in un giorno come questo sembrerà di essere nel cuore inesplorato di un nuovo continente, ho prenotato i bungalow al camping dell'ACA – l'efficientissimo Automobil Club Argentino che, chissà perché, ha questo resort in un posto in cui non si arriva con la macchina – e mi sono anche assicurato la cena, che in questo periodo era capace che fosse tutto chiuso. Cosa si può volere di più? Tutta questa gente che inizia a tornare verso casa non lo sa cosa stiamo facendo, dove stiamo andando, vedono soltanto un uomo e una ragazza che stanno vicini accanto alla porta e non si parlano: non lo sanno che l'uomo sta soffocando dall'inquietudine e la ragazza è turbata da qualcosa che ancora non ha detto. Che poi ci sarebbe anche da filmare, perché la Mirna prendeva treni come questi, ma se le cose rimangono così, io qui non filmo più niente, lascio esaurire tutto senza combattere, mi dimentico anche del motto del reggimento "Giving up is not an option at all" e del fatto che una volta una tatuatrice spagnola disse che era una bella frase. Perché i film come questi bisogna essere in due a volerli fare, è solo questione di mettersi d'accordo. E difatti eccoci qui, non saranno energie che si trasmettono, non sarà comunione di anime, non sarà niente di quello che dico, ma allora perché Magalí adesso viene verso di me in questo modo? Si ferma tutto intorno, decine e decine di passeggeri immobili, gli ambulanti non vendono più niente, solo questo treno che continua a andare avanti, ha già passato Lisandro de la Torre e poi Belgrano – anche quel bar dove feci colazione quella notte, ha solo cambiato un po' l'arredamento – e io nella mente non ho più pensieri. Il comando supremo sta valutando la possibilità di sospendere unilateralmente le ostilità e iniziare le procedure di smobilitazione. "Corso, puedo hacerte una pregunta?" Tu, Magalí, mi puoi chiedere tutto quello che vuoi, però magari non ti aspettare risposte esaurienti, perché io di sicurezze ne ho poche, in questo momento meno che mai, comunque, figurati, per quello che posso sono a disposizione. Anzi, hai aspettato anche troppo, noi non possiamo rimanere a lungo così lontani, speriamo almeno che tutto questo sia servito a fartelo comprendere, io sono qui per te perché l'altro giorno appena ti ho vista ho deciso di dedicarti tutta la mia carriera, i film, i pensieri e le parole; non voglio più avere neppure un istante senza averti almeno nella mente, ieri mi hai regalato quelle belle scene, come puoi credere che non voglia ascoltare le domande che vuoi farmi. Solo che mi cogli impreparato perché non pensavo di meritarmi questi spaventosi accenni a una normalità che ho sempre fatto di tutto per tenermi dietro le spalle. Cosa vuole dire, adesso, qui su questo treno della Linea Mitre, Ramal electrificado Retiro–Tigre, 1 Peso y 35 centavos il prezzo del biglietto, parlare di contratto, di diritti di immagine, di sceneggiatura, di soldi, di certezze e sicurezze varie. Di queste cose si parla sui film normali, magari è anche giusto, non dico di no, però qua non c'è niente di normale, questo è un film che è come la vita – forse è davvero arrivato il momento di parlarle della Mirna – e io nella vita preferisco occuparmi di altre cose, come, per esempio, impiegare ogni sforzo e ogni attenzione per partire il più spesso possibile per fare film come questo che stiamo facendo insieme. Cosa mai sarà successo fra ieri notte e oggi pomeriggio che ti ha convinto a darmi questa coltellata alle spalle con uno stiletto malese, a spararmi questo colpo con un proiettile dum dum che ha colpito il centro esatto del cuore? La Mirna, quando stava con me, anche se mi amava molto più di quanto la amassi io, che semplicemente credevo di non amarla, non mi ha mai parlato di queste umane miserie, non c'era bisogno di accordi e di contratti per stare insieme secondo i tempi e i modi del comune desiderio. Le persone, anche sui film che faccio io, stanno insieme in questo modo: io ti do tutti i soldi che ti posso dare, non voglio salvare niente per me, ti giuro che dopo l'ultimo fotogramma dell'ultima scena posso anche affrontare la miseria più cupa, la fame, le privazioni, guarda, al limite rivendo in qualche modo il biglietto di ritorno e rimango qui alla deriva in Argentina, ma non parliamo di soldi. Pensa che i nobili inglesi non nominano mai questa parola – È una cosa così volgare, mormorò Lady Mountbatten al marito, mentre guardavano entrambi le coste dell'India sfumare all'orizzonte – e tu, anche se ti può costare qualche fatica, circa questo tipo di argomenti, considerami pure una Lady britannica. E per il contratto, my dear, io non ne ho bisogno. Sono io il tuo contratto – adesso sembra un film con Bruce Willis.

Questi saranno anche pensieri, spero solo che Magalí non si accorga che davvero non trovo le parole; parlo, parlo, posso anche fare il censimento di tutte le parole che so in spagnolo, ma da queste domande che mi ha fatto non ne esco. Se avessi la lucidità, lo capirei che non c'è motivo di sentirsi in colpa, ma adesso la lucidità non ce l'ho, e sono un delinquente, un criminale, un truffatore internazionale, un membro della Mano Blanca, un approfittatore di giovani ingenue appena affacciatesi alla vita. Sono in America Latina perché in Europa mi danno la caccia le polizie di ogni paese. Devo vivere sotto falso nome, quello che ti ho detto è un alias, non dormo mai due notti di seguito nello stesso posto.

Io poi quegli euro che le ho promesso glieli do subito, così non ha paura che scappi dopo l'ultimo ciak, ma con questi soldi che le spettano magari adesso mi compro anche una confessione. Perché io non ci credo che questi che mi ha detto siano pensieri suoi, lei non può arrivare a queste bassezze, appena le ho proposto di fare questo film ha sorriso in quel modo che non mi scorderò mai, quindi da qualche parte le devono essere arrivati questi dubbi di cui, diligentemente, mi ha informato. Facciamo così, io adesso provo a smettere di parlare, o magari provo a dire qualcosa di sensato, che è già parecchio che non lo faccio, e tu mi dici chi è stato a farti venire in mente tutte queste cose che in realtà non hanno posto nel tuo cuore. Benvenuto raggio di sole – la strofa scritta da un noto cantautore romano soprannominato Il principe, noto anche per l'asprezza del carattere – e benvenuto questo sorriso che torna sulla bocca di Magalí e scioglie l'era glaciale che aveva aggredito il pianeta. Ma perché le persone che dovrebbero rimanere estranee invece sentono sempre l'irrinunciabile necessità di mettersi in mezzo alle cose che non le riguardano? Quale diritto pensano di avere, quale missione pensano che gli sia stata affidata? Da chi poi? Io è tanto che lo dico e mi danno retta in pochi, ma quando si fanno i film si vive un'altra vita, tutto il resto, amici, parenti, amanti, qualsiasi persona, deve essere lasciata lì dove sta, che tanto non succede niente, perché poi il film comunque finisce e di regola a starci male sono soltanto io. Un reduce, un veterano che ha bisogno di supporto per reinserirsi nella società, mesi, anni con gli incubi nella mente, ricordi che bruciano la carne viva, da ricoverare in un centro specializzato, una copertina sulle gambe, lo sguardo fisso verso il nulla, la mente, ancora, sul campo di battaglia.

Mentre voi già il giorno dopo siete quelle di prima, al massimo, ma solo le più sensibili – io finora non ne ho incontrate, mi baso solo su qualche racconto tramandato di bocca in bocca – provate un lievissimo smarrimento, un' inadeguatezza che dura l'espace d'un matin, fino al primo bacio con il vostro fiancée.

Quegli stessi fiancée – ma non solo loro, mettici anche familiari, parenti e amici – che mentre voi girate, anzi, proprio per quello, giurano di preoccuparsi per voi – mentre li muove soltanto la gelosia più ottusa – e pensano di essere in grado e in diritto di intromettersi in qualcosa che è milioni di anni luce distante da loro, altri pianeti, altri spazi siderali. Cosa vuoi che sappiano cos'è che regola i rapporti fra un regista che è venuto in Argentina per rivivere quello che ha vissuto anni fa con una ragazza di cui, al momento, si sanno solo nome, cognome, origine dei genitori e professione di una sorella, e un'attrice che sta ancora studiando in una scuola di recitazione? Loro si preoccupano della sceneggiatura – non c'è, non abbiamo lavorato bene lo stesso? – di contratti, di diritti. E chi gli dà il diritto di intervenire? Guarda, al limite, ma proprio sforzandomi, posso capire le buone intenzioni dei genitori, che sono sempre in pensiero per i figli alle prese con il mondo, ma questi amici che mi dici, studenti come te, I suppose, dove trovano il tempo, la voglia e la presunzione per queste paure ingiustificate? Mi fanno venire in mente – si accese la pipa, dette un'occhiata al fuoco nel caminetto, bevve un sorso di cherry prima di immergersi nei suoi ricordi – gli analoghi amici di un'attrice che ti ha preceduto, i quali, in attesa di lanciare un qualsiasi segnale della propria esistenza nel mondo, fra una cervecita e l'altra, disquisivano con spregio sui campi e i controcampi di un mio film – il decimo, l'undicesimo, adesso non ricordo – mentre loro, quando proprio gli andava bene, erano al primo anno di una qualsiasi scuola privata di cinema.

Comunque, non amareggiamoci questa giornata che può essere davvero bellissima, siamo ancora in tempo, dipende solo da noi, sperduti tu ed io sul Delta del Paraná: queste sono solo scorie di una vita che hai smesso di fare al primo fotogramma di questo film. Non ci sono paure, lasciale a chi si preoccupa inutilmente per te: non ha quello che abbiamo noi, lancia questi segnali perché davvero non ha niente, ti aveva davanti e non ti ha vista più, sei scomparsa, sei diventata un'altra persona, e non avete, per ora, più niente in comune.

Queste cose sarebbe bello dirgliele a Magalí, invece di tenerle nella mente fino a che non ne potrò più di pensarle, come sempre. Non so neppure se fa bene, magari poi il cervello alla fine si ribella danneggiandosi per sempre. Ma non mi riesce: ho soltanto voglia di cominciare a filmare, sono qua apposta, e se non ci sbrighiamo, su questo treno va a finire che non giriamo nemmeno un fotogramma. Che non sarebbe nemmeno giusto, perché la Mirna quel giorno il treno lo prese per venirmi a trovare a San Fernando e io, sarà anche un pensiero da bambini, voglio fare tutto quello che ha fatto lei. Ma poi, si potrà essere più stupidi? Se quel giorno non avevo voglia di vederla, o se avevo davvero da preparare la lezione, o chissà cos'altro – adesso non ricordo, e mi sa che meglio così – non le potevo dire che ci vedevamo un'altra volta, che la chiamavo io? Non potevo, alla peggio, non rispondere al telefono, scomparire, non farmi più trovare? Invece, per non sapere cosa inventare, inventai la scusa più cretina, quella storia che ero malato e che mi volevo riguardare, cose da scuole medie, ci mancava solo che poi portavo la giustificazione con la firma falsa. Nel prossimo film mi invento una scena in cui la protagonista mi picchia, così vediamo se mi punisco abbastanza per quella stupidaggine. E poi a prenderla alla stazione, mai stato così sano, due passi, un caffè, il pomeriggio di due fidanzati, nessuno che si ricordasse più che un uomo di trentacinque anni aveva detto di avere un po' di mal di gola. E il pensiero fisso di sbrigare in fretta quelle formalità, non sono cose per noi, Mirna, chiacchieriamo quanto vuoi ma lo sai anche tu che quello che ci dobbiamo dire ce lo diciamo a letto, e anzi non capisco perché oggi ti piace perdere questo tempo qui: non ce lo renderà nessuno, perché prima o poi ci stancheremo l'uno dell'altra – io prima perché penso di potermelo permettere, tu dopo ma per sempre. Mi piaceva parecchio, con quel giubbotto che le ho visto solo quella volta, da studentessa americana, quella W gialla cucita sul petto, chissà dove l'aveva trovato. Neanche il tempo che il treno si fermasse sul binario, e naturalmente mi piaceva come sempre, anche di più perché aveva quel giubbotto, da non capire perché quel giorno l'avessi fatta tanto lunga. E poi la sera di nuovo sul binario, per vederla scomparire nell'oceano di Buenos Aires, come ogni volta che ci siamo separati, perché insieme non era mai il caso di restare; quel giubbotto era diventato troppo leggero, e appena persi di vista i fanali rossi dell'ultimo vagone il rimpianto e la paura, perché in Argentina i cellulari erano appena arrivati e non la potevo richiamare per dirle di restare con me.

Io adesso, Magalí, non lo so cosa faceva la Mirna su quel treno, avrà sentito la musica con il walkman all'andata e dormito un po' sul ritorno, provo a immaginare, e tu è questo quello che devi fare. Cose normali, manovre di riavvicinamento, nemmeno il disturbo di chiamarle scene, tanto per vedere se dopo questa conversazione – l'Ambasciatore italiano in Argentina la definirebbe di fredda cordialità – siamo ancora capaci di calarci negli abissi della comunicazione. Basta solo che mi fai venire in mente quella ragazza coi capelli corti e il giubbotto da college, poi, figurati, io sono a disposizione.

Fatemi restare qui, in questo posto, con questo silenzio e questa acqua nel fiume, che non do noia a nessuno, lo prometto. Prima al Puerto Fluvial ho visto che c'è una lancha che arriva fino a la República Oriental del Uruguay: magari uno di questi giorni mi invento qualche scena e ce la andiamo a girare a Carmelo o a Nueva Palmira, che fra l'altro una volta con la Mirna l'avevamo detto davvero di attraversare il Rio de la Plata e passare qualche giorno di là, a fare cosa poi non si sa, visto che a malapena riuscivamo a uscire fuori qui a Buenos Aires. Intanto è andata benissimo quella lancha colectiva delle Líneas Delta Argentino che ho preso con Magalí, e adesso siamo qui, io, lei, Sebastián Mastinu y su señora Flavia, che se non sto attento va a finire che mi ricorda una donna di La Linea de la Concepción, Andalucia, España, che si chiama Adela e quella volta che le regalai uno scialle, lei se lo mise subito e non se lo tolse per tutta la cena di Natale, davanti alla famiglia riunita, marito compreso.

Dove saranno adesso tutti quelli che mi continuano a ripetere come un mantra di una religione satanica che i film si devono fare in Italia, che si deve parlare delle cose del paese, del territorio – siamo tutti indiani Cherokee – dei suoi cambiamenti, delle sue dinamiche eccetera eccetera eccetera, tutte queste stupidaggini che andrebbero benissimo se ognuno se le tenesse per sé, ma l'istinto pedagogico è insopprimibile e allora, via, andiamo a disturbare quel regista che si fa gli affari suoi e che adesso è stato localizzato dai servizi segreti del cinema ministeriale nei pressi del Delta del Paraná. C'è tutto il mondo a disposizione, milioni, miliardi di posti diversi, e io oggi, 25 maggio 2009 – data che resterà per sempre sul medagliere della mia carriera – passo le ore del pomeriggio in questa stazione di servizio YPF per automobili e per motoscafi. Non c'è una persona in tutto l'universo che sappia dove sono, e probabilmente neanche che sappia dove questo delinquente italiano che si spaccia per regista abbia portato Magalí Lopez. Potremmo essere ovunque, il Delta è infinito, magari potremmo essere andati davvero in Uruguay, o aver trovato una casa in qualche isola lontana e aver deciso di chiudere con tutto e tutti – finalmente!, ruggisce dalle tribune il pubblico avverso – perché adesso ci siamo chiariti e stiamo così bene insieme. O forse nemmeno siamo qui, era soltanto una finta, un falso indizio, non ci siamo mossi dal microcentro, tanto Buenos Aires è così grande che si può scomparire benissimo anche restando in città. Ma invece siamo a Tigre davvero, neppure tiro fuori la telecamera, adesso non mi serve, tanto un film così bello non riuscirei a farlo.

Che poi, in fondo, non è stato difficile trovare questo posto: i bungalow dell'Automobil Club sono sull'altra riva – speriamo siamo aperti davvero, perché a vederli da qua sembra tutto chiuso–, ma la fermata della lancha è da questa parte e tra un caffè, un alfajor bianco e un agua con gas, si è capito subito che almeno io sono straniero, "Straniero di dove?", "Italiano", "Anche io sono italiano, mi chiamo Mastinu, sono nato qua ma sono sardo" "Anche su señora è italiana?" – forse glielo dovevo chiedere un po' più tardi – "No, mi señora è argentina" "È mai andato in Italia?" "Sì, una volta, e la prossima volta mi piacerebbe portare anche lei" "Ma come, non la ha ancora portata in Italia? Lui una volta e lei niente!" – il giorno che imparerò a farmi gli affari miei non sarà mai troppo tardi – "No, costa troppo, è più giusto che ci sia andato lui, io...vedremo" – Una risposta così vale almeno l'inizio di un prossimo film – "Voi invece cosa state facendo in Argentina?" E via così, avvertite a casa se avete qualche figlio che vi aspetta, perché per me possiamo andare avanti all'infinito, facciamo finire il pomeriggio chiacchierando in questo modo, tanto poi c'è sempre la sera e poi la notte e magari domani mattina all'alba facciamo colazione tutti insieme, ma la preparo io perché oramai siamo amici e ho già imparato a muovermi nel kiosco del distributore. Se poi proprio non ne posso fare a meno, glielo dico che io da qui non voglio più andare via, gli chiedo se mi prendono a lavorare con loro, faccio i turni che mi dicono, la notte, Natale e Capodanno, non me ne importa, con la señora Flavia non sarò un problema, mi basta che continui a essere gentile come è, poi per il resto Magalí mi verrà a trovare, oppure rimane qua anche lei, mi bastano vitto e alloggio, i soldi sono abituato a non averli, poi la sera vedo calare il sole sul Delta e cosa mai posso volere di più.

Mi sa che Sebastián Mastinu y su señora pensano che fra me e Magalí ci sia qualcosa: forse la differenza d'età li blocca un po', ma siamo tutta gente di mondo e non ci si stupisce di niente. Non sarò certo io – e se le cose continuano a andare nello stesso modo, nemmeno Magalí – a deluderli o a chiarirgli le cose. Non servirebbe a nulla e poi in fondo che differenza c'è? Non faremo l'amore, ma per il resto è tutto uguale e poi non c'è bisogno di spiegare tanto, nessuno mi ha chiesto niente, e della vita privata – come insegna il più coraggioso dei produttori indipendenti italiani – non si parla nemmeno sotto tortura. Certo però che chi ci vede tutti e quattro seduti qua a questo tavolino come se fosse solo un giorno in più fra tutti quelli che passiamo insieme, un'abitudine quotidiana, amici che si vedono per bere qualcosa prima di tornare a casa – che la vita a Tigre è tanto bella, ma a volte si sente un po' la solitudine–, chi viene a far benzina, per esempio, spero lo pensi che è tutto normale, due coppie che sono amiche, la domenica ci troviamo per un asado, poi io e Sebastián guardiamo la partita del Boca in tv. Comunque, ognuno pensi quello che vuole, in fondo non mi interessa più di tanto, basta solo che la señora Flavia vada a mettere benzina a un motoscafo come sta facendo, con le braccia incrociate sul petto perché ha iniziato a rinfrescare, il golf di pile blu con la scritta bianca Combustibles Delta, e quel sorriso leggerissimo che le rimane dopo che ha finito di parlare. Saranno anni che non va a Buenos Aires, eppure basterebbe prendere una di queste lanchas che passano, poi tre quarti d'ora di trenino e arriva a Retiro. Ma non le interessa, evidentemente sta bene qua. E ci starei bene anche io, se avessi avuto una vita differente e qualche anno fa l'avessi incontrata, e poi le cose come vanno di solito anche da queste parti, mica avrei voluto niente di più, qualche tempo di fidanzamento – provo a immaginare, tanto non si offende nessuno–, la decisione di vivere insieme, di prendere in gestione questa pompa di benzina, e tutti i giorni qua, perché d'estate arriva tanta gente e non c'è mai tempo per niente, e d'inverno è più tranquillo ma non c'è motivo per andare in città.

Adesso, non è perché non riesco pensare ad altro, però lo stesso golf di pile blu che ha addosso la señora Flavia ce l'aveva anche quella ragazza di La Linea de la Concepción, forse non proprio la sera dello scialle, ma un'altra volta sicuramente. Con lo stesso collo aperto perché hanno lasciato aperta la cerniera e le maniche appena tirate su. L'ultima cosa che mi aspettavo, sinceramente, perché non pensavo che anche qui a Tigre, d'improvviso, soltanto per il fatto di scendere da una lancha del pomeriggio al

Centro Náutico Delta sul Rio Lujan, potevo trovare una donna così delicata che potrebbe anche ispirare un film intero, non lo so, ci devo pensare. Sono proprio i gesti che fa, il modo in cui dice le parole, gli sguardi che perde dietro a chissà cosa, una serie di combinazioni miracolose che me la fa sembrare una specie di apparizione, perché qua di questa stagione è già difficile immaginare di trovare essere umani, figuriamoci muse passeggere. Anzi, una volta davvero vorrei capire come mai mi succedono queste cose, che di incontri in fondo uno ne fa tanti, ma certe volte si sentono queste tenerezze che non si aspettano, come se fosse una vita appena appena possibile che sfioro per qualche minuto, qualche ora proprio a dire tanto, e poi, chissà, la perdo per sempre. Che poi io, di regola, me ne ricordo per mesi, per anni, per l'eternità – del resto questa volta sono qua per una ragazza di quindici anni fa – e non importa nemmeno che ci sia stata chissà quale storia d'amore. Anzi, se mi mettessi davvero a fare il conto, a parte quell'aiutoregista che fa storia a sé, in tutti i film ci sono scene che ho ricostruito per ragazze più o meno di passaggio, magari mi avevano sorriso per un attimo, o avevano raccolto qualcosa da terra, o erano sedute davanti in un bar, che ne so, proprio le cose più minime che neanche si erano accorte di avere fatto e invece qualcuno – io – gliele ha fatte rivivere senza nemmeno prendersi il disturbo di avvertirle. Come se poi i film servissero a qualcos'altro.

Comunque qui non è il caso di distrarsi più di tanto, che Magalí, con tutti i suoi pregi, è sempre un'attrice e le attrici – si legge sulle riviste – hanno una sensibilità speciale: appena sentono che qualcuno si allontana, anche solo per un istante, per una frazione di istante, un tempo infinitesimale, tirano fuori il manuale della vendetta immediata e per me non rimangono più speranze. E poi, anche guardandola adesso, non c'è nessuna ragione al mondo per metterla da parte: va a finire che abbiamo fatto bene davvero a parlare in quel modo sul treno, perché adesso evidentemente siamo tutti più tranquilli e poi, in ogni caso, anche lei lo sentirà di essere qui, invisibili a tutto il resto del mondo, e di parenti, amici e fidanzati gliene importerà il meno possibile. Anche lei si renderà conto che siamo soltanto lei, io, e queste due persone che qualche ora fa non conoscevamo. Se stavi dietro al tuo staff diplomatico, cara Magalí, forse questa serata non l'avresti mai passata, magari ti tiravi indietro dal film per paura di non si sa bene cosa, oppure io mi offendevo di tutti quei dubbi e sceglievo un'altra attrice, tutto poteva essere, e adesso non avremmo sentito insieme queste parole di Sebastián che mi fanno venire più freddo di quello che c'è. Devo stare anche attento, perché di solito in situazioni simili sono l'unico che si commuove – casomai, nessuno ci resti male, mi faccio consolare dalla Señora Flavia, soltanto una carezza e qualche parola, non chiedo di più–, però non saprei proprio quale altra reazione trovare se Sebastián mi chiede se lo sapevo che in un paese vicino a Oristano c'è una piazza dedicata a suo fratello Martino. Io in Sardegna ci sono stato una volta sola e sinceramente non è che abbia fatto tanto caso ai nomi delle strade, però la prossima volta giuro che ci sto attento e, se ho modo, ci lascio anche dei fiori, perché i desaparecidos vanno onorati in tutti i modi. Non so neanche se chiedere qualcosa di più o lasciar perdere, perché da queste parti questi argomenti non si sa mai come prenderli: quel pomeriggio con gli amici della Mirna – l'unica volta che abbiamo visto qualcuno – è stato chiaro una volta per tutte che preferiscono che di queste cose ne parli solo chi ne ha avuto a che fare. Fra l'altro non ho nemmeno mai capito se è vero che gli argentini che erano in Europa in quegli anni, che tutti si pensava fossero scappati dalla dittatura a costo di chissà quali rischi e sacrifici, erano davvero dei rifugiati o, come dicevano quei ragazzi che poi non ho più rivisto, soltanto i più privilegiati di tutti, quelli che avevano avuto i soldi e il modo per andarsene a fare la bella vita della vittima, mentre qua si moriva agli angoli delle strade. O chissà dove, come il fratello di Sebastián, che non è mai più stato trovato, anche se è stato cercato dappertutto per anni, e la sua mamma fu sepolta col fazzoletto bianco delle Madres de Plaza de Mayo. Magalí, per favore, se ce la fai, se sei appena più serena di me, stammi vicina, così mi sento più tranquillo e non ascolto questo silenzio che è piombato qua attorno, mentre è già arrivata la sera, Flavia si è scaldata un tè, e Sebastián continua a raccontare di quando una Falcon verde senza targa lo prese e lo portò alla Capitaneria di Tigre, per fargli dire dove era nascosto suo fratello. Le cose che succedevano qua, in fondo nemmeno tanti anni fa. Ore e ore ad essere picchiato, col cappuccio in testa, ma lui dove era Martino non lo sapeva, non glielo aveva detto per non farglielo dire, e anche di essere alla Capitaneria lo aveva capito solo calcolando le strade che aveva fatto nel bagagliaio della Falcon. Ma come fa a restare una bella serata anche dopo queste cose? Allora davvero non ho nessuna sensibilità, nessuna umana pietà – non me ne importa se lo dice Jena Plinsky, rende sempre l'idea – non ho nessun rispetto per chi ha avuto e ha vite tanto più difficili della mia? In fondo a me manca la Mirna, ho fatto di tutto per perderla e ci sono riuscito, e appena me ne sono pentito, cinque, dieci minuti dopo, era già troppo tardi. E guarda che cosa mi sono organizzato per provare a ritrovare, non dico tanto lei che a quest'ora starà guardando il mare a Puerto Madryn, ma almeno qualche pensiero di quel periodo. A Sebastián e a su señora manca qualcuno che nessuno ha più trovato, magari è stato gettato da un aereo nel Rio de la Plata, o magari in uno di questi fiumi del Delta, che rimane lo stesso un posto meraviglioso. Certo che in queste occasioni vorrei proprio essere un altro regista e promettere a Sebastián di scrivere un film su tutta questa storia. C'è chi ne è capace, e fa anche belle cose, ma io le storie con gli uomini protagonisti non riesco ad averle in mente, tempo fa ci ho provato ma non c'è stato niente da fare, e lo so che andrebbe subito a finire che mi cercherei un personaggio femminile, anche secondario, una sorella, una cugina, un'amica, una cognata come Flavia, la metterei al centro dell'attenzione e arrivederci, questa storia così bella non ci sarebbe più, tutti a guardare una serie infinita di primi piani di una ragazza che si aggiusta gli orecchini, si tira su le maniche del maglione, e altre sciocchezze di questo genere. Sembrerebbe di mancare di rispetto a tutti, anche se ci metterei tutto l'amore possibile, e alla fine non direi niente delle persone come Martino Mastinu, che è venuto a morire qua in Argentina.

Dopo, se trovo il modo adatto, glielo chiedo a Magalí se ha
fatto impressione anche a lei che Sebastián, nonostante tutto,
nonostante suo fratello, nonostante la Capitaneria incappucciato,
nonostante anche che sia uno di quegli stranieri che non hanno
fatto fortuna, porti al taschino della camicia quella bandierina
argentina. Magari è perché è l'anniversario della Repubblica,
però mi sembra già tanto che sia rimasto qua a vivere e non
abbia fatto di tutto, quando è andato in Sardegna – lo avevano
invitato per l'inaugurazione di Piazza Martino Mastinu, ecco
perché non aveva portato su señora–, per trovare qualcosa là e
non tornare più in questi posti.
Me lo immaginavo che qui a un certo punto dovevano chiudere,
e in effetti adesso non avrebbe più senso insistere per rimanere
su questa verandina, le luci verdi del distributore YPF che
illuminano in questo modo gli occhi di Magalí, e le lanchas
che passano sul fiume. Perché comunque c'è sempre da fare un
film, anche se adesso tutto sembra così lontano che se lo facesse
qualcun altro sarebbe meglio. È che in queste occasioni dovrei
avere il coraggio di dire che non me la sento, che ho altro per
la mente, e che quello che pensavo di volere dal film l'ho già
avuto senza girare un fotogramma. Prima o poi ci arriverò –
all'inizio dell'anno sarà fra i buoni propositi sull'agenda – ma
domani dobbiamo rientrare in città, qua chissà se c'è modo di
tornare e allora è meglio se vado a pagare, poi ci facciamo dire
la maniera per arrivare dall'altra parte del fiume, e in qualche
modo la voglia di filmare la ritrovo.
Peccato piuttosto che non ho portato niente con me, perché mi
piacerebbe fare un regalo a questa donna: è tutto il pomeriggio
che è gentile in questo modo, e adesso guarda fuori dalla finestra
con le braccia incrociate sul petto mentre perdo tempo apposta
a scegliere le caramelle. Señora, glielo dico sinceramente, però
deve promettermi di non spaventarsi: l'unica cosa certa è che io
da lei non voglio niente – decine di altre donne in tutto il mondo
glielo possono testimoniare – ma la volevo ringraziare per questa
serenità che mi ha fatto sentire, è difficile da spiegare, sa com'è,
sono solo sensazioni, non lo so, magari le sembrerà strano, ma

anche con lei c'è stata questa corrente di aria tiepida che mi sentivo arrivare addosso e che era, è, così piacevole: l'ho sentita ancora prima di vederla uscire dal chiosco, mentre poggiavo la telecamera accanto al tavolino. E non ha mai smesso di farmela arrivare, come adesso, che invece la devo salutare. È stato tutto bellissimo, di suo marito Sebastián penso di essere diventato amico, gli sarò per sempre grato per averci detto quello che ci ha detto, e di lei mi basta che mi dia del tu, che si ricordi di me anche dopo che ci rivedremo domattina, e che ogni volta che tornerò qua, una, dieci, cento volte, mai, mi ripeta questo "Cuídate", che vuol dire abbi cura di te, e che me lo diceva una ragazza di La Linea de la Concepción tanti anni fa, e io non me ne sono mai dimenticato.

Io davvero se rinasco faccio il cantante e sto tutta la vita in tour. "Quattro tavole in croce e qualche spettatore, chi sono lo vedrai...io sono un istrione, e ho scelto oramai la vita che farò" canta la voce armena più famosa di Francia. E io uguale: ma non mi interessano mica i concerti, il pubblico, i cori, gli accendini, il caldo. A parte che sicuramente non ce la farei a sopportare la commozione a sentire tutti che cantano una mia canzone, ma poi è proprio un altro mestiere che lascio a chi lo sa fare. A me basterebbe essere in giro, fare trecentocinquanta date l'anno – se non proprio una star del pop, mi andrebbe bene anche un'orchestra di pachanga, così resto in Argentina–, migliaia di chilometri, autogrill, distributori, piazzole di soste, caffè cattivi, e ogni notte a dormire in un posto diverso, come stanotte su quest'isola del Delta. Mi è piaciuta dal primo secondo, subito appena ci sono venuti a prendere con quel barchino per attraversare il fiume. Il tempo di vedere i fanali dell'auto di Sebastián e Flavia che si allontanavano sull'altra riva, poi siamo rimasti soli nel mondo. Io e Magalí su un'isola deserta, ci mancava solo questo. Non ci saranno mare blu, sabbie bianche e palme verdi, nessun ukulele a fare da colonna sonora e nessuna collana di fiori intorno al collo. Ma sempre su un'isola deserta siamo, perché l'omino della barca è scomparso chissà dove e tutte le luci sono spente.

Domattina mi sveglio presto e vado un po' in giro a vedere di che posto si tratta, magari filmo anche l'alba, le prime lanchas del mattino, e se mi va sposto tutto il film fra questo camping – ma sarà davvero un campeggio? Sembra più una colonia estiva – e il distributore di Sebastián là davanti, tanto una sceneggiatura non ce l'abbiamo e posso inventarmi quello che mi pare. Ma per adesso non voglio perdermi nemmeno un attimo di questa serata bellissima, basta che Magalí rimanga tranquilla in questo modo mentre giriamo, poi non posso chiedere altro alla Provvidenza. Casomai ci sarebbe da scoprire come abbia fatto Magalí a capirla questa scena, visto che non sono riuscito a spiegargliela. Ho troppi pensieri in testa, non mi si può chiedere troppo, qui c'è da vivere tutte queste cose e in più c'è anche da pensare al film, inizio a avere una certa età e a volte avrei anche bisogno di un po' di quiete. E invece è bastato scegliere questo molo coperto, sentire la pioggia battere sul tetto, fare il possibile con la telecamera – se non avessi paura della gelosia, la prossima volta chiamerei un operatore – e della scena se ne è impadronita lei. Io, tutt'al più, una presenza di contorno, di cui nessuno francamente sente il bisogno. I miracoli che succedono con le attrici, che uno è lì che si impegna, si sforza, si attacca a tutto per trovare le parole, una parvenza di spiegazione che almeno giustifichi il fatto che poi sui titoli di coda il suo nome è accanto alla parola regia, poi d'improvviso alza gli occhi e vede che l'attrice ha capito tutto, sa fare da sola senza bisogno di perdere tutto questo tempo dietro a una specie di dislessico in momentanea apnea. E non è neanche una scena facile: io non lo so dove trova le parole–le stesse che avevo in mente io, ma non lo sapevo – i gesti, i silenzi, tutti gli istanti che compongono una scena. Io non lo so come funziona, sarà davvero la telepatia, qualcosa che va oltre l'umana comprensione, ma certe volte arrivano queste scene qua che sembra che non riesco a pensare e a comunicare niente, neppure un inizio di pensiero, lo zero assoluto, il blocco di tutte le attività cerebrali, encefalogramma piatto, con tutte le conseguenze del caso, perché naturalmente si aggiunge subito anche il panico e con lui il freddo nelle ossa e nell'animo, il tremito incontrollato delle mani, il calo istantaneo della vista, il senso di soffocamento. Del resto, visto che cose scritte non ce ne sono – non è che avevano ragione i consiglieri particolari di Magalí ? – oltre a me nell'universo non c'è nessuno che sappia come andare avanti col film, e se io non riesco a dire niente si va poco lontani. Non fosse mai successo: adesso non dico di arrivare alla meraviglia di quella volta in Friuli, quando quell'attrice polacca si prese tutto di me, non esistevo più, i miei pensieri li pensava lei, le mie parole le diceva lei, la scena, la storia, le aveva scritte lei, secondo me si era presa anche il mio gruppo sanguigno, il dna, tutto, era diventata me e non me l'aveva detto. Mi era rimasta solo quel minimo di presenza per rendermene conto, senza paura e senza pentimenti. Qui con Magalí è ancora troppo presto, perché si potrebbe anche spaventare, non lo so, non la conosco abbastanza, e questa meraviglia benedetta di essere qui non vorrei che per lei si trasformasse in un incubo, tipo l'Overlook Hotel di Shining, con me che cerco di spiegarle che sono diventato lei e cose del genere. Però rimane il fatto che adesso a me non rimane altro che filmare, sono soltanto un volenteroso operatore, decide lei le modalità.

E pensare che c'è ancora chi mi costringe a perdere tempo a spiegargli, come se fosse possibile, e come se davvero avesse voglia di comprenderlo, che con gli attori – per quanto mi riguarda, con le attrici – spesso non c'è bisogno di parlare o di avere chissà quale confidenza, perché esiste una comunicazione che passa attraverso canali diversi, una trasmissione di pensiero che arriva al centro esatto della coscienza, a una profondità inaudita che non si riesce a toccare neppure negli amori più disperati, o nei più felici, anche se quest'ultimi – leggenda vuole – valgono sempre un po' meno.

Su questo molo ci rimaniamo quanto vuole lei, mentre le poche lanchas che passano a quest'ora rallentano per vedere se abbiamo bisogno di qualcosa, e quando riaccellerano suonano la sirena per salutare. Evidentemente a Tigre le cose funzionano così, e noi continuiamo a fare il nostro film, che stasera inventa Magalí e io ascolto di una volta che stava andando in Cile con il pullman e si è fermata per una sosta in un posto di montagna di cui non sa niente e che non saprebbe neppure ritrovare: gli altri passeggeri erano entrati a bere qualcosa in un rifugio – quel giorno era primavera, ma pensa che in inverno quella strada è chiusa settimane intere per la neve – e lei era rimasta fuori a fare due passi. Alzò gli occhi, si guardò intorno e capì subito che quello era il suo posto nel mondo – la Mirna deve avere sentito lo stesso la prima volta a Puerto Madryn – proprio un brivido che le fece decidere di tornarci un giorno per fermacisi a vivere, anche se non sapeva dov'era e come si chiamava: adesso non le importa quanto tempo dovrà impiegare per cercarlo, dovesse cercarlo per tutte le Ande, dal Perù alla Terra del Fuoco. È il suo unico desiderio e per lei – come per la Mirna – i desideri sono ordini.

Peccato solo che Magalí prima mi abbia detto che non ha visto "Un lugar en el mundo", che è il più bel film del mondo – al primo posto della classifica dei film che avrei voluto fare io – perché dal giorno che l'ho visto per la prima volta la mia carriera è cambiata, e adesso forse le sarebbe anche più facile capire cosa mi aspetto da questa scena, dal film e dalla vita in genere. E allora però è ancora peggio, perché questa scena l'ho pensata proprio per fare un omaggio a quel film, e se lei non l'ha visto allora dove le trova le parole, i tempi e le espressioni? Da chiedersi davvero a che abisso di ricerca lei sia arrivata dentro la mia mente: io posso solo metterglielo a disposizione, più di questo non saprei davvero cosa offrirle, prenda lei quello che le serve, io premo il rec della telecamera, poi il resto non lo posso controllare.

Spero solo che non diano noia questi pensieri che mi vengono in mente e che non hanno niente a che vedere con Magalí né con quello che stiamo facendo adesso, in mezzo a questo silenzio che sembra impossibile, perché in fondo Buenos Aires è vicina e almeno l'eco di chissà quante automobili, o il respiro di sedici milioni di persone – meno due, lei e io che siamo qui – dovrebbe arrivare. Non è colpa mia, lo so che dovrei stare più attento, avere più rispetto, lo so che non si abbandonano al loro destino le attrici mentre recitano, so tutto – mi prendo tutte le colpe, non merito clemenza – ma io questo buio così tranquillo, questo silenzio così sereno l'ho già vissuto un po' di anni fa e non pensavo di ritrovarlo oggi in questo posto. Magalí, scusami, continua quello che stai facendo, tanto l'ho visto che sei l'attrice più brava del mondo e io, per come mi sento, potrei solo disturbare, ma davvero ci sono delle volte che non si riescono a comandare i pensieri, la mente va per conto suo, basta un attimo, un ricordo minuscolo, una scoria del passato che era rimasta nascosta nella mente e all'improvviso ricomincia tutto uguale. Anzi, se Magalí adesso si ferma e mi dice che dovrei stare più attento, che lei non è qui per perdere tempo, che allora tanto vale che il film me lo faccia da solo, glielo dico che comunque è colpa sua che è così brava e io non ci posso fare niente se mi sembra la Mirna quella notte che non ne potevamo più di camminare, non c'era più niente da dirsi, ci piacevamo e basta, e c'era soltanto da trovare un modo per rompere quell'ultima barriera che in realtà era sempre stata, dal primo istante, sottilissima. Quella sera c'era la stessa aria di stanotte, se facessero delle analisi troverebbero le stesse parti di azoto e di ossigeno – un fenomeno inspiegabile che non si è mai verificato, assicurano gli scienziati – e io lo so perché quella notte eravamo io e la Mirna che ci eravamo fermati in Ayacucho ad aspettare un colectivo per farmi tornare a casa, poggiati al muretto di quel palazzo che non ho mai capito cos'è. Tutti quegli autobus che continuavano a passare e io che non mi staccavo da quel muro, fucilatemi qui, giustiziatemi senza benda sugli occhi, ma io non me ne vado, stanotte sono un'altra persona, non mi potete chiedere di andare via come se fino ad adesso non fosse successo niente. Mirna, ti prego, continua a guardarmi fisso all'infinito, perché così non faccio fatica, tanto tutti i sentimenti che posso avere me li strappi via tu – e non sapevo neppure di averne così tanti – non si fermano più e chissà tu dove li metterai. Guardami anche mentre non dico niente, fai tutto tu, sei bellissima, io non voglio guardare altre donne, non voglio baciare altre bocche, voglio soltanto il tuo viso così vicino al mio, esa chica media argentina y media paraguaya que un día me encontré en la calle. Da quanto tempo era che non sentivo più il cuore, che non guardavo nessuno con tutto quell'amore. Perché ci metti così tanto ad avvicinarti, un millimetro ogni mille anni, non lo so, il tempo non passa più, soltanto tu che chissà perché fai questo gioco così lento, il sorriso che non se ne va, adesso è passata una vita intera e tu sei ancora lontana. Queste cose che dici e non ascolto, non le registro, ricordi che non avrò mai perché non valgono la pena, servono soltanto a coprire questa attesa che mi ha fermato il cuore. Ancora un altro millimetro, poi davvero non ce la faccio più.

Lo sapevo che non era questo il momento per ripensare a quella notte, perché qui c'è Magalí che continua a fare il suo dovere – lei sì che è un soldato inglese, porta a termine la sua missione, costi quel che costi – e io non riesco a seguirla: non è giusto, non si fa così, adesso forse sarebbe meglio interrompere, non ci vuole niente, una scusa diplomatica e questa scena la riprendiamo un altro giorno in un altro posto. Alla peggio ci siamo fatti un bel giro a Tigre, che anche Magalí non ci viene quasi mai.

Però io quei capelli così fini della Mirna ancora non li avevo mai toccati e mi sembra di farlo adesso, e di sentire le sue labbra che non avevo mai baciato. Se mi riuscisse, vorrei vivere soltanto quel momento, Dio mio adesso mi metto a piangere e non posso farmene accorgere sennò davvero finisce il film, Magalí si rende conto di avere a che fare con uno squilibrato e si rifiuta di continuare, non è nemmeno una scena per chissà quale commozione. In che situazione mi sono messo, dall'altra parte del mondo, su un'isola deserta. Mi devo ripetere quella frase dei commandos britannici, che quando vengono feriti si devono ripetere "Il dolore è soltanto uno stato della mente". Speriamo funzioni anche con la nostalgia, perché qui sennò, davvero, non si riesce ad andare avanti e non si sa neppure come scappare da questo posto, perché fino a domattina non torna nessuno e cosa mai possiamo fare io e Magalí chiusi nei nostri bungalow – che poi sono semplici stanze con le reti antizanzare alle finestre – a riflettere sugli errori del passato più prossimo, un film che era iniziato così bene e si è interrotto all'improvviso perché il regista si è disintegrato sotto al peso dei ricordi.

Bisogna davvero che mi svegli da quest'ipnosi, perché non conviene a nessuno che io rimanga così lontano da tutto – "Lo guardavo e mi rendevo conto che la sua mente era volata per sempre altrove" le amare dichiarazioni di Magalí Lopez. Mi prendo ancora due, tre, cinque minuti per ricordare ancora una cosa, altrimenti mi ci fisso e mi si blocca la mente per davvero, poi, lo giuro su tutto quello che si può volere, mi rimetto a fare il regista, che è la cosa migliore da fare, e non sono nemmeno sicuro che mi riesca. È che io quella notte in Ayacucho, con tutto il freddo che faceva, quel primo istante in cui senza più forza per aspettare tirai la Mirna verso di me e la baciai, il suo corpo appoggiato al mio, non riesco a cancellarli, potrei fare mille film e ogni volta ci sarebbe lo stesso problema, che a un certo punto non sono più capace di pensare ad altro che al suo respiro così vicino al mio respiro, e non trovo mai le parole neanche nei pensieri per ricordare ogni attimo, le sue mani, le sue braccia, che si aggrappavano a me, che mi cercavano come se avesse avuto bisogno di andare al di là degli occhi per scoprire chi ero. E allora Mirna, tanto qui non c'è più da avere paura, cerco anche io con gli occhi dentro i tuoi occhi, e con le mani dappertutto sul tuo corpo, cosa altro c'è da fare stasera, non te la immagini quanta solitudine ho lasciato alle spalle, ci sono voluti due anni solo per trovare questo coraggio di venire qua e non tornare indietro. Sarò anche la persona peggiore del mondo – e probabilmente lo sono, visto che a un certo punto ho deciso che potevo fare a meno di te – ma non riesco a non voler bene a qualcuno, anche solo a una persona, è più forte di me, non ce la faccio a stare senza sentimenti, lo so, sarebbe tutto più facile, ma proprio non è possibile, e allora stasera è toccato a te, fatti abbracciare come voglio, non me ne importa niente se siamo in mezzo alla strada, venga pure la Policía Federal a portarci via, i documenti, il carcere, il processo, la condanna, l'estradizione, non mi importa, sei stata tu che hai iniziato. E adesso lasciati baciare all'infinito, un unico bacio scomposto in milioni di baci, dammi la tua bocca, le tue labbra, la tua lingua, la tua saliva, le tue spalle, i tuoi seni, lascia andare le mie mani perché adesso c'è una novità che non ti è stata comunicata, il tuo corpo è mio, mi appartiene – ci deve essere anche un atto notarile da qualche parte – e ci faccio quello che voglio, lo tengo addosso al mio, e lo scopro centimetro per centimetro, ora dopo ora. Non siamo ragazzini, non abbiamo sedici anni, ma stanotte qui su questa strada non abbiamo mai conosciuto nessuno. E lo sento come diventa debole il tuo corpo contro il mio, sempre meno forze, come se potesse esistere soltanto attaccato al mio. Non dire niente, guardami e basta, o tieni gli occhi chiusi, non mi interessa, respira in questo modo, come se non fosse rimasta più aria in tutta Buenos Aires, perché io non mi fermo, ti devo toccare dove voglio, toccherò per sempre soltanto te, dammi tutto quello che puoi del tuo corpo che stasera posso solo immaginare con le mani. Passano i colectivos, le gente torna a casa, va dove gli pare e noi restiamo qua, perché io adesso non ce l'ho il coraggio di separarmi da te, soltanto il pensiero mi sembra un vuoto infinito, soltanto silenzio e angoscia, e non c'è modo di togliere la bocca dalla tua bocca, la lingua dalla tua lingua, spogliamoci qui e facciamo l'amore, ma intanto, per non perdere neppure un attimo, non farmi smettere di sfiorare questo corpo che è sempre nascosto dai vestiti e che mi sarei potuto prendere anche qualche giorno fa in Callao, quando mi hai chiesto se non ero di qua, perché lo sapevamo – o sapevi tu, io avevo paura a immaginarlo – che la fine sarebbe stata questa e questi giorni sono stati solo tempo perso.

Quanta birra avremo bevuto stanotte, anche se per fortuna la Quilmes è leggera e saremmo potuti andare avanti fino a mattina senza perdere il controllo e l'equilibrio, almeno, quel poco che mi era rimasto, poi Magalí non so. Anzi, appena torno in Italia, voglio fare un sondaggio presso tutti i registi della mia età, che sono sempre pronti a insegnare al mondo come si deve vivere – lo sostengono ad alta voce ad ogni convegno a rimborso spese, meglio se anche con gettone di presenza – e invece hanno messo da parte ogni sogno, ogni speranza, ogni disperazione, hanno

venduto l'anima al diavolo, e fanno sempre e soltanto i film che
gli vengono richiesti senza mai opporre resistenza. Anime perse
con la coscienza civile inclusa nel prezzo, che un tempo, proprio
all'inizio, magari facevano quello che volevano, vestivano di
nero e discutevano di immagini, si producevano qualche corto
promozionale, poi si sono fatti incantare dal primo canto di
sirene e si sono dimenticati tutto all'istante, rinnegati che non
sono altro. Glielo vorrei chiedere, quando la sera tornano a casa
dopo un giorno di riprese in studio, o al massimo in hotel di
quattro o cinque stelle, quando proprio si sono avventurati in
trasferta, autistamuniti naturalmente, glielo vorrei chiedere se
non gli mancano le notti come questa che abbiamo passato io e
una giovane attrice di Buenos Aires, soli sull'isola dell'Automobil
Club Argentino, le Quilmes in fresco nel lavandino e il sandwich
con la milanese che qualcuno ci aveva preparato al posto della
cena promessa. La libertà assoluta che loro non hanno più, non
sanno cos'è, mi incarico io di viverla, non mi manca niente di
quello che hanno, sono tutti più bravi di me, sanno sempre cosa
dire, vanno al mare il fine settimana, impegnatissimi a firmare
sempre qualsiasi appello contro qualsiasi cosa, basta solo che
continuino a pagargli cari i film che fanno. Io al mare non ci
vado, ma in un giorno di fine maggio sono stato fino all'alba
parlando e bevendo birra con Magalí e non c'è cosa che avrei
voluto di più. Era così bella stanotte, così tranquilla, che mi
ha fatto dimenticare la Mirna, e c'è stata soltanto lei, nessun
altro pensiero o desiderio. Tutta la fiducia e la confidenza che
ci mancavano le abbiamo trovate questa notte, come se si
allentassero fino a scomparire tutte le riserve, le paure, quelle
distanze che esistono perché qualcuno, chissà quando e chissà
dove, ha deciso che fra esseri umani ci devono essere e noi, come
bravi soldati, siamo abituati a obbedire.
Che poi, in realtà, è un discorso che vale solo per Magalí, io
ero già tanto che mi ero affidato a lei, praticamente da subito,
perché per fortuna ho una certa esperienza, e questo tipo di
impedimenti ho smesso di averli durante il primo film che ho
fatto, che anzi, non era neppure un film vero e proprio ma tre

cortometraggi che poi ho messo insieme. Questo tanto per dire quanto tempo è che mi metto a disposizione totale di chi si vuole occupare di me. Sarà la debolezza, sarà che davvero da solo non ce la faccio, sarà quel che deve essere, è che se faccio il conto, fino ad adesso tutto questo affetto che non sapevo dove mettere mi era sempre tornato indietro, praticamente intatto, perché c'era sempre qualcuno – "È inutile che ti mascheri dietro al maschile, lo sappiamo che parli delle attrici" – che non capiva cosa farne, si impauriva, protestava, chissà cosa pensava che fosse, e allora, via, prendiamolo da una parte e diciamoglielo che così non va, perché, sai, io qui mi sento prigioniera, ho bisogno della mia libertà, dammi un po' di respiro sennò non ce la faccio, soffoco, impazzisco, mi faccio saltare in aria in un centro commerciale, prendo il fucile e faccio una strage. Le frasi fatte che ancora rieccheggiano nell'aria di almeno due continenti. Il punto più basso della comunicazione umana. Donne che facevano di tutto per essere, o almeno mostrarsi intelligenti, che arrivavano a toccare queste profondità del pensiero, fra un caffè che si facevano portare sul set e un contratto che si erano fatte controllare dall'agente. E solo perché quando mi dicevano queste cose non stavo bene, non ero in me – contrariamente a loro, io invece ai film mi ci affido e dopo un po' non so più cosa sto vivendo – e le loro stupidaggini le prendevo come verità sanguinose, altrimenti davvero mi sarei messo a ridere e gli avrei lasciato tutta la libertà che desideravano, chiudendo il film e rimandandole a casa. Che poi mi chiedo, davvero, di quale libertà avessero così tanto bisogno, visto che bene o male era sempre, per tutte, la prima volta che si trovavano a affrontare lavori così impegnativi, ruoli così completi, un film da protagonista che non è una cosa che capita tutti i giorni alla prima venuta. Cosa volevate di più, quando siete state strappate agli spettacoli pomeridiani per bambini, o ai doppiaggi pubblicitari per i detersivi a doppio risparmio. Mi parlate di libertà – si aggiustò la toga sulle spalle con un gesto spettacolare, poi guardò negli occhi i giurati, uno per uno – e la vostra libertà è avere il diritto di essere stupide e leggère, rivendicate il sacro rispetto per il tempo libero da passare in festicciole adolescenziali, il gioco della bottiglia, la discoteca, se troviamo il fumo ci facciamo una canna, e dimenticate che la libertà più assoluta, la più completa, la più meravigliosa sono io a darvela, offrendovi la possibilità di fare il lavoro che avete scelto, per una volta, due, quante ne volete, perché sono un soldato inglese e non sarò certo io a tradirvi. Come si fa a mettere sullo stesso piano questo privilegio che vi regalo, chiedendovi tutto sommato poco in cambio, e l'esigenza – garantita anche dalla Costituzione americana – di mantenere anche durante il film le più fatue abitudini che avete durante la vita normale, rimane un mistero impenetrabile.

E per adesso è meglio che rimanga tale, perché davvero non c'è motivo di rovinarmi la giornata con queste amarezze, che poi tanto chi mi chiedeva la libertà appellandosi al quinto emendamento è rimasta lì da dove l'avevo presa e io invece, terribile aguzzino, mostro belga, Afrikaner senza pietà, sono ancora qui e ho appena passato la notte con un'attrice che evidentemente non ha firmato la Dichiarazione Universale dei Diritti dell'uomo e si è divertita semplicemente bevendo birra con me, raccontando qualcosa di sé – fin dove poteva, non c'è stata vita privata – e quando, verso le due, le tre, ha iniziato ad avere freddo, si è messa un maglione.

La vita che si deve fare, che altro si può desiderare? Quel sorriso di Magalí che si scioglieva, quanto avrà avuto da ridere, e a un certo punto sembrava di essere in gita scolastica, quando i professori alla fine vanno a dormire e c'è l'assalto alle camere delle ragazze. Ma qui stanotte non c'erano professori, non c'era nessuno, c'era soltanto la serenità che mi sono meritato, perché un giorno ho deciso di fare questo film, anche se – lo diceva Robert Scott prima di raggiungere il Polo Sud, lo posso dire anche io – lo sapevo di avere tutto da perdere e niente da guadagnare. Anzi, dopo chiamo l'Automobil Club e chiedo il piacere di chiudere per sempre al pubblico quella stanza dove dormiva Magalí, che iniziamo le pratiche per farla diventare monumento nazionale, un museo, un parco a tema, decidano loro: una targa sulla parete all'esterno, una catenella a tenere fuori i visitatori e dentro la stanza tutto uguale, il letto su cui era sdraiata Magalí ancora disfatto, la sedia dove stavo io un po' spostata, le bottiglie vuote di Quilmes lasciate sul tavolo. Ci dovrebbe essere anche un breve filmato in una saletta dell'edificio centrale, in cui due attori rivivono le ore che abbiamo vissuto noi stanotte, da quando avevamo smesso di filmare e, perdendoci mille volte nel buio, ce l'avevamo fatta a ritrovare i bungalow; io che mi chiudo fuori dalla mia stanza, Magalí che entra dalla finestra, quei pochi minuti perduti a stare ognuno per conto proprio, la scelta di cenare insieme nella sua stanza – pare che sia stata mia ma non è certo, gli storici si dividono su questo punto – e poi le ore all'infinito, Magalí che via via diventava un po' pallida per il sonno e la stanchezza da cui non si voleva far vincere e io che prego tutti gli dei di tutte le religioni perché rallentino il tempo e non facciano mai arrivare la mattina.

Anche se poi, verso le sei, c'è stata quest'alba da esploratore, solo io sveglio in tutto il mondo, la luce che non arrivava mai e la vita soltanto questo lungo fiume tranquillo. Ieri sera non me ne ero mica accorto che questa isola – ce l'avrà un nome proprio? – è così grande, un campeggio sterminato, piscine, campi da calcio, da tennis e da paddle – curioso sport non olimpico simile al tennis, di cui gli argentini sono maestri – aree per bambini sotto agli alberi proprio sulla riva, e una quantità impressionante di parrillas per l'asado, saranno duecento, trecento, come se ogni persona che viene qua a godersi la vacanza avesse bisogno di cucinare quintali di carne per poter dire di avere passato una bella giornata. Probabilmente io e Magalí siamo le uniche persone che dormiranno qui per i prossimi cinque o sei mesi, perché non è che, d'inverno, ci sia tanto modo di sfruttare tutte queste attrazioni. E non credo valga neppure come motel per coppie clandestine, perché ce ne sono centinaia molto più raggiungibili su ogni ramo della Panamericana. Certo che in ogni caso stamattina all'alba questo posto faceva impressione, anche se mi sa che le riprese che ho fatto rendono poco l'idea. Alla peggio non le uso, ma non potevo mica alzarmi così presto soltanto per fare una passeggiatina, ho sempre in mente la frase

"Like a soldier with his gun" che mi disse quell'attrice israeliana a proposito della telecamera, e se lo diceva lei, che era stata tre anni nel West Bank, c'era sicuramente da crederle. Poi fra l'altro, quando è uscito il sole, non c'è stato niente da fare, la luce tra le foglie degli alberi, i riflessi sull'acqua, le barchette che passavano, gli uccellini, roba buona per i filmini matrimoniali, tutte cose anche belle che però su questo film non ci devono essere. Comunque, quello che stavo girando era la cosa meno importante, perché contava molto di più farsi trovare sveglio da Magalí, come un uomo che non conosce la stanchezza, mi bastano pochi minuti, c'è tutta una vita che aspetta là fuori e dormire mi fa solo perdere tempo. Spero solo di non pagarla cara stasera, perché c'è un limite a tutto, e altre volte, in situazioni simili, mi è venuta la tristezza in fondo al cuore, che come la neve non fa rumore – chi l'avrà scritta questa strofa, il cantante o il paroliere? – e l'avrei potuta dimenticare soltanto andando a dormire, ma poi lo sapevo che non mi sarei addormentato perché ero troppo stanco e il risultato sono sempre state serate d'inferno. In ogni caso, adesso, nonostante tutto, non sono stanco, non ho proprio tempo per esserlo, perché tra poco arriva al kiosco anche Flavia e ci prepara la colazione. Cercherò di non farmene accorgere, ma le riprese che dobbiamo fare stamattina qua a Tigre le rallento più che posso, così non ce ne andiamo più via e non perdiamo l'innocenza. Perché sembra impossibile che a un'ora da qua ci sia una città grande in quel modo, infinita, quel boato continuo che ti entra nella testa e non se ne va più via, milioni e milioni e milioni di persone, ovunque, tutti i paesi del mondo in un unico posto. È la città più bella di tutte, le cose da vedere ce le togliamo in un'oretta, poi il resto c'è soltanto da vivere; però adesso, mentre Sebastián mi scrive il suo indirizzo così poi gli mando il film, e Magalí si è alzata, si è vestita, mi ha sorriso ma deve ancora svegliarsi, è un inferno da cui tenersi lontani. Le cose vanno così, lo so, sono una banderuola, non ho nessuna dignità, ho fatto di tutto per venire in Argentina, visto che nessuno mi produceva il film ci ho messo soldi che come sempre non avevo, e adesso tradisco così questa città a cui devo la Mirna e tutti i giorni che mi ha regalato, senza per forza ripensare a quegli episodi minori tipo la volta che uscii con la Muriel Cabeza, che adesso fa la produttrice ma io la riaccompagnai soltanto al subte, o la gentilezza della Ines Fariña quando le chiesi di venire al cinema. È che è tutto come ieri sera, le ore che passano tranquille, questo sole di inizio inverno, ascolto Sebastián che mi racconta delle gare dei motoscafi che d'estate passano anche qua davanti, e la Señora Flavia – lei arriva sempre un po' più tardi, con un pick up Dodge celestino, secondo me guida benissimo – dentro il kiosco che ascolta la sua radio preferita.

Magalí, mi dispiace disturbarti, ma forse qui è davvero il caso di girare qualche scena, perché va bene che non dobbiamo rendere conto a nessuno, però almeno un senso un po' più compiuto a questi giorni, glielo dovremmo dare. Mi basta che cammini su tutto questo piazzale, come se stessi andando a prendere la lancha per andare verso la città. Facciamo così, che diamo un po' di vita in più a Mirna: lei è nata qui a Tigre, in quella casa, che è di un amico di Sebastián e ci fa entrare in giardino, ogni tanto ci viene per qualche ora, un giorno, due, tre, non si può mai sapere, i suoi piani li conosce solo lei, è così inquieta che non riesce mai a fermarsi, va di qua e di là, fino a quel giorno famoso – ricordi la scena che abbiamo girato sul molo? – in cui lascerà Buenos Aires e se ne andrà in quel posto sulle Ande che ha visto una volta. E non ti preoccupare se tutta questa camminata adesso la faccio durare dieci minuti, quindici, durerà il tempo che deve durare, tu con la borsa in spalla che esci da casa, attraversi questo piazzale, passi davanti alla pompa di benzina e arrivi fino al molo, ti siedi e aspetti che arrivi una lancha a portarti via. Anche se durasse un'ora la girerei comunque, perché è un pezzo della vita della Mirna che stiamo filmando e nessuno ci dice che adesso, ovunque sia, non stia facendo qualcosa di simile. Comunque ti giuro che sono immagini bellissime, tutto il sole nell'obbiettivo come in un film di Lelouch, questo posto qui che non si è mai visto neanche nei primi film di Wenders, e tu dopo stanotte sei l'attrice più bella del mondo, la più buona, la più

santa, sei il film che stai facendo e ti fidi di me.
Anche adesso, che c'è questa possibilità che nessuno si
aspettava. Allora è vero quello che continuo a pensare e posso
rivelare soltanto alle persone più fidate, perché sono sensazioni
che non hanno credito nel mondo normale, e c'è sempre il
rischio di essere fraintesi: perché durante i film si mettono in
moto delle forze sconosciute che fanno succedere le cose ancora
prima che io riesca a pensarle, hanno una strada segnata che
si snoda giorno dopo giorno e il mio solo compito è di essere
pronto a seguirla, contra viento y marea. Perché, per esempio,
chi l'avrebbe mai detto che, per una serie di casualità che non
potevamo neppure immaginare, Sebastián ci dicesse che tra
qualche ora – a questo punto speriamo domani – passa da qui
la Lancha Almacenera che rifornisce di birra Quilmes tutte le
isole del Delta e se vogliamo ci può dare un passaggio fino al
mondo conosciuto. Chissà se sarò il primo italiano che viaggia
su una barca simile; e anche di argentine non ce ne saranno
state molte, perché comunque non è un lavoro comune, di posti
come Tigre ce ne è soltanto uno, e una volta che la Quilmes è
arrivata dappertutto, che altro rimane da fare?
Qui bisogna proprio avere la mente pronta, a un viaggio così
non si deve rinunciare per nessuna ragione al mondo, scoppi
pure la guerra mondiale, una catastrofe nucleare, inizi pure il
conto alla rovescia per la fine dell'universo, io l'ultimo respiro lo
voglio avere su questa lancha almacenera che non mi immagino
nemmeno come possa essere ma so già che sarà perfetta. Anzi,
faccio anche di più, diciamo che il capitano della lancha – che
poi è anche il grossista di birra, ma suona meglio il primo ruolo
– è il padre di Mirna e ogni tanto lei naviga con suo padre, che
è una scena che sicuramente mi farà tenerezza, e ci toglie anche
ogni problema di coerenza.
E meno male davvero che adesso che la lancha "La Gardenia" –
oltre alla Quilmes, trasporta, altre varietà di birra, come la Lager
Patagonia, la Pils Eco de lo Andes, la brasiliana d'importazione
Brahma e, per il mercato più raffinato, la europea Heineken – si
avvicina al molo c'è questa eccitazione qua, le presentazioni, lo

scarico delle casse, i saluti, qualche ripresa qua e là tanto per fare
vedere che sono un regista davvero, altrimenti chi ce l'avrebbe
fatta a andare via da qua, da questa pace che, se tanto mi dà
tanto, non ritroverò più per chissà quanto tempo, forse sulle
Ande, o forse mai, perché non ci saranno Sebastián y su señora
a farci compagnia. E meno male, davvero, che per una volta mi
sono occupato del film e ho iniziato subito a girare appena saliti,
così ho avuto poco tempo per fissarmi sul "Cuidáte" di Flavia,
che sarà anche un suo modo di dire, ma mi ha aperto il cuore
e lo terrò presente ogni volta che parto per la guerra, e sulla
malinconia di Sebastián, perché un altro italiano chissà quando
ripasserà da qui e allora a chi lo potrà chiedere se Piazza Martino
Mastinu è un posto conosciuto o no.
Non lo saprò mai come sarebbe stato se queste cose le avessi
vissute con la Mirna: poi però non ci sarebbe stato il film, e i
giorni avrebbero avuto un altro valore. Non è scritto da nessuna
parte, due vite si sono separate – "Noi sappiamo per colpa di
chi" il coro di scherno della curva ultrà – e adesso non resta
altro che stare su questa lancha che entra in tutti i canali, perché
c'è sempre qualcuno che ha bisogno di una birra. E ogni posto
dove ci fermiamo è un posto dove potremmo vivere io e Magalí,
e faremmo anche noi come fanno queste persone che vengono
ai moli, che aiutano a attraccare, scambiano due chiacchiere col
capitano – il padre di Mirna, lei è rimasta in cabina–, fanno tutto
senza fretta, tanto la vita va già troppo veloce per conto suo, poi
un saluto con la mano e fino alla prossima Quilmes non succederà
più niente. Ed è la perfezione, davvero, non c'è da chiedere altro,
perché una mattina così non pensavo di passarla, sono così
contento che faccio fatica a respirare e meno male che c'è questa
aria fresca che almeno un po' mi aiuta. Magalí, abbi pazienza,
scusami se sarò un po' invadente, non so come mai, sarà che oggi
sei bellissima, sarà che il Delta è come la giungla di Apocalypse
Now, ci siamo persi e non sappiamo tornare indietro, questa
almacenera ci porterà sempre più nel buio profondo dell'affetto,
ma io ho questa voglia di filmarti che devo starti addosso ogni
istante che respiri, perché non me ne importa se non sei la Mirna,

non ci posso fare niente, è andata così, è un'altra vita che sto vivendo, fosse per me non me ne basterebbero milioni, sorridimi in questo modo mentre tocchi l'acqua, non pioverà mai più su nessun paese del mondo, le nuvole le mandi via tu ogni volta che sorridi, tirati indietro i capelli almeno quei cerchi d'oro brillano con tutto questo sole, poi quello che sarà il film non mi interessa, posso anche non finirlo mai, ma tu e io oggi siamo così vicini che le immagini le inventi tu e vieni a metterle nella mia mente senza chiedere permesso.

E adesso come ne esco da questa stanza in Corrientes 1530, 4° piano, interno A? Come mi salvo da questo guaio in cui mi sono cacciato? Ma cosa mi è preso? Perché la natura si è accanita in questo modo contro di me e non mi ha dotato della capacità di reggere a certe solitudini? Era anche prevedibile, l'esperienza, almeno, mi avrebbe potuto mettere in allarme, non avrei dovuto farmi sorprendere in questo modo, sarebbe stato infinitamente meglio provvedere per tempo, trovarmi qualcosa da fare, andare al cinema, a teatro, in qualunque posto frequentato, o fare una bella passeggiata, che dicono che l'aria fresca aiuti a schiarire le idee; o, se proprio non ce la facevo da solo, mi potevo stordire con una grossa dose di sonniferi, o farmi ricoverare d'urgenza per disturbi mentali, crisi di angoscia, di panico, la decidevano loro la prognosi. Sarebbe stato tutto infinitamente meglio che cedere al richiamo dei sensi, un bigliettino che mi hanno dato a un angolo di strada: "Chicas del Obelisco, las más infartantes del microcentro", cinquanta pesos mezz'ora, ottanta un'ora. Dio mio, come siamo finiti in basso, da non risollevarsi più.
D'altra parte, poi, cosa volevo mai pretendere? Non è possibile passare le ore più belle della vita, o almeno, alcune fra le tante, che tanto quando si fanno i film va sempre bene tutto, scoprire le storie nascoste dell'Argentina, i fratelli Mastinu, la Capitaneria e tutto il resto, prendere tutti quegli appunti per ogni gesto di Flavia che per me, comunque vadano le cose, rimarrà per sempre la santa protettrice di Tigre, non è possibile raggiungere

quell'amore con Magalí, parlare, ridere, scherzare tutta la notte, girare le scene come se fossero davvero la nostra vita, e poi d'un colpo rimettere piede sulla terra, grazie, ci vediamo domani, e poi le chiamano notti queste notti senza te ma non sanno che esiste chi di notte piange te – le parole semplici ma efficaci di una canzone molto popolare negli anni '60. Almeno non avessi avuto paura di sentirle dire che non poteva e le avessi chiesto se per caso, per un miracolo della sorte, una combinazione degli astri, una coincidenza dei bioritmi, aveva voglia di cenare con me, niente di impegnativo, anche solo due empanadas a La Americana su Callao, poi subito a casa, che almeno, forse, mi sarei salvato da queste chicas infartantes. Non lo so, saranno tutti più coraggiosi di me, io sarò soltanto la caricatura di un uomo di mezz'età, ma quando prima sono passato su Corrientes, d'improvviso mi sono sentito come quella sera di quindici anni fa, l'unica solitudine del mondo, e mi ero giurato che non avrei più passato un sabato sera in quel modo. A quel tempo lo potevo anche pensare, ma adesso c'è poco da fare giuramenti, con questo film chissà dove siamo tra una settimana, e poi comunque sono passati troppi anni, oramai l'ho capito che la vita non va avanti con queste decisioni giurate davanti al notaio, e in ogni caso qui il problema era immediato, c'era il vuoto nell'animo, lo smarrimento da non sapere neppure dove mi trovavo e a fare cosa. E adesso allora eccomi qui, a Saigon prima della caduta, gli ultimi giorni di Indocina, in questo casino de mala muerte, e queste due ragazze che si agitano su quel letto: almeno fatemi un favore, chicas, se c'è da pagare di più pagherò, però non fatemi quei gesti, non chiamatemi su quel letto, quella coperta rosa mi fa senso, mi immagino quanti uomini ci si saranno sdraiati, i pantaloni calati, la schiena pelosa, i capelli radi.
Che poi l'avrei dovuto da capire subito, finché ero in tempo, che sarebbe diventato tutto un incubo: non ci voleva molto a intuirlo, solo un minimo di prontezza di spirito, che invece non ho mai: qualcosa mi inventavo, che ne so, ho lasciato i soldi a casa, mi sento poco bene, ho un po' di mal di testa, perfino non mi piacciono le ragazze, tanto lo dicevo in italiano e non capiva

nessuno. E invece questo gusto malato di arrivare fino in fondo, di trovare un modo qualsiasi per non restare da solo, perché c'è sempre un momento che Buenos Aires mi fa paura e stasera sarebbe stata terrore puro. Appena ho suonato il campanello e ho visto queste luci abbassate, le porte delle stanze lasciate aperte – una era chiusa, non fatemi mai sapere chi c'è dentro–, il rumore del riscaldamento elettrico, e tutte le finestre piombate, perché non si deve mai guardare fuori, evidentemente, e non deve entrare mai aria nuova. E quella cucina, lontana, in fondo al corridoio, come se fosse una casa normale, la schiena di due o tre ragazze al tavolo, e quell'uomo che chissà cosa ci fa e se è andato a letto con tutte las chicas – che paura, sicuramente d'improvviso entra nella stanza, mi rapina e mi fa a pezzi.

È che uno lì per lì non se ne rende conto che sta buttando via tutto quello che è riuscito a regalarsi: anche prima, appena ho salito le scale, qualsiasi emozione, qualsiasi sentimento è scomparso tutto d'un colpo, a Buenos Aires ci sono venuto in vacanza, ho tempo e soldi a disposizione e li spendo viaggiando per il mondo. Ed è rimasto soltanto il vuoto per sopportare tutte le procedure e le contrattazioni con la segretaria – i baci affettuosi sulle guance li possiamo tenere per occasioni migliori? – e poi entrare di fretta nella stanza numero 3, perché si vede che è regola della casa che, per un elementare senso di discrezione, i clienti non si incontrino mai nell'ingresso. L'ansia dell'attesa in questa camera chiusa, la coperta di velluto sintetico che brilla di luce propria, mentre sento i passi di qualcuno che si avvicina, e poi inizia un altro casting, senza nessuna vita, perché qui non c'è da fare un film, c'è solo da farsi scegliere per passare un'ora con un turista straniero che magari dopo ci dà anche dieci pesos di mancia. "Hola, mi amor, yo soy Laura, masajista erótica, te voy a dar un placer total... Yo soy Abril...Yo soy Vero... Yo soy Karina...". Nessuna possibile protagonista, nessun ricordo da rivivere, nessuna donna di cui innamorarsi perdutamente, solo ragazze delle periferie più lontane, Berazategui, Florencia Varela, Marcos Paz, territori inesplorati in cui nessun uomo occidentale mai si avventurò: boliviane, paraguaiane, peruviane, che oggi pomeriggio sono uscite dalle loro villas miseria alle sei per arrivare nel microcentro tre ore dopo, pronte a lavorare fino a domattina, quando, chissà quanti uomini dopo, avranno altre ore di viaggio per andare a dormire, mentre i genitori, i fratelli, le sorelle, tutti quanti sono, cercano lavoro senza speranza. Questa desolazione me la merito come una condanna definitiva, sto deludendo tutti, mi cacceranno con infamia dall'albo dei registi indipendenti: ho smarrito la strada, ho intravisto la luce di questo bordello e mi ci sono rifugiato. Questo è il mio naufragio, non è rimasta più nessuna purezza, ho corrotto tutto, non posso più pensare alla Mirna, mi è stato proibito per indegnità, vedo il viso di Magalí che volta lo sguardo e non trova le parole, come tutte le altre attrici prima di lei. Con che coraggio potrò ancora parlare d'amore, sono soltanto un mercante europeo venuto in America Latina a comprare carne fresca. Se almeno in tutto questo sfacelo fossi arrivato qualche minuto più tardi, avrei lasciato queste ragazze finire la loro cena in pace e non le avrei costrette a questo orrendo defilè ancora col boccone in bocca, svogliate, affamate, per sempre stanche.

Sono queste le cose che mi merito, e adesso Abril e Vero sono lì sul letto, precio especial para las dos juntas, lesbianismo real, e mi viene da piangere senza riuscire a scappare dall' inferno. Queste due ragazze – non gli vanno via i segni degli elastici troppo stretti della biancheria comprata negli empori cinesi – sono i fantasmi di tutti i personaggi che ho scritto, che ho filmato, che si vengono a vendicare perché li ho fatti esistere, una vita che non avevano chiesto, e poi li ho abbandonati al loro destino, sono passato oltre. Sono i pensieri della Mirna che si sono staccati da lei per venirmi a dire che non devo fare questo film, non ne sono all'altezza, devo lasciare i ricordi dove sono, perché ho bruciato la possibilità di riviverli, e non ci sarà mai più rimedio al tempo che corre via senza pietà.

Che vite avranno per lavorare in questo modo in un posto così? Saranno state anche loro qualcuna di quelle bambine che si incontrano sui colectivos all'uscita dalla escuela primaria, il grembiule bianco, i capelli neri lucidi e tutte le speranze che ancora devono essere perdute. Magari quando vivevo qui le ho incontrate, mi sarò anche commosso perché siamo passati davanti a una chiesa e loro si erano fatte il segno della croce. Chissà quale disperazione le ha portate fino a questo palazzo in Corrientes, proprio davanti al Centro Cultural San Martín – una volta mi sono trovato lì con la Mirna, ma sembra la vita di qualcun altro–, lo sapranno tutti che cosa fanno, ma nessuno gli dirà niente, perché la vita costa cara anche nelle periferie sperdute di questo continente che dovrebbe essere soltanto una città e non c'è niente da fare, questa vita è andata male e chissà se ce ne sarà un'altra. Come passeranno i giorni di riposo, se ne hanno, dove andranno, con chi parleranno, a chi vorranno bene? E quanto gli costerà, anche adesso, spogliarsi, ballare, baciarsi, fare tutta questa scena per uno sconosciuto che le guarda a malapena?

Se ho il coraggio di punirmi fino in fondo per questo peccato che ho commesso, di approfittare di una pausa maledetta delle riprese per tornare sulla terra, dopo, quando tutto questo sarà finito, mi metto qui fuori ad aspettare fino a domattina che finiscano il loro turno, e le seguo fino a casa: magari Vero, che nessuno sa da quale altipiano andino è venuta a cercare fortuna qua, la guardo mentre cammina per la strada, mischiata a tutta l'altra gente, mentre sale sul colectivo, e poi si addormenta e a Constitución prende uno di quei treni bianchi e blu verso la fine del mondo. Così almeno vedo quanto è pallida e spettinata, quanto è stanca e schifata di persone come me. La accompagno di nascosto fino alla baracca dove vive, poi se c'è bisogno la aiuto a portare le borse, a scavalcare la fogna che scorre sulla strada sterrata, sorrido alle sue sorelle che escono per andare a scuola, con lo stesso grembiule bianco e la stessa illusione che ha avuto anche lei. Non me ne è importa se quelli sono posti dove non si deve entrare, se sono pericolosi, se lo vedono subito che sono straniero, se dopo non si hanno più notizie di me: le chiedo perdono per quello che l'ho costretta a fare e le chiedo di dirlo anche alla sua amica, che si fa chiamare Abril e non voglio rivedere mai più. Io, da parte mia, ci metto l'impegno a non cadere più in queste tentazioni che sono una vergogna per tutto il reggimento, la promessa di rispettare come se fosse la Mirna ogni boliviana, o paraguaiana, insomma, qualsiasi donna incontrerò da qui fino alla fine dei miei giorni, perché fino a oggi ero sicuro di farlo sempre, con chiunque, ma adesso che state lì nude su quella coperta usata, so per certo che non l'ho mai neanche pensato.

Certo che quando stavo qua mica mi venivano in mente questi pensieri che invece adesso sono così facili da avere e non mi danno pace. Cosa ci voleva anche solo a stare più attento, a essere un po' più gentile, a impiegare meglio il tempo, invece di dare tutto per scontato, un regalo dovuto in base a non si sa bene quali regole di convivenza: almeno adesso saprei come viveva la Mirna quando non era insieme a me e, anche mettendo da parte tutto il resto, saprei anche meglio che scene inventarmi per far andare avanti il film, che qui sennò, davvero, rischio di girare sempre le solite cose. Posso solo immaginare, mettere insieme quel poco che mi diceva, ricordare qualcosa che non so neanche più se me lo sono immaginato. Se almeno fossi andato una volta a quel kiosco di Don Torcuato dove lavorava, perché in quel periodo non aveva trovato niente di meglio e qualche pesos glielo davano. Non dico passare lì la giornata, perché qualcosa da fare per fortuna ce l'avevo davvero, ma, che ne so, potevo andare a scoprire quella parte della città, farle una sorpresa, "Winston rosse, por favor", e invece ero io che le volevo bene e volevo vedere come stava.

Quella sera che siamo andati a cena in Perón y Callao – l'altro giorno ci sono passato, quel buffet non c'è più, mi sta bene – me lo aveva detto che quella non era la vita che voleva vivere, tutte quelle ore che perdeva sui colectivos, tutte le mattine e tutte le sere, per andare a chiudersi là dentro, tutto il giorno, il tempo che non passava mai, non riusciva nemmeno a vedere fuori dalla finestrina, soltanto le gambe delle persone che passavano là davanti. E adesso c'è questo ricordo che adesso mi viene in mente e non dovrebbe, perché io almeno dovrei avere un po' di pietà verso me stesso: "Y menos mal que te encontré, si no...que suerte tuve...no te das cuenta" (Sottotitoli per gli spettatori italiani: E meno male che ci siamo incontrati... la fortuna che ho avuto...non puoi capire...). C'era una donna di Buenos Aires che viveva qualcosa per forza, non aveva avuto altra scelta, imprigionata dentro a un kiosco di un metro quadro o due, a un incrocio di chissà quali Avenidas abbandonate da Dio e dagli uomini, diventava una statua di pietra per la noia, per la desolazione, per il tempo vuoto che non passava, ogni ora era un anno, la vita si spengeva, era come morire perché non rimaneva altro che quel tempo lì dentro; non avanzavano energie, forze, era come dormire un giorno intero e poi svegliarsi soltanto per tornare a dormire. Era una punizione che il destino aveva sbagliato a infliggerle, perché lei non aveva niente da farsi perdonare. C'era questa donna di Buenos Aires che, senza rendersi conto dell'errore che faceva, pensava che io fossi la sua consolazione, l'aria fresca dopo un'estate di incendi, e l'unica cosa che ho saputo fare è stato buttare via il regalo benedetto senza neppure scartarlo.

Comunque è solo stamattina che questi pensieri non vanno bene, mentre aspetto che Magalí riemerga dalle nebbie della sua vita e arrivi qui a Retiro, al solito posto davanti alla biglietteria: c'è questo rimorso che è l'unico sentimento rimasto sulla faccia della terra e non riesco a sentire altro. Però allora, cento anni fa, erano le crudeltà più feroci da pensare e le stupidaggini più facili da dire: vediamoci come ci vediamo, quando capita, tanto l'indirizzo in Scalabrini Ortíz lo sappiamo, poi ognuno vada per conto suo, che gli ultimi anni sono stati complicati e non ho voglia di prendermi responsabilità. E ora invece l'unica cosa che vorrei sarebbe di svegliarmi una mattina insieme alla Mirna, vederla o filmarla – è la stessa cosa – in ogni istante di quelle giornate che malediceva senza alzare la voce, tranquilla anche nella disperazione, qualcosa che le era toccato e doveva solo sopportare, perché poi in effetti io sono diverso da lei e non me la so spiegare quella serenità che manteneva, non sono capace di tradurla in parole, mi viene in mente che fosse un lamento, una protesta, una ribellione, qualcosa di conosciuto, e invece non era niente che potessi afferrare fino in fondo, un sentimento che non mi era stato dato, era semplicemente la coscienza di essere comunque migliore di qualunque mortificazione. Vorrei esserle accanto mentre si veste prima di uscire, si mette quella maglietta verde a maniche corte e poi il maglione blu a collo alto, prende la borsa, chiude a chiave la porta; rimanere con lei per tutto il giorno, per sempre, così non direbbe più che non riesce a sopportare quella solitudine, la più bella kiosquera del mondo che vive davanti ai miei occhi, il sorriso che avrà accennato quando arrivava qualcuno a comprare le sigarette, i chewing gum, una bibita, le canzoni che avrà cantato a bassa voce perché il tempo si è scordato di scorrere e Radio Rivadavia fa sempre compagnia. Quei gesti che avrà fatto, gli attimi impercettibili che neppure lei si accorgeva di vivere, e io invece me li metterei da parte per un giorno come oggi che andiamo a girare in quel kiosco di San Fernando e anche se Magalí sarà bravissima, come sempre, si deve rendere conto che mi deve aiutare lei a far rivivere qualcosa da cui sono stato assente senza un motivo che non sia la più presuntuosa sufficienza. E comunque, è vero, io ho fatto questo errore che rimarrà indelebile sul mio stato di servizio, dopo un breve accertamento sono stato degradato a soldato semplice senza più possibilità di avanzamento, un traditore, un codardo, un imboscato. Però, insieme a me, c'è un'intera città da processare, il verdetto è già scritto, e le pene saranno durissime, non si salverà nessuno, neppure i neonati, le donne incinte e gli anziani, tutti colpevoli, il segno di Caino inciso a sangue sulla fronte di tutti, nessuna redenzione. Perché la Mirna era una di loro, era nata e cresciuta qua, respirava la stessa aria, migliaia e migliaia di persone l' avranno incontrata, l'avranno vista, ci avranno parlato anche solo per qualche istante: era un bene preziosissimo incastonato al centro di questo immenso universo. E allora vorrei sapere come mai è stato permesso che dovesse andare a nascondersi in quel kiosco mentre fuori continuava tutto come sempre. Ma è proprio possibile che nessuno si sia reso conto di quale privazione infliggeva a se stesso e a tutta la comunità? Rinunciare in quel modo al regalo che faceva tutt'attorno senza neppure rendersene conto, perché non le costava niente: chiunque anche solo la sfiorava era destinato a diventare istantaneamente una persona migliore, si depuravano tutti i pensieri, le parole da dire e le cose da fare, le anime salvate da ogni dannazione, l'amnistia per tutte le colpe del mondo. Evidentemente era molto più facile far finta di non accorgersene – "Io lo sapevo bene, è questa la mia colpa", le sue ultime parole prima dell'impiccagione che si deve ai traditori come lui–, perché è tanto più comodo restare uguali a sempre e fa troppa paura cambiare per un semplice sguardo. E allora va bene anche recluderla in quel modo, lontana dagli occhi e dal cuore, nascondiamola, facciamola scomparire, bruciamo le foto e i ritratti, perché non siamo preparati al bene che ci fa. Però questa sarà una colpa che la Ciudad de la Santísima Trinidad y Puerto de Nuestra Señora de los Buenos Aires, Capitale della Repubblica Argentina, si porterà per sempre dietro, e come per me, che facevo parte di questa città, non ci sarà mai salvezza, perché l'indifferenza e il distacco devono restare ferite aperte su cui ogni minuto spargere sale.

Meno male almeno che Magalí in quel buio medioevo del 1995 viveva a Balcarce e si è salvata da questo tradimento. E anzi, a proposito di Magalí, c'è un problema che prima o poi dovrò affrontare, perché prendere tempo non serve a niente, se non a peggiorare le cose. Me ne sono accorto benissimo che stamattina appena mi sono svegliato – troppo presto come al solito, prima o poi crollo e mi metto a piangere in mezzo alla strada – ho sentito quel vuoto al centro della stomaco che, secondo autorevoli studi pubblicati sulle riviste scientifiche anglosassoni, è semplicemente il primo sintomo delle crisi di nostalgia di cui il paziente soffre ricorrentemente e in forma grave, soprattutto – è stato osservato – in occasione della lavorazione dei suoi film. È che sono proprio queste abitudini, colazione al Lorea Café, il Clarín, il sorriso della ragazza che ogni giorno diventa sempre più gentile, venire in subte qui a Retiro, perché ho fissato con

Magalí, sono le cose minime che tutti possono fare ogni giorno che mi mancheranno quando anche questo film, come tutto, come sempre, finirà, e resteranno soltanto i ricordi che, come sempre, come tutto, mi corroderanno l'anima, mi chiuderanno la gola fino all'asfissia, mi bagneranno gli occhi di lacrime quando tutti intorno ridono, mi faranno pensare che non ha senso fare neppure film. Perché questa è la vita normale che voglio fare e non è possibile rinunciarci, io sono di Buenos Aires, conosco tutte le strade, ogni taxi e ogni colectivo, posso dare indicazioni a tutti, non c'è mai nessuno che mi prenda per straniero, la prima volta che ci sono arrivato, appena sono uscito dall'aeroporto e mi sono guardato intorno, ho capito – come la Mirna sulle Ande o a Puerto Madryn – che era il posto dove volevo vivere, è stato proprio il primo pensiero dopo anni di buio, e se poi sono dovuto ripartire non conta niente, non si può controllare tutto, ma il mio cuore, state tranquilli, è rimasto qui. E ogni volta che torno riprende tutto identico, come se non fosse mai stato interrotto. E quindi adesso come faccio a pensare che queste strade, queste persone, quest'anima che si respira, rimangano qua, tutto identico, mentre io non ci sono, e non ci sono neanche mai soldi abbastanza per venire tutte le volte che voglio, o coraggio sufficiente per restare tutte le volte che devo ripartire.

Come farò a rinunciare a questo piacere è uno dei misteri dell'umanità: ci sarà solo il vuoto incolmabile che mi costringerà, come sempre, a guardare in maniera compulsiva queste immagini che stiamo girando, – un'ossessione per la quale la medicina tradizionale non trova rimedio – fotogramma dopo fotogramma, ore e ore di vita consacrate al ricordo di qualcosa che non se ne andrebbe mai via dalla mente anche se non fosse stato filmato, e che inizia a mancarmi già adesso che ancora lo devo vivere. Ma davvero basterà un fotogramma, anche inutile, un'apertura involontaria dell'otturatore, un riflesso cieco nell'obbiettivo, qualunque cosa, un suono lontano, e mi sembrerà di essere qui, come in questo momento, che Magalí è appena arrivata – è bellissima anche oggi, quali pensieri seguirà per vestirsi in questo modo che mi piace così tanto? – ha fatto lei i biglietti perché non resistevo a non filmarla e mi sono inventato questa sequenza leggera e distratta, e mentre era in coda mi ha guardato sorridendo, come avrebbe fatto qualsiasi ragazza gentile, Mirna compresa. E poi via sul treno, perché il kiosco di Don Torcuato io l'ho trovato a San Fernando, ma penso che nessuno si indignerà per questa imprecisione logistica.

Chi lo avrebbe detto che in mezzo a tutte queste cose che ci sono da fare, ci sarebbe stato tempo anche per una serata mondana nel barrio Moron, due concerti due, entrata gratuita, meglio arrivare prima così mi sistemo, che il posto è piccolo e si riempie subito. Quando vivevo qua, a dir la verità, Moron l'avrò sentito nominare due o tre volte, e sempre per dire che era meglio non andarci, e casomai, se proprio uno non ne poteva fare a meno, assolutamente non in macchina, perché c'erano bande giovanili che magari scendevi un attimo a comprare le sigarette e loro te la portavano via, te la smontavano e te la spedivano a pezzi in Perù prima ancora che il kiosquero ti desse il resto. Non mai capito se erano leggende, e forse adesso le cose saranno cambiate, non lo so, io comunque la macchina non ce l'ho e per sicurezza mi faccio portare dal taxi proprio davanti alla porta, non sia mai che le bande adesso si siano specializzate sulle telecamere professionali. E quando arriva Magalí, scendo a prenderla, perché sono un cavaliere e la proteggo da ogni pericolo, non mi fa paura niente, sono pronto a sacrificarmi purchè lei si salvi: in caso, ho già pronta l'iscrizione, "When you go home, tell them of us and say, for their tomorrow, we gave our today"che ho letto una volta in Irlanda per ricordare un ufficiale dell'Impero e che forse si capisce lo stesso anche tradotta in spagnolo.
Certo che, se ci penso, questa è la prima volta che usciamo insieme dopo cena, perché a Tigre era più o meno sequestrata, e stasera invece non ci sarebbe stato neanche bisogno della sua presenza: però, evidentemente, si sarà stancata anche lei di queste separazioni che straziano il cuore e dopo le scene di oggi al kiosco avrà sentito anche lei il gelo nelle vene al pensiero

di rimanere senza di me. Però devo riconoscermi che sono stato bravo anche io, perché sono riuscito a non chiederglielo direttamente se voleva venire, quello era davvero un rischio che non me la sentivo di correre, perché se poi non poteva o non voleva, chissà in quali tormenti e in quali gelosie si sarebbe trasformato questo concerto, che adesso invece so già che farà da colonna sonora a una serata memorabile. Per una volta non ho avuto paura, non ho proposto né nascosto niente, ho comunicato semplicemente, con distacco, il programma della mia serata, figuriamoci se voglio obbligare qualcuno a farne parte. Del resto, cara Magalí, io vivo così, lavoro tutto il giorno, e bene, a San Fernando, poi mi prendo una birra a Congreso per riordinare un po' le idee e preparare le riprese di domani, poi verso le nove vado a Moron perché su internet ho trovato un gruppo di due ragazze che sono appena agli inizi ma sono bravissime, gli ho scritto per chiedergli due o tre canzoni per il film, loro hanno detto sì anche se mi ci è voluto un po' a convincerle che era tutto vero, e stasera vado a filmare un concerto che fanno, il terzo, il quarto, non mi hanno detto. Pensa, così poco tempo che suonano insieme e c'è già qualcuno che le chiama a comporre musica per il cinema. Non lo so, io vado lì, ci vediamo domani. Spero solo che Magalí non abbia sentito l'indecisione che non sono riuscito a trattenere, perché in realtà tutto quello che volevo per concludere questa giornata che, a dir la verità, fra rimorsi e rimpianti, non era iniziata benissimo, era che lei dimenticasse tutto il resto che non conta più niente e non mi abbandonasse al mio destino, uno straniero a Moron, chissà che brutta gente incontro, almeno lascia acceso il cellulare, che se ho bisogno chiamo. Mi ci è voluto parecchio tempo, e molte prove più che negative, ma finalmente ce l'ho fatta a seguire le regole dettate quel giorno da quell'attrice dell'Europa orientale quando, per tenere a freno in qualche modo il mio affetto criminale mi spiegò, con calma e pazienza ma come si stesse parlando di altre persone, che più io la ossessionavo, più lei, per reazione naturale, si ritirava, mentre col distacco e il disinteresse avrei sicuramente ottenuto più attenzione – lo stesso concetto

di strategia amorosa si ritrova nelle parole della canzone
"Teorema", che valse una qualche popolarità a un cantautore
lombardo per il resto abbastanza anonimo – . Anche se poi, per
completezza d'informazione, va detto che quella bella attrice,
di cui porto comunque l'iniziale e lo stemma nazionale tatuati
sul braccio sinistro, vanificò il suo sforzo pedagogico perché si
sentì in dovere di aggiungere – forse temeva che non l'avrei
chiamata per altri film – che comunque io lei l'avevo, bastava
solo le lasciassi un po' di respiro. È che io mi attaccai alla prima
parte della frase, capii solo quella, il fatto che mi avesse detto
che l'avevo mi sconvolse, non ero preparato a quell'ammissione,
mi impaurii, perché a quel punto allora chissà quali panorami
si aprivano. Non si aprì niente, per fortuna, ma almeno tutta
quella bella lezione di tattica sentimentale oggi mi è servita a
mantenere questa apparente indifferenza con Magalí, anche
quando lei ci ha pensato qualche attimo e poi mi ha chiesto
l'indirizzo, passo un attimo da casa e arrivo verso le dieci e
mezzo, undici. Per carità, lo so che non vuole dire niente, a un
concerto ci si va sempre volentieri, ma almeno stasera io e lei
saremo come io e la Mirna, non ci sono differenze, passiamo la
serata insieme, l'ho sempre detto che Buenos Aires ha una vita
culturale che non c'è in nessun altro posto del mondo.
Adesso però in questo tempo prima che arrivi Magalí – speriamo
che il cellulare abbia campo, non le ho detto quale campanello
suonare – devo vedere un po' di organizzarmi, perché qualche
ripresa comunque la vorrei fare. Intanto mica avevo capito che
nel salotto di questa casa dove mi hanno detto di venire riescono
a farci suonare due gruppi. Le mie ragazze sono due – bisogna che
vada subito a salutarle in cucina – e lo spazio per un pianoforte
a muro e una chitarra in qualche modo lo trovano, senza voler
considerare me con la telecamera e il resto del pubblico che
si arrangerà come potrà, ma le prime a suonare sono quattro
ragazze – la cantante affitta una stanza in questa casa – e non
so davvero come faranno a mettere anche un contrabbasso e un
batteria in quell'angolo. Problemi loro, io, se vogliono, do una
mano a spostare i mobili, non mi tiro certo indietro, basta solo

che nessuno dopo mi prenda questo angolo accanto alla finestra, dove non do noia a nessuno e da dove, in caso di incendio o di eccessivo assembramento, esco al volo. Lola Linares e Agostina Yacosa – sono davvero uguali alla foto che ho visto su internet – sono così carine e gentili, nascoste in fondo alla cucina per il terrore del concerto: suonano per seconde, hanno ancora due o tre ore di agonia, e appena sono arrivato a salutarle è stato come se avessero visto la luce, mica tanto per me che mi conoscono appena – non più di sei, sette minuti nel totale del tempo che hanno vissuto – ma perché probabilmente hanno capito che in questo momento sono l'unica persona più a disagio di loro. Baci, abbracci, parole in libertà, ragazze, se avete bisogno di qualcosa contate pure su di me, io faccio quello che mi chiedete. Io prima di girare i film sono emozionato, e prima delle proiezioni terrorizzato, quindi tutta la scala dell'emozione che va dal timore al panico la conosco, non è questo il problema, ma voi due stasera stringete il cuore: se volete sto qui con voi fino all'ultimo istante prima dell'esecuzione, oppure me ne vado e non mi faccio più vedere, ma per favore, ve ne prego, cercate di non essere così pallide, non succede niente, le vostre canzoni sono bellissime, non c'è ragione per questo panico; non sapete come mi sento orgoglioso – è un grande onore, comandante, cercherò di essere all'altezza – di avervi scoperto su internet, perché poi in teoria non avrei neppure l'età né le capacità per questo tipo di scouting, e vi giuro che la musica sarà la cosa più bella di tutto il film. Che altro posso dirvi? Anche io vi conosco poco, ma se proprio volete la verità – così facciamo prima – vi amo con tutto il cuore, lo avevo già capito appena ho visto la vostra foto su MySpace, non ci sono mica problemi, due persone in più sulla lista privilegiata. Da ora in poi una delle missioni della mia vita sarà far conoscere Marcadores Nuevos – come vi è venuto in mente questo nome? Mi piace, chiedevo solo per curiosità – in Italia, in Europa, nel mondo. Siete parte di questo film e anzi, se volete, vi racconto di una sera di qualche anno fa che con una ragazza che si chiamava Mirna eravamo andati al Teatro Gran Rex perché ci suonava Fito Paez e uno del servizio d'ordine amico della Mirna ci fece entrare nel back stage. Io e lei nel bel mondo bonaerense, cantanti, attori, umanità varia, i posti privilegiati ai concerti più cool. E stasera mi sento come allora, perché ancora deve arrivare tutta la gente – e anche Magalí – e c'è tempo per bere questo vino e cercare di spiegarvi come mai sono qua in questo appartamento, in questa città, in questo paese, così magari lo capisco meglio anche io.

Anche se qui adesso va a finire che prende anche a me l'emozione, perché il tempo va avanti come è abituato a fare e per queste due ragazze così pallide non sembra esserci via d'uscita se non entrare in quel salotto quando sarà il loro momento, suonare il meglio possibile, e finalmente togliersi questo pensiero.

Se almeno il padrone di casa fosse un po' meno nervoso, aiuterebbe tutti a stare più tranquilli: non capisco perché si è messo in questa impresa eroica di far diventare questo appartamento di Moron il centro della movida intellettuale cittadina, se adesso ci deve far scontare il fastidio e l'indignazione di aver tanta gente per casa. Fra l'altro non c'è nemmeno da dire che faccia niente per mascherarlo, perché è qui in cucina che prepara la cena – un piatto unico di pastel de carne che poi rivenderà a cinque pesos a porzione, unica spesa della serata – e credo abbia capito di aver sbagliato ricetta, non sa dosare gli ingredienti, li getta a caso nella pentola perché gli è presa la rabbia, tratta male tutti, aggiunge tensione a queste due disgraziate già allo stremo, e mi sa che anche io dopo devo pensare a trovare una pizzeria per non andare a letto senza cena.

Intanto vado ad aprire la porta ogni volta che qualcuno suona il campanello, anche se, diciamo la verità, non toccherebbe a me, ma almeno mi tolgo da questa cucina che è diventata un centro neuropsichiatrico e vedo anche se arriva Magalí, che di questa serata con lei non voglio perdere nemmeno un istante, così almeno, se tutto va bene, poi metto da parte qualche immagine, cento, mille, vedremo, e quando torno in Italia so a cosa attaccarmi per pensare al prossimo film.

Questo concerto deve essere proprio un grande evento, perché qui si sta riempiendo e anzi, se non sto attento, va a finire che mi prendono anche il posto accanto alla finestra: è che tutti questi ragazzi che arrivano mi sembra di averli già visti, uno per uno, anche se sono sicuro di non conoscerli: non frequento il bel mondo, vivo in un'altra città, e quando stavo qua uscivo poco la sera perfino quando era festa, mettevo dei sacchi di sabbia vicino alla finestra e stavo senza parlare per intere settimane – visto che siamo a un concerto, mi vengono le strofe indimenticabili di un cantante–poeta bolognese. Però sembra che sia la stessa gente in tutto il mondo, ci deve essere un accordo segreto per essere identici dappertutto, proprio l'internazionale dell'intellettuale giovanile – Lola e Agostina non sono così, ma loro cantano e non vale – un codice cifrato per trasmettersi ovunque lo stesso modo di vestire, di fumare, di muoversi, le ragazze belle ma non bellissime, i ragazzi un po' troppo spettinati per essere credibili. Tutti molto gentili, educati, attenti, se gli dico che sto facendo un film aprono la bocca per la meraviglia, se gli dico che sono italiano si immaginano chissà quali lontananze, e se gli dico che lavoro con un' attrice di Buenos Aires, che è in ritardo anche stasera ma tra un po' arriva, si riempiono di orgoglio nazionale. E spero che adesso anche questa ragazza che si è entusiasmata e mi parla triestino, perché ha studiato un anno là e le capita di rado di incontrare italiani, non pensi che possiamo stare tutta la sera a ricordare i suoi bei giorni sulle Rive, le gite a San Giusto e le cioccolate calde in Piazza Unità: a Trieste ho anche pensato di andarci a vivere, davvero se potessi questa ragazza la aiuterei nella sua recherche, perché in effetti è anche bella, si chiama Nidia, e in altre occasioni mi sarebbe anche potuta piacere per un'oretta o due, ma il primo gruppo che deve suonare si sta preparando – Lola e Agostina avranno chiesto una tenda a ossigeno – e dalla finestra ho visto che è arrivato un taxi giallo e nero e ne è scesa Magalí, che è diversa da tutta questa gente qua, e probabilmente si sta chiedendo in che posto l'ho invitata. E anche se lo so che do noia a tutti questi che si sono sistemati dove hanno potuto, sui pomelli delle sedie come Eta Beta, per terra sotto ai divani, attaccati al lampadario, e anche a costo di perdere questa postazione privilegiata che fino ad adesso avevo difeso con le unghie e con i denti, adesso non c'è niente di più importante che devo fare nella vita se non andare alla porta per abbracciare Magalí, che mi sembra un anno che non la vedo, fare gli onori di casa, spiegarle un po' la situazione, portarla in cucina e presentarla a Lola e Agostina, che stanno affidando le ultime volontà al prete confessore.

Basterebbe solo che mi distraessi un attimo e mi metterei a urlare, perché questo è un momento storico – i reporter si accalcano intorno, i flash accecano l'aria, le radio e le tv ne raccontano la cronaca al mondo – tutte le persone che lavorano a questo film meraviglioso sono riunite in questa stanza, le ho trovate e le ho messe insieme io, manca solo la Mirna, ma certe volte la nostalgia si riesce a sopportare meglio. E non me ne importa niente se anche questa volta, dopo le proiezioni, qualcuno mi farà notare, con quel mezzo sorrisino stampato sulla faccia, che lavoro sempre e soltanto con donne. Dì quello che vuoi dire, abbi il coraggio, quale sarebbe il sottinteso, il pensiero nascosto? Non è che è soltanto la vita che non ti lasciano vivere, e vado io in avanscoperta così poi te la racconto? Quel poco che c'è da raccontare, a dire la verità, perché la gioia pura è una cosa difficile da tradurre in parole, mancano proprio le lettere adatte nell'alfabeto, e se dicessi che queste tre donne che ho qui davanti, anzi, voglio esagerare, anche queste del pubblico, sono tutte bellissime, e sono innamorato di ognuna e di tutte nello stesso momento, che basta solo che si distraggano un attimo e ho i brividi per la mancanza, e se invece mi sorridono mi gira la testa per la felicità, sicuramente la gente che espone così tranquillamente la propria inadeguatezza intervenendo in quel modo sconsiderato penserebbe al tempo che impiego per portarmele a letto, e allora è meglio rimanere su pianeti separati, non importa neanche che si scomodino a uscire di casa, a prendere la macchina, cercare parcheggio e poi guardare un mio film.

Io qui perdo tempo con queste spazzature di pensiero e non guardo come stanno chiacchierando Magalí e le due chicas di Marcadores Nuevos, si sono appena conosciute – sono stato io a farle incontrare, spero non se lo scordino mai – e si stanno già così simpatiche, beviamoci questi bicchieri di vino rosso di Mendoza che festeggiamo questo incontro, magari dopo giuriamo anche che lavoreremo sempre insieme, per l'eternità, condizione necessaria e sufficiente per fare film bellissimi, ma adesso almeno io e Magalí dobbiamo andare, perché l'altro gruppo si è messo agli strumenti e noi, cioè io – ma senza di lei sono niente – abbiamo un lavoro da svolgere. Anche se è inutile che faccia queste riprese, non servono a nessuno, non le userò mai perché proprio non saprei che senso dargli, d'improvviso quattro ragazze sconosciute che entrano nel film, non ho neppure capito come si fanno chiamare, e poi finché Lola e Agostina non verranno condotte al loro patibolo musicale, voglio stare attento a tutto questo affetto che stasera, davvero, Magalí non riesce a trattenere, lo sento arrivare direttamente nel cuore, un cavo di acciaio che ci tiene legati, siamo gli unici qui dentro che si vogliono così bene, io qui in quest'angolo senza voglia di filmare, e lei seduta proprio davanti a me, bellissima, con quella maglia a collo alto nera, le maniche appena tirate su, i capelli legati in disordine, e addirittura, forse, non ne sono sicuro, non ho visto bene, non ho avuto coraggio fino in fondo, una linea di trucco sugli occhi. Sento la sua schiena che si appoggia alle mie gambe – non so se saltare dalla finestra per la felicità o se aspettare ancora un po'–, l'affetto si trasmette anche così: quarantasette anni di esistenza più o meno dignitosa sono serviti a costruire la bellezza di questa sera, sono lontano da tutto il mondo conosciuto, qua a un concerto in America Latina, non c'è più niente di coerente, o, ancora peggio, di sensato, voglio essere soltanto quello che Magalí sente per me, e se lei si appoggia così alle mie gambe, se mi tende il bicchiere di vino senza neppure voltarsi perché tanto lo sa che la sto guardando, se si aggiusta i capelli staccandosi appena ma poi torna subito perché le ha fatto paura la nostalgia, io cosa posso chiedere di più alla vita che mi è stata data?

L'avevo visto subito e non ci avevo voluto credere che stasera Magalí aveva questa tenerezza, e non è questo il momento per chiedersi davvero se verso di me, se verso il film che le sto facendo fare, o se verso questo concerto che neppure lei

immaginava si svolgesse nell'appartamento di un ragazzo
così nervoso da restare chiuso in cucina, mentre tutti qua si
divertono, lontano da tutti, lontano dal cuore, mentre perfino
Lola e Agostina si sono avvicinate, tra poco tocca a loro e, come
disse Gary Gilmore prima della fucilazione, "Let's do it".
Stasera va così, non c'è niente da fare, è una cosa che capita e
io non c'entro niente, avviene tutto sopra di me, non ho voce
in capitolo, ma questa ragazza di Balcarce mi ama, finalmente
lo ha capito e non fa niente per nasconderlo, e se ancora avevo
bisogno di una prova, basta questo gesto che mi fa adesso che
finalmente queste quattro ragazze hanno finito – brave, ma con
Marcadores Nuevos non c'è partita – come se fosse un gesto
normale, uno fra i tanti che si fanno fra persone innamorate, la
disinvoltura delle coppie in confidenza: l'ha visto anche lei che
Lola e Agostina sono la trasfigurazione del terrore, e ho voluto
voltarsi appena verso di me e sorridermi, perché sono nostre
amiche, sono le nostre musiciste, adesso siamo in pena per loro
ma siamo sicuri che si faranno onore.
Ed è il concerto più bello della storia, l'armonia, la grazia,
l'eleganza, la poesia, non ci sono parole possibili, io ci posso
anche provare ma evidentemente non sono all'altezza. Rimarrà
però per sempre nella storia quella frase che Lola ha detto ad
Agostina, proprio un attimo prima di iniziare a suonare, perché
questo salotto in effetti è troppo buio e prima avevo chiesto
se per favore potevano lasciare accesa almeno quella lampada
poggiata sul pianoforte. Agostina se ne era dimenticata e
l'aveva spenta: Lola, a voce alta, davanti a tutti, le ha detto di
riaccenderla perché "Corso ha detto che gli serve per filmare".
Non ci sono più parole, se tutte le serate mondane fossero come
questa, io non starei un minuto a casa, mai, un party dopo
l'altro. Intanto, stasera appena torno in albergo – se ci torno,
perché visto come vanno le cose, qui può succedere di tutto – mi
riguardo subito queste immagini che dovrei aver girato, Lola che
dice il mio nome e Agostina – non c'è limite alla perfezione –
che ride e affida al pubblico la madre di tutte le risposte, la frase
perfetta, il sogno di una vita "Se lo dice Corso...". Se ce la faccio

tecnicamente, estraggo tutto questo dialoghino e me lo metto come suoneria del cellulare, altrimenti comunque lo uso come prova di ammissione per chiunque da ora in poi vorrà lavorare con me, studiati un po' queste immagini, che poi ti interrogo e vediamo se sei all'altezza di questi picchi dell'amore universale. Suonate quanto volete, ragazze, non vi fermate mai, queste canzoni le avete scritte pensando al film che non ho in mente neanche io, o forse sono stato io che ho pensato a questo film dopo averle ascoltarle, non lo so, lasciamo la disputa agli storici. E, lasciatevelo dire, siete proprio belle là su quello che dovrebbe essere un palco, vi è passata tutta l'emozione, siete anche voi quello che state facendo, vi siete tirate su le maniche, siete appena sudate e quelle voci che avete mi faranno compagnia tutta la notte, e io adesso ve lo vorrei dire che mi piacete così tanto, tutto l'impegno che ci mettete, io faccio film e voi scrivete musica, quelle mani sui tasti e sulle corde, si sono accese le luci in tutte le case, sono tutti in ascolto perché nessuno qui a Buenos Aires ha mai sentito niente di così bello. Le bambine che nasceranno in città dopo questa notte dei miracoli verranno chiamate Lola Magalí o Agostina Magalí, c'è libertà di scelta, e adesso avete messo nei guai anche me, perché devo cambiare tutto il disegno del prossimo tatuaggio e trovare posto per i vostri nomi e i vostri volti. E mentre siete lì che suonate, se vi capita, se non vi distrae, date un'occhiata da questa parte, perché un amore come questo che c'è qui dove sono non capita molto spesso di vederlo, e magari la prossima canzone la scrivete proprio su me e Magalí, che è bellissima anche quando non è la Mirna, e una sera di maggio abbiamo capito di avere la stessa vita, bastava solo che qualcuno o qualcosa ce lo facesse capire.

In effetti c'è da vergognarsi a invitare qualcuno in questo albergo, anche solo per girare delle scene. Finora ce l'avevo fatta a rimanere sul vago, non avevo detto niente, sto dalle parti di Congreso, non importa scendere nei dettagli, tanto ci vado solo a dormire, se qualcuno mi deve parlare mi trova la mattina al

Lorea Café – se non ci sono, lasciate pure detto alla cameriera peruviana, è un'amica – e la sera in una Pizzeria in Scalabrini Ortíz, non so come si chiama, non ho mai visto nessuna insegna, comunque è davanti a un palazzo di otto piani con l'ingresso in marmo rosa, al 1235. E oggi invece bisogna che organizzi questa visita guidata nei corridoi e nelle stanze dello Sportsman Hotel, dove nessuno ha più toccato niente dai primi anni del'900 e dove si realizza in pieno l'immortale considerazione di un poeta polacco il quale osservava come non esistano posti più freddi delle stanze d'inverno nei paesi cosiddetti caldi.

Certo, dove voglio che vadano due donne sperdute come Mirna e Monica in quel poco tempo che vivono insieme: queste stanze desolate con la carta a fiori ingiallita, le mensole di marmo sui comodini e sui tavoli, gli specchi sbrecciati, l'armadio zoppo, tutto il corredo che si può immaginare per un Hospedaje para pasajeros a 75 Pesos a notte (nota per gli appassionati del calcolo monetario: 13,9384 Euro): fra l'altro, da quello che ho capito l'altro giorno mentre cercavo i corridoi adatti per le riprese – ce ne sono centinaia, non ho scoperto dove arrivano – c'è gente che vive nelle stanze con baño compartido, l'ultimo gradino prima di essere segnati sui registri del commissariato come senza fissa dimora. C'era quella mamma giovanissima che a un certo punto è uscita fuori proprio mentre passavo io, avrà avuto sedici, diciassette anni al massimo, con quella bambina minuscola in braccio che piangeva, chissà che vita aveva alle spalle e quale la aspettava, se potevo le chiedevo se aveva bisogno di qualcosa, se mi potevo rendere utile, se mi voleva chiedere dei soldi, qualsiasi inadeguatezza di questo genere, ma c'è sempre paura di far male e alla fine non le ho detto nulla, anche perché lei era un fantasma che camminava a piedi nudi, la tuta da ginnastica acetata, i capelli sciolti, e guardava fissa davanti a sé, senza vedere niente. Forse era la sorella minore di Abril o di Vero, è scappata di casa, si è persa e nessuno la sta cercando, non lo so, era distante anni luce da me e dalla vita che posso conoscere, ma la notte quando torno in albergo sento sempre in fondo al suo corridoio la sua bambina che piange e non ce la faccio mai a immaginarle in quella stanza senza finestre, sole come nessuno al mondo, e l'unica cosa che me le fa sentire appena più vicine, è il pensiero di dedicargli il film quando lo finisco.

In realtà, poi, è stato anche facile chiedere al proprietario il permesso per filmare, come dovrebbe essere dappertutto e invece ancora in Italia non è stato capito: tre parole, una stretta di mano, e l'hotel a disposizione, perché non disturbiamo nessuno e alla fine cosa cambia se un posto invece di guardarlo e basta lo riprendi con una telecamera? E adesso allora cerchiamo di ricambiare la disponibilità riprendendo ogni metro di questi corridoi, su e giù per le scale, dentro e fuori, non voglio perdere neppure un dettaglio, se incontro di nuovo quel fantasma con la bambina mi volto da un'altra parte, ma devo approfittare di questo tempo libero per sciogliere tutte le paure, recuperare la serenità, impadronirmi della lucidità che finora non ho avuto, perché poi mi dovrò chiudere in camera con Magalí e nessuno sa quando ne uscirò, ci sono così tante scene da inventare che nemmeno me lo immagino, e poi adesso le cose sono cambiate e se oggi è rimasta anche solo una traccia dell'amore che c'è stato ieri sera, davvero non so cosa può accadere, i danni irreparabili della psiche, un uomo che non ritrova più se stesso, adesso quando torna in Italia cerchiamo tutti di stargli vicini.

Non so se sono io che mi sono entusiasmato troppo, o se semplicemente osservo la realtà delle cose, ma rimane il fatto che ero qui che filmavo nell'ingresso – c'è anche un ascensore, un cartellino dice che chi lo usa lo fa a suo rischio e pericolo – d'improvviso ho visto qualcuno con la coda dell'occhio, una donna bellissima che proprio mi aveva richiamato l'attenzione prima ancora che la vedessi, una sconosciuta che in qualsiasi posto e in qualsiasi situazione mi sarebbe piaciuta, e invece era Magalí, mi ero distratto e non l'avevo riconosciuta. Ma è stato un attimo, perché poi, naturalmente, sono iniziati i soliti segnali di sempre, che vanno avanti dall'asilo e che, evidentemente, sono destinati a continuare ancora per molto: il cuore che inizia a battere più veloce, il caldo sul viso, un lieve tremito alle mani, una ragazza della Virginia – io – che vede il suo capitano tornare dalla guerra di secessione. È che non riesco proprio ad assorbire questi sorrisi che da qualche giorno a questa parte ha iniziato a mandarmi: rimangono lì, sospesi, all'ingresso della coscienza, perché non possiamo essere più soltanto lei e io come siamo già stati, siamo andati avanti, abbiamo condiviso cose che la maggioranza delle persone non proveranno mai nella vita, e se io non riesco mai a dimostrare niente – sullo spinoso problema, chi lo volesse, può consultare un approfondito studio scritto da una ragazza catalana che secondo me avrebbe dovuto impiegare meglio le sue energie–, Magalí invece è così naturale, così indifferente a qualsiasi considerazione che, se ha un sentimento da provare certo non si tira indietro, e non le costa nulla mostrarlo al mondo intero. Qui davvero mi sembra di essere quel giorno in casa degli amici della Mirna, che stavo raccontando qualcosa dell'Italia – ho dovuto fare anche questo, ma non è colpa mia, me l'avevano chiesto loro – e quando mi voltai per prendere la tazzina del caffè sul tavolo, vidi che lei mi guardava in quel modo che poi non mi mai più andato via dalla mente: per qualche ragione che i mezzi a disposizione dell'umanità non sono in grado di comprendere, si era scoperta innamorata di me, e glielo leggevo negli occhi perfino io, che mentre mi toccava parlare di cose che speravo di aver lasciato alle spalle per sempre – il nord e il sud, la mafia, le Brigate Rosse, e, vista l'epoca, Mani pulite, insomma, tutta l'immondizia di un paese che detestavo – non pensavo ad altro che tornare di fretta in Scalabrini Ortíz e sdraiarci di nuovo su quei cuscini benedetti. Adesso sono sicuro che Magalí innamorata non è, almeno non ufficialmente, d'altra parte stiamo sempre facendo un film e le cose vere non esistono, quindi devo stare calmo, non percorrere con la fantasia le infinite praterie dell'illusione, lo so che malintesi come questi riempiono la storia del mondo, ma se volessi dare retta alle riviste specializzate quando scrivono che l'amore rende belle le persone, potrei anche convincermi di questo pensiero che non voglio avere, perché errori simili ne ho già fatti su ogni film che ho girato e guarda come sono sempre andate a finire le cose.

Comunque a me va bene anche così, mi basta questo sorriso che Magalí mi ha fatto appena mi ha visto, e quel maglione celeste che le sta benissimo sui pantaloni blu: io se anche dovessi un giorno incontrare di nuovo la Mirna le chiederei se si potesse vestire esattamente come lei, sempre, ogni giorno di questo film. Anzi, dovrebbero fare una legge come quella che c'era anni fa in Cina, anche se magari questa volta senza bisogno di una rivoluzione culturale sanguinosa, un bel regolamento cittadino per obbligare ogni donna di Buenos Aires a prendere esempio da lei: facciano quello che vogliono, si scambino i vestiti, facciano i turni se non ce ne sono abbastanza, copino i figurini, aprano un numero verde per le informazioni dell'ultimo minuto, basta solo che ci sia questa unica divisa che mi piace così tanto e che secondo me starebbe bene a tutte, da Belgrano a Avellaneda, da Presidente Perón a Escobar. E anzi, probabilmente anche la Mirna, oggi, a Puerto Madryn, o qui a Buenos Aires, se è rimasta in città, si sarà svegliata, avrà dato un'occhiata nell'armadio e avrà scelto un maglione e un paio di pantaloni, stessa taglia, stessa marca, identici a quelli di Magalí, e si sarà messa gli stessi orecchini a cerchio che ha addosso anche lei, perché io mi sarò anche abituato a vederglieli, ma ogni volta che mi ci fisso un attimo mi si chiude la gola per l'emozione.

In ogni caso, adesso è arrivato il momento di lasciare il mondo conosciuto e avventurarci nel mistero della camera numero 3, al primo piano proprio davanti alla scala d'ingresso, accanto alla stanza in cui alloggia quella giovane coppia lettone che non riesco a capire come mai sia finita da queste parti e che secondo me entro domattina, non un minuto di più, verrà arrestata per uno o più dei tanti motivi che si trovano sul codice penale.

In una stanza simile a questa bene o male ci sono stato con la Mirna e adesso si tratta solo di recuperare un po' di immagini a disposizione della memoria, poi ci penserà Magalí, come sempre, a renderle meravigliose. Ma poi, in realtà, non serve neppure mettere in moto i ricordi, perché oramai questo film ha preso la sua strada e non sempre c'è bisogno di pensare alla Mirna, non è l'unico archivio possibile, anche se rimane il nucleo di tutti

pensieri e il rimorso più feroce. Adesso, per esempio queste scene
di stasera, di stanotte – non so se e quando finiremo, forse mai
– sono soltanto cose che io e Magalí potremmo vivere insieme,
ma siccome abbiamo ancora un'altra vita e un film da finire, ci
accontentiamo di filmarle. Ogni tanto succede, non c'è niente da
fare, d'altra parte non è che faccio tutti questi chilometri soltanto
per farmi una bella passeggiata oltreoceano: bisogna andare fino
in fondo, accettare anche il rischio di confondere tutto e non
sapere più che vita si vive – "Non fosse mai successo!" grida
dalla platea un ignoto provocatore – le scene del film come la
vita vera, io e Magalí che viviamo in un hospedaje de mala
muerte dalle parti di Congreso, abbiamo soltanto questo letto
con la coperta rossa e questo armadio dove lei tiene i suoi pochi
vestiti, bellissimi. D'altra parte quale differenza ci potrebbe essere
fra una notte normale che potremo passare io e lei se vivessimo
davvero una vita sbagliata, un italiano e un'argentina schiacciati
dalla crudeltà di Buenos Aires, e questo che sta facendo mentre
io la filmo, qui in questo bagno terribile, il posto più freddo del
mondo – gli studiosi ci vengono a studiare gli effetti dell'ultima
era glaciale–, mentre si lava i denti, si sciacqua il viso, si toglie
il trucco, si specchia, le stesse cose che faranno tutte le donne in
tutto il mondo, con questa canottiera bianca – che belle braccia,
non le devo guardare – e questa indifferenza che soltanto la più
brava attrice del mondo può recitare. Siamo qua, una coppia
perduta, per noi l'esistenza è soltanto una lunga serie di brutte
giornate, almeno Mirna ha quel lavoro al kiosco, esce la mattina
che è ancora buio e torna la notte, infreddolita, svuotata di tutto
meno dell'amore che ha per Monica, e non importa se Monica
sono io, siamo due donne che stanno insieme, ce la fanno a
sopravvivere, ci facciamo forza a vicenda, ci siamo trovate un
giorno per caso e non ci lasciamo più. Questa stanza di questo
albergo antico è il centro di tutta la tenerezza, l'amore si forma
qui dentro e poi si propaga nel resto del mondo, cosa mai avrò
fatto di buono per meritarmi questo miracolo, quindici anni fa
la Mirna e adesso Magalí che è come la Mirna? Da qua dentro
non voglio uscire mai più, finisco le riprese e mi barrico dietro

la porta, sequestro Magalí, non la restituisco più a nessuno, sono pronto a tutto, non mi importa niente, il magistrato tenti pure la trattativa, le forze speciali tentino di sfondare, intervenga la Cruz Roja, la Mirna che sono andati a prendere a Puerto Madryn e promette di tornare con me, io se c'è bisogno mi faccio saltare in aria con il gas di questa stufa, ma a questa vita che stiamo filmando non ci voglio rinunciare: sono qua soltanto per rivivere tutto questo che qualsiasi altro ingenuo avrebbe pensato perduto, non mi interessa per niente quello che c'è là fuori, ve lo lascio volentieri, questi sono i ricordi che ho già e che da oggi avrò di nuovo perché c'è qualcuno qua davanti che me li mostra come se li avesse vissuti lei.

E chissà cosa starà pensando il portiere che non ha mai niente da fare e che finora mi aveva sempre visto andare e venire da solo, Buenos Dias, Buenas Noches, un uomo irreprensibile, esce al mattino e torna la notte tardi, lavora tutto il giorno, sembrava così tanto una brava persona, e oggi invece mi sono chiuso in questa stanza matrimoniale affittata per l'occasione con una ragazza così giovane e così bella. Ma qualsiasi cosa pensi ha ragione a pensarla, perché Magalí è sul letto che dorme dopo aver fatto l'amore con Monica, la luce rossa di questa stanza, le spalle nude, i capelli sciolti, e io sono su di lei, ci divide soltanto questa macchina da presa che è l'ultima salvezza, per il resto sono in Scalabrini Ortíz tutte quelle volte che ci sono stato, sempre di più, sempre più oltre, questa ragazza che adesso dorme dopo avermi dato tutto di sé, fino a non avere più forze né pensieri.

Adesso faccio oscurare i vetri così dopo non mi accorgo che arriva giorno, poi nessuno mi metta fretta, nessuno si intrometta, nessuno dopo si permetta di dire che in questo film non c'è una storia, io faccio quello che voglio e adesso mi metto qui a filmare ogni millimetro di questa pelle che ho così vicina, non posso fare altro, è l'unico paesaggio del mondo, le uniche immagini a disposizione dell'essere umano. Il mio unico dovere è scomporre tutto il corpo di Magalí in parti minuscole, infinitesimali, e filmarle una per una, per ore, il tempo non esiste più, è stato dichiarato ufficialmente un concetto in disuso, magari avrò bisogno di mesi, di anni per riprendere la mappa di questa meraviglia, chi può dirlo, tanto siamo qui, mi è stata affidata questa missione e io sono un commando che non sa cosa vuol dire arrendersi.

Io poi, Magalí, bisogna che te lo dica, per adesso resisto, sono pensieri che faccio di tutto per non avere, esistiamo soltanto tu e io, siamo naufraghi, siamo sopravvissuti, i primi coloni su un pianeta sconosciuto, però devi tenere presente che non so per quanto potrò andare avanti, a tutto c'è un limite, perché io ho sempre in mente che fuori di qui tu hai avuto e hai un'altra vita, in questo momento magari è sospesa, però è lì che ti aspetta, e io, te lo dico per esperienza, non sono capace di non farla diventare un'ossessione maledetta che ci porterà alla rovina. Anzi, se devo essere sincero, mi sorprende anche tutta questa resistenza che ho avuto fino ad adesso, perché la gelosia è una malattia terribile che arriva all'improvviso, e basta un niente a scatenare l'incendio che nessuno può spengere, non rimangono altri pensieri, altre emozioni, c'è solo il rancore e il risentimento. E adesso te ne parlo perché mentre guardo la tua schiena nuda qui a mia disposizione, quei capelli che ti coprono le spalle, quell'angolo di viso che rimane a occhi chiusi, mentre filmo ogni dettaglio, lo smalto sciupato sulle unghie, la pelle bianca all'attaccatura dei seni, le rughe minuscole sulle labbra, le grinze piccolissime sui gomiti, mentre sono qua che ti bacio e ti carezzo e ti faccio l'amore con l'unico sguardo che ho a disposizione, ci sono questi lampi che arrivano nella mente e mi tolgono il respiro, mi fermano il cuore, perché alla fine c'è sempre qualcuno nel mondo che questa stessa pelle la può baciare, questo stesso corpo lo potrà guardare, lo possiede, è una sua proprietà. La gente ha sempre la mania di stare in coppia, sicuramente neanche tu sfuggi a questa usanza, e ogni volta che vorrete vi bacerete, farete l'amore, dormirete insieme. Se ci fosse un contratto fra di noi ti avrei fatto firmare la clausola in cui è scritto, con dovizia di dettagli e di eventualità, che io non dovrò mai sapere niente della tua vita, non mi interessa, non sono affari miei, sono dolori che per ragioni mediche devo evitare:

ma non esiste né rimedio né cura alla coscienza esasperata, e io alla fine la tua vita la so senza bisogno che me ne parli.

Se non ci credi, ti do un po' di indirizzi di persone – "Sono donne con nome e cognome che stiamo rintracciando", assicura "off the records" il suo legale – che magari durante una cena innocente, un breve tragitto in macchina, o in un qualsiasi autogrill di qualsiasi paese del mondo, hanno scoperto di essere state investigate da un detective telepatico, la loro vita sezionata in centinaia di particolari che nel momento stesso in cui loro li vivevano venivano trasmessi alla centrale operativa situata in un lobo del mio cervello: loro non se ne erano mai accorte, ma io sapevo tutto, perfino nomi, cognomi e professioni, cose che naturalmente avrei tenuto per me – da bambino ho visto Beau geste con Gary Cooper e ho imparato che i segreti si mantengono anche a costo di finire nella Legione Straniera – però se qualcuno mi domanda io sono abituato a rispondere e quindi, bene o male, sono sempre venute fuori.

Ecco, Magalí, adesso non sto qui a dirti niente, però prima di farti trovare davanti a brutte sorprese devi sapere che queste persone che ti hanno diviso e ti dividono con me io le odio, sono i miei nemici, la guerra totale, Desert Storm esportata in Argentina, un'altra campagna delle Falkland, tutti i mezzi sono leciti, i gas, le bombe chimiche, qualsiasi ritrovato dell'industria bellica; ti dico la verità, nei loro confronti mi sento svincolato da qualsiasi legge di Dio e degli uomini, nessun codice cavalleresco. E se mi troverò a pensare anche solo per un istante che questo qualcuno che fa parte della tua vita più di me conosce il sapore della tua bocca, della tua pelle, ti può guardare quando vuole come ti guardo io questa notte, e in una stanza come questa con te magari ci vive davvero, ecco, preparati a soffrire, perché quel maledetto io lo potrei anche perseguitare, potrei rendergli la vita impossibile, fargli rimpiangere di essere nato, farlo impazzire, lo potrei anche uccidere, non mi importa niente se gli vuoi bene, perché lui sa come è fatto il tuo corpo, sa come sei quando fai l'amore, ti tocca ogni volta che gli viene in mente, lui ha sempre questa confidenza che tu e io dobbiamo conquistare riparandoci dietro alle scene da filmare; lui ha dalla vita quello che io non ho, e stasera ho fatto questo errore a cui non avrei rinunciato per nessuna ragione, di chiudermi in questa stanza con te, sdraiarmi su un letto disfatto che è come quello su cui vivevo insieme alla Mirna, toccare questi abissi dell'attrazione e della confidenza, e poi basta, scaduto il tempo, finito, appartieni a qualcun altro e a me rimangono soltanto queste immagini che saranno soltanto una dannazione. Ma è la gelosia che è una dannazione, non è colpa mia, non hai idea di che silenzio scenda nell'animo davanti a questi pensieri che si formano da soli, che paura, il terrore, la solitudine spaventosa, come quelle foto che arrivavano da Marte, una sola desolazione, tutta l'inadeguatezza del mondo concentrata in questi incubi terribili di vederti con la vita di qualcun altro.

Te l'ho detto, queste sono considerazioni che per adesso stanno lì, non salgono su a rovinare tutto, non so quale motivo le trattiene, ma finché possiamo convenie approfittarne, perché ci sono state altre attrici aggredite e altri film rovinati anche per molto meno, il senso del possesso non si controlla, si subisce e basta, e visto che per il momento ci dà tregua, meglio continuare a girare come stiamo facendo, anche se questo corpo mi mancherà, e mentre adesso ti dico di vestirti e di sederti come se questa fosse una domenica che Mirna e Monica passano a letto senza aver niente da fare, sento che il cuore si scioglie per la malinconia.

Però qui bisogna farsi forza, "Giving up is not an option at all", e allora meglio riordinare le fila, bere una tazza di tè al riparo dei carri armati, fare il conteggio dei superstiti, e ripartire all'attacco, per Dio e la Regina: improvvisiamo questa scena che fino a un attimo fa nessuno aveva in mente, ma d'altra parte ho sempre pensato di avere qualche affinità con il più spericolato rocker italiano, e se lui può dire che le sue canzoni "nascono da sole, vengono fuori già con le parole", posso anche io, fatte le dovute proporzioni, trovare da qualche parte dell'ispirazione questi momenti che evidentemente sono già pronti e aspettano soltanto di essere tradotti in immagini. Che poi non c'è nemmeno da dire che è un ricordo della Mirna: lei aveva delle mani bellissime, ma

le unghie non se le tingeva, di trucco, al massimo, si metteva una
riga di kajal sugli occhi, ma glielo avrò visto due o tre volte al
massimo, arrivava già così e non ho mai saputo da dove veniva.
Qui dentro è proprio che io e Magalí stiamo insieme – tanto
io sono Monica e nessuno mi può identificare–, le domeniche
le passiamo così, stiamo a letto tutto il tempo, non abbiamo
nessun altro posto dove andare, chissà quante volte facciamo
l'amore, poi ogni tanto ci riposiamo, e allora adesso non me
ne importa niente se poi questa scena non la potrò mai usare –
cosa c'entra la mia voce in un film di due donne? – ma è colpa
di Magalí che è così tranquilla, anche lei si è dimenticata che
stiamo girando un film, parla con me, ride, mi chiama per nome,
Monica non esiste più, è stata cancellata, missing in action, e
io non capisco più nessun confine, non so più dove fermarmi,
parlo, rispondo e rido, e non posso fare altro che affondare in
questo oceano di comprensione, di amore smisurato. Rinnego
tutti i film che ho fatto, tutte le donne che ho filmato, non girerò
mai più neanche un fotogramma, davvero, credetemi, non sono
io la persona di cui parlate. Però questa scena è la vita reale,
io ho questa macchina da presa soltanto per caso, me l'hanno
data e mi hanno detto di usarla, ma ci deve essere un malinteso,
io stavo semplicemente con la mia ragazza, di solito parliamo
e scherziamo in questo modo: non ci sono altre vite, c'è solo
questa che viviamo io e Magalí, lei che si spalma lo smalto sulle
sue unghie sciupate, qualche goccia cade sulla coperta, lei ride
perché io la faccio ridere, non sa trattenersi, non vede neppure
che la filmo, non lo vedo neanche io, Dio dammi la forza per
andare avanti, per non essere davvero Monica, io qui non ce
la faccio, non credo ci sia modo per sopportare tutta questa
leggerezza, lo so come starò male dopo, ma voglio lo stesso
continuare per sempre, andare avanti all'infinito, perché non c'è
nessun altro senso, dimentichiamoci tutto il resto. Come farò
poi a tornare normale? Esisteranno cure efficaci? Qualcuno mi
verrà a recuperare in questi abissi? Magalí, tu continua in questo
modo, non ti far tornare mai in mente che ci siamo conosciuti
per un film, è un pensiero che non esiste più, è stato proibito, c'è

un trattato bilaterale italo–argentino che lo dice espressamente, e resta per sempre su questo letto a tingerti le unghie davanti a me. Ci sono state mille attrici che hanno perso tutto quel tempo a distinguere fra quello che recitavano e quello che era la loro vita, non sia mai che ammettessero di avere una qualsiasi confusione, ma tu evidentemente sei mille volte migliore di loro, non hai queste preoccupazioni, sei indifferente alle convenzioni e alle voci di paese, senti quello che devi sentire e per il resto lasci dire. E anche se sono sicuro che lo capisci da sola, perché c'è ogni attimo che abbiamo passato in questa camera numero 3 dello Sportsman Hotel a dimostrarlo, se proprio vuoi te lo dico che ti amo, che ho bisogno di te, che non ti voglio perdere mai più, ti faccio l'elenco preciso di tutte le banalità che si dicono in questi casi: te lo dico che sei come la Mirna, che c'è la stessa identica dolcezza, che adesso siamo davvero in Scalabrini Ortíz, hai la stessa pelle, le stesse mani, gli stessi occhi che si chiudono quando sorridi, non c'è più motivo di fare distinzioni, e allora i film un senso alla fine ce l'hanno, tu sei questo ricordo che ho e sei il ricordo che diventerai perché ti amerei lo stesso, sei la donna che dovevo incontrare, mi regali i respiri e tutte le emozioni, sei la giustificazione a tutto, vivo attraverso la tua vita e della mia non me ne importa niente: non ci sono le parole, io non le so trovare, mi basta averti qui davanti che sorridi in quel modo, e non ci sono più desideri, succeda quel che deve succedere, sono disposto ad affrontare tutte le conseguenze, vado incontro al mio destino a testa alta, sono un soldato inglese, mi faccio prendere prigioniero senza alzare le mani, non mi appello nemmeno alla Convenzione di Ginevra, tanto la pena peggiore che posso scontare è questa di averti conosciuta e di doverti lasciare qui.

Io spero davvero di aver fatto bene a venire in questa pizzeria che non chiude mai: se uno ha bisogno urgente di una fugazeta con queso Roquefort o di una milanesa napolitana, loro te la servono a qualsiasi ora del giorno o della notte su un piatto guarnito, sono qui apposta, non riducono mai il personale, sette o otto camerieri peruviani e imbrillantinati che aspettano al banco, la giacca coi bottoni dorati e il tovagliolo al braccio, come se fosse chissà quale locale extra lusso, mentre in realtà mi pare che, almeno a quest'ora, ci venga soltanto gente che non sa dove passare la notte. E oggi non lo sapevo neanche io, proprio nessun'idea, perché a un certo punto, anche mettendoci tutto l'impegno, allo Sportsman non c'è più stato niente da girare, era stato dato tutto, e avrei solo potuto sciupare quello che era già accaduto sopra le nostre teste e dentro i nostri cuori. Che poi, secondo me, Magalí sarebbe anche rimasta, bastava solo che glielo dicessi: lei fa così, non si stanca mai di ripetere le scene – e solo per questo andrebbe creato un culto laico in suo onore, la Eva Duarte Perón del nuovo millennio – è disposta a qualsiasi suggestione, e probabilmente sembrerà anche a lei una specie di incubo, ogni volta, staccarsi da Mirna, le faranno paura quel vuoto e quello smarrimento che si sente sempre ma che pochi coraggiosi hanno il coraggio di accettare. Non lo so se è soltanto una fiducia illimitata che le affido, ma oramai, bene o male, un po' di film li ho fatti e penso di riconoscere quel dispiacere che le appare sul viso quando spengo la telecamera, quel sorriso amaro che può avere una sola origine: il terrore di tornare a casa, di ritrovare tutto intatto, perché è stata un'altra persona per ore, fino a un attimo prima, e d'improvviso deve riprendere a vivere da dove aveva smesso, e senza neanche sapere se ne è ancora capace, la birra nel frigo, un'empanada da scaldare in forno, qualche parola da scambiare con chissà chi.

Spero che il giorno del giudizio universale mi venga almeno riconosciuta l'attenzione che ho sempre avuto verso le attrici che abitavano nello stesso posto in cui avremmo girato il film: ho sempre chiesto a tutte se volevano comunque stare in albergo – non necessariamente il mio. La risposta è sempre stata la solita, un no meravigliato e perplesso, come se avessero davanti un eccentrico patologico con molta fantasia e parecchi soldi da sprecare. Ma io lo sapevo – e loro evidentemente ancora no – che dopo pochi giorni, nei casi più disperati poche ore – l'abitudine a qualsiasi cosa, anche alla più rassicurante, sarebbe diventata una condanna definitiva, fine pena mai, un campo di prigionia nella giungla cambogiana, condizioni di vita insostenibili, essere umani ridotti allo stato vegetale. E allora mostravo questo lato generoso di me dietro al quale, anche ma non solo, c'era il tentativo di isolarle dai loro affetti, farle vivere in clausura, senza subire, loro ed io, interferenze indesiderate.

Adesso, non mi interessano le altre attrici, che comunque avranno pagato cara la loro falsa sicurezza, ma sono abbastanza sicuro che Magalí, ogni volta che sente quel maledetto ultimo stop, ogni volta che mi bacia per salutarmi, ogni volta che sale su un colectivo per tornare a casa dopo le riprese, ogni volta che cammina e le sembra di avermi vicino...ogni volta che non ci sono proprio quando mi stava cercando...ogni volta che dopo piange – le parole struggenti del poeta di Zocca – ripensa alla proposta che le avevo fatto e che aveva rifiutato con tanta naturalezza, e, nella sua ingenuità, arriverà addirittura a invidiare me, che almeno vivo nella zona neutra dello Sportsman, non ho nessuno che si sente obbligato a chiedermi com'è andata appena mi vede, e fino all'ultimo giorno non avrò da pensare ad altro che a lei e al film che sta facendo insieme a me.

È brutto dirlo, ma ognuno ha i suoi problemi, e per come sono messo stasera, è già tanto se riesco a controllare la mia d'angoscia, quindi, figuriamoci che, se solo ne avessi il modo, non cercherei di aiutarla, di starle vicino, di non lasciarla mai, ma per il momento non mi è proprio possibile: anche prima, per esempio, non ho saputo trovare niente di meglio che lasciar esaurire tutta l'ispirazione, per poi scappare di corsa, mentre lei ancora si stava rivestendo, fare i soliti sei, sette chilometri di passione fino a Scalabrini Ortíz, ed entrare in questa pizzeria che era qui che mi aspettava, e da cui, se davvero la situazione è più drammatica di quello che penso, sono deciso a uscire domattina, domani l'altro, quando sarà, non sono in grado di fare programmi, è l'unico posto dove mi sento un po' meglio – dalla vetrata vedo il portone illuminato del 1235 – e finché funziona ne posso solo approfittare. È che oggi è stato tutto troppo intenso, io posso arrivare a un certo punto, poi dopo davvero non ce la faccio, quelle ore nella stanza numero 3 sono state anni, chissà di quanto tempo ci sarà bisogno adesso per assorbire tutti i ricordi, metterli in ordine, e calmare questa commozione che non riesco a trattenere. C'è quell'immagine di Magalí, in canottiera, mentre ride sul letto, che mi appare in continuazione davanti agli occhi, un tatuaggio inciso direttamente nella materia cerebrale, il concetto stesso della nostalgia, un attimo solo che è passato e che non tornerà mai più: pensieri di questo genere, e allora molto meglio andare a pensare ai ricordi che sono già lontani per conto loro, perché almeno la Mirna lo so che non la rivedo, ho fatto finire tutto e adesso c'è da scontare questa punizione di non poterla ritrovare.

Comunque prima mi travesto da quindicenne e mando un bel messaggino a Magalí, perché in effetti non è che sia stato un granchè venir via in quel modo, una fuga ingloriosa di fronte al nemico che attaccava in massa, mi è stata perfino strappata dalle mani la bandiera del Reggimento, ho lasciato sul campo le armi cariche e i piani strategici. E non credo neanche sia servita quella frase che ho inventato e che lì per lì non penso sia suonata malissimo, "Dai set più belli bisogna scappare", solo che era veramente improvvisata e non so neppure se poi alla fine possa avere avuto un minimo di senso o sia suonata soltanto come un grido di panico, il segnale definitivo di resa, la Waterloo di ogni dignità. È che non avevo nient'altro da offrire, era come se ci fossimo appena lasciati e Magalí mi chiedesse ancora un po' di confidenza: tutta la fatica che si fa per rientrare nella vita colpisce anche me, non c'è più da farsi illusione, e allora meglio scomparire nella notte di Buenos Aires, che fa sempre un certo effetto, e accontentarsi di qualche banalità spedita via sms, sperando almeno che la Claro! – la compagnia telefonica di proprietà messicana – abbia la convenzione con la sua compagnia, che in Sud America possono succedere anche queste cose, che i cellulari non comunicano tra loro. Devo solo capire se scusarmi e basta per la brutta uscita di scena o se lasciar perdere questa che in fondo è solo una naturale conseguenza delle cose e dirle soltanto che sono la persona più fortunata del mondo ad

averla incontrata, che nella storia dell'umanità non c'è mai stata
un'attrice più brava di lei, che la mia vita è diventata un'altra
vita dopo quella mattina a Asociación de actores, che io adesso
rimango a vivere in Argentina pur di starle vicino, che non
girerò altri fotogrammi al di fuori di lei, che mi faccio tatuare il
suo viso su tutto il corpo, e via così, perché tanto sono nascosto
dietro a un telefonino e posso dire quello che voglio. Basta solo
che non usi le sigle e le abbreviazioni, le k al posto dei ch, i
sorrisini con le virgole, questo genere di cose qui, poi per il resto
davvero non me ne importa niente, e se proprio la prende male,
se pretende una spiegazione, un chiarimento, le scuse ufficiali, le
dico che stavo scrivendo a qualcun'altra e ho sbagliato numero,
così impara anche lei cosa è la gelosia.
Sempre meglio che telefonarle, comunque, che non si sa mai una
cosa sta facendo, magari è lì che il suo ragazzo – "Ma non avevi
appena detto che non sapevi se ce l'ha o no?", lo provoca un
investigatore–, ha iniziato a essere geloso, da quando hai iniziato
questo film ti sento distante, sei distratta, non mi parli, non mi
racconti niente, non è che ti sei innamorata di questo regista?
– le solite storie che si sentono nelle case di tutte le attrici – e
poi squilla il telefono ed eccolo questo regista, che ha sbagliato
tempi e modi e appena avrebbe modo di dire tutto quello che si
era preparato, si blocca in preda al panico. Così poi brucerei tutte
le buone intenzioni, Magalí si irriterebbe, il novio ancora peggio,
e domani ci sarebbe da ricostruire da zero tutto questo amore
che oggi comunque è esploso come il vulcano cileno Antuco
sotto al quale mi invaghii inutilmente del personaggio affidato a
un'attrice indifferente a qualsiasi sollecitazione.
Io lo so il destino di attesa e di speranza che mi tocca, dopo questi
studi degni dell'Accademia di Lingua Spagnola, di un corso di
scrittura creativa, di un Grammy latino riservato all'ascolto
compulsivo di boleros: scrivere tutte le sceneggiature che ho
scritto – quando ancora lo facevo – mi è costato sicuramente
meno di queste tre o quattro righe che hanno necessitato un
lungo lavoro diplomatico, mediazioni delicatissime, impuntature
e ricatti, minacce di interrompere le trattative. Il Foreign Office

si rifiuta di commentare il risultato, pubblicato del resto su tutti i media internazionali: "Non sai che fortuna ho avuto a incontrarti. Stiamo facendo il più bel film del mondo. Oggi sei stata meravigliosa. Te quiero". Gli analisti politici sostengono che gli scontri più duri fra le delegazioni si sono avuti al momento di scrivere quel "Te quiero": i falchi sostenevano, con una certa dose di ragione, che poteva semplicemente dire "Ti voglio bene" – eterno malinteso che già tanti danni ha fatto nei rapporti fra l'Italia e il mondo ispanico–, mentre i moderati, le cosiddette colombe, avrebbero preferito ammorbidire il testo e tralasciare qualsiasi dichiarazione passibile di equivoco. Altro motivo di discussione, poco più che una scaramuccia – continuano gli analisti – è stato sul fatto se firmare o meno il testo, anche se poi è prevalsa l'opinione che non andasse firmato, perché in fondo si stava parlando di un solo film possibile e la destinataria ne avrebbe quindi facilmente individuato il mittente.

Però c'è solo da aspettare, non ci sono altre soluzioni, lasciare scorrere il tempo e la vita, e chiedere la grazia che questo messaggio, questo umile segnale della mia esistenza affidato alla precarietà del sistema di comunicazioni argentino, ottenga una risposta, un appiglio per convincermi che dopo tanta fatica non si sia perso rimbalzando fra i satelliti, va bene anche una frase distratta, un "Ricevuto, grazie", qualcosa, perché pare che uno dei segreti dell'esistenza sia sapersi accontentare e figuriamoci se io voglio qualcosa di più. Sarà una tortura, questo lo so, i minuti non passeranno più, qualsiasi rumore dentro questa pizzeria mi farà pensare che mi stia suonando il cellulare, e se non ricevo niente, se il silenzio è piombato su tutto l'universo, non potrò fare altro che sentirmi come quando chiamavo tutti i giorni quella studentessa del conservatorio col doppio cognome, lei faceva dire che non c'era, ma io sentivo il pianoforte sul fondo.

Quindi, per distrarmi, e non bruciare tutte le poche energie che mi rimangono in questa attesa – che gli esperti danno per inutile al sessanta per cento delle probabilità – è meglio se adesso mi metto a pensare alla Mirna, che fra l'altro mi sembra mille anni che non lo faccio. E non è neanche difficile, a dir la verità, perché questa pizzeria è proprio davanti a quello studio e una notte identica a questa, lo stesso freddo, la stessa pioggia, la stessa solitudine in città, siamo usciti dopo aver fatto l'amore per troppe ore, abbiamo attraversato la strada e siamo rimasti qua fino a mattina. Non mi andava nemmeno la birra, c'era soltanto quello stordimento, la stanchezza, cos'altro c'era da comunicare dopo esserci amati in quel modo, le grida, i respiri, due persone che qualsiasi questione l'avevano risolta in quella stanza misteriosa che non apparteneva a nessuno. Eppure quella notte a questo stesso tavolo è ancora uno dei ricordi più chiari di tutti, si svolge nella mente e davanti agli occhi come se ci fossero due persone a riviverlo per me, non se ne è mai andata. E forse è perché non è neppure un ricordo ma semplicemente vita che non riesco a metterlo nel film: ci ho anche pensato, ci ho provato, ma quella notte, quell'amore silenzioso, gli sguardi, i sorrisi, non ce la faccio a farli diventare una scena. Non so come spiegarla a Magalí, non ci sono le parole e neppure i pensieri: eppure ho in mente ogni singolo attimo, perché ho sempre pensato che quella notte fosse davvero il punto di inizio preciso di tutto quello che è successo dopo e che va avanti ancora adesso, anche se la Mirna giustamente, là dove sarà, pensa ad altro. E, nello stesso tempo, è il momento esatto in cui si chiudeva il passato che avevo vissuto, almeno quello che mi aveva fatto arrivare fino a Buenos Aires, senza aver preparato niente, com'è bella questa città, ci voglio rimanere a vivere – Nota per gli storici più puntigliosi: la decisione fu presa una domenica pomeriggio, intorno alle ore 17, sull'Avenida Cabildo, all'altezza del negozio di musica e videocassette Musimundo.

Qua dentro, guardavo la Mirna mentre non mi parlava ed era semplicemente serena, contenta di essere a quell'ora in questo posto con me. Non lo so a cosa pensava mentre guardava altrove, mentre con le sue dita magre giocava con la tazza del café con leche, ed era così pallida, quegli occhi così scuri, la donna più bella di tutta l'Argentina. Però so cosa pensavo io, perché quell'alba, quel sorso di café che bevevo, quella pagina del Clarín che un cameriere al banco voltava, quel gesto che la Mirna faceva di distendere le mani per controllare che non fossero troppo sciupate, erano le prime immagini di un'altra vita possibile e, almeno in quel momento, era anche l'unica che volevo fare. Io avevo bisogno di lei e lei aveva bisogno di me: magari è stato un pensiero troppo rapido, non ero preparato e l'ho fatto svanire senza nessun motivo, però quella notte tutto era importante, non c'era niente che non avesse valore, non c'era neppure un istante da scartare, perché quello che io sentivo lo pensava anche lei, la stessa mente, lo stesso cuore, e non mi ci voleva nessun coraggio per leggerglielo in ogni gesto che faceva, su tutte le sfumature del suo viso, su ogni minuscola ruga intorno agli occhi, sulle sue labbra chiare. C'era quella sicurezza che avevamo trovato, e che non avevamo mai neanche pensato di essere capaci di provare, quella forza che non avevamo mai avuto, e solo perché ci eravamo incontrati, stavamo insieme, eravamo un pensiero inserito a forza all'interno di tutti gli altri pensieri.

Se adesso la Mirna fosse qui con me, se non fossero passati gli anni, glielo chiederei se si ricorda anche lei di quell'idea che avevamo chiara nella mente, mentre eravamo qua al tavolo a lasciar passare il tempo: ognuno aveva avuto la sua vita, una kiosquera di Don Torcuato che non si stancava mai di combattere per conquistarsi ogni giorno che le arrivava davanti, e un italiano alla deriva in Sud America, senza dare più notizie di sé – "Niente di romantico, soltanto desolazione" ci tiene a precisare l'autore–, e quella benedizione di essere insieme, di non stancarci mai, di stordirci l'uno dentro l'altra, ce l'eravamo conquistata con l'ostinazione più feroce.

Adesso davvero chiamo qualcuno, un passante, un autista di un colectivo, uno di questi camerieri e gli chiedo se per favore può sedersi qua a farmi compagnia, che da solo non ce la faccio, sono troppo debole, il resto è solo apparenza: il problema è che quando ci si inabissa in questo tipo di ricordi si sa sempre come si inizia e mai dove si va a finire. E qui, stanotte, è andata a finire malissimo, perché mi è tornato in mente come era diventata roca la voce della Mirna quella notte: come se le costasse fatica trovare il fiato dentro di sé, come se l'avesse esaurito prima

mentre faceva l'amore. Ed era una voce bellissima, l'unico suono
che copriva tutta Buenos Aires, la voce che usciva dal suo cuore
ed entrava direttamente nel mio, avrei voluto ascoltarla per
ore, e avrebbe dovuto dirmi milioni di parole invece di quelle
poche che le costavano così tanto sforzo, perché mi piaceva
sempre ascoltarla, quello che diceva e come lo diceva, ma quella
notte c'era la stanchezza, c'erano le tracce della voglia che non
avevamo finito di spengere, c'era tutta quella tenerezza che mi
faceva, così pallida, così stanca, infreddolita, gli occhi cerchiati,
e adesso mentre ci penso la sua voce è come un taglio aperto
nella carne, è come fare di nuovo l'amore, è l'unico legame che
ci tiene ancora insieme.

Che poi mi dava l'impressione che si vergognasse di quella
voce che le era venuta, come se avesse paura di non piacermi
più, qualcosa che non le apparteneva, e se solo avessi pensato
che dopo qualche tempo non ci sarebbe stata più occasione di
parlarle, glielo avrei detto che invece ogni parola, ogni lettera
che mi diceva in quel modo, entrava dentro di me come se fosse
un liquido incandescente, mi bruciava ovunque, si attaccava
a tutti i sensi, da quel momento non mi poteva più piacere
nessun'altra voce, nessun'altra donna, perché in fondo ci voleva
poco a capire che se era stanca in quella maniera, se la sua
voce era diventata così profonda che non sembrava neanche
fosse sua, in fin dei conti era soltanto perché fino a poco prima
– quanti millenni erano passati in realtà? – mi aveva regalato
ogni energia soltanto per dirmi col corpo, senza usare le parole,
la necessità che aveva di me.

E se davvero succedesse questo miracolo che per una
combinazione miracolosa delle probabilità riuscissi sul serio a
ritrovare la Mirna, a parlarle, a convincerla che io sono diverso
da quella cosa tremenda che ho fatto di scomparire senza
neppure avvertire, la pregherei di farmi questa grazia, l'ultimo
desiderio di un condannato alla solitudine eterna, la pietà che
si deve anche al peggiore degli esseri umani, la implorerei di
perdere qualche minuto del suo tempo per tornare qui in questa
pizzeria insieme a me, mi basterebbe averla qui, poi ci penserei

io a far rivivere tutti i dettagli di quella notte di quindici anni
fa, metto un annuncio sui giornali per cercare le stesse persone
che c'erano, le convoco e le pago come comparse di un film
che non si gira, farei trasmettere la stessa musica alla radio,
Luís Miguel e i suoi Romances, farei tornare tutto identico, io
e lei di nuovo qua – "In fondo non chiede molto", l'incipit del
manifesto a suo favore firmato dagli intellettuali argentini–,
mentre al di là delle vetrate piano piano tornava tutto come
sempre, Buenos Aires, la vita, i rumori, la luce, un altro giorno
che piombava sulle spalle dell'umanità, mentre per noi quella
notte non terminava mai. E mentre la guardavo respirare,
passarsi la mano su quei capelli così corti, toccare uno di quei
cerchi sottili che aveva agli orecchi, mi tornava in mente tutto,
non me ne liberavo, tutti gli istanti dal primo momento in cui ci
eravamo visti, era un'unica vita che tornava in scena. Se gli Dei
avessero pietà, vorrei la Mirna qui davanti a me, perché questa
notte, dopo tutte quelle scene, dopo Magalí, dopo tutto l'amore
che non so come impiegare, è diventata un regolamento di conti
con la memoria, e allora cercherei questa espiazione impossibile
dicendole che per me non è cambiato niente, sono fermo a dove
l'ho lasciata, non mi sono più mosso, ho questo problema qui e
cerco aiuto, si metta una mano sul cuore e si dedichi a me, come
io le dedico tutti i ricordi. Perché è stata la vita più bella che ho
avuto, e quella notte la più bella di tutte, ho in mente ogni cosa,
qua dentro questa pizzeria che anzi, domani voglio iniziare a
sentire qualcuno per vedere di farla diventare un tempio laico,
un luogo della memoria sentimentale di tutta la città, chi ha
qualsiasi amore da rivivere viene qua dentro e medita, come
faccio io sull'errore che ho fatto, e forse, ma solo dopo molti
tormenti dello spirito, riesce a trovare la liberazione e fare pace
con se stesso. Sulla parete di fondo, al posto di quella brutta
fontana neoclassica che non serve a nessuno, facciamo montare
la foto enorme, la gigantografia smisurata, del volto della Mirna
ricostruito al computer – sono stati sguinzagliati i detective,
ma non hanno trovato testimonianze fotografiche della ragazza
di Avellaneda – quell'espressione che a un certo momento ha

avuto, all'improvviso, e che ogni volta che mi voglio punire di qualcosa me la faccio tornare in mente, così la nostalgia mi tormenta e io pago tutte le mie colpe. Perché a un certo punto, dopo tante ore che eravamo qua, chissà dove trovò la forza per andare a prendere un altro café con leche per sé e uno per me. Lei non lo sapeva che la stavo guardando, aveva avuto quella decisione improvvisa di andare lei al bancone, e per qualche momento si era dimenticata di me. Però io non avevo niente da perdere, lei era bellissima, e quella notte, a quell'ora, era il più bel film del mondo vederla vivere davanti ai miei occhi, non c'era niente che mi potesse bastare, avevo bisogno di osservare tutto di lei per poter continuare a respirare. Tutto quello che avrebbe fatto anche se io non fossi stato lì, ogni battito di ciglia su quegli occhi stanchi io lo vedevo, ogni gesto, ogni movimento della testa, delle mani, ogni lampo dei denti bianchi dietro le labbra così morbide, ogni minuscolo piega dei suoi vestiti, del bavero della giacca che non si era tolta perché le faceva freddo come sempre, delle maniche del maglione che scendevano a coprirle le mani, tutto, ogni singolo dettaglio della sua esistenza, io lo facevo entrare nella mente per farcelo rimanere per sempre. Però poi, all'improvviso, senza un motivo, mentre era ancora lì al bancone che aspettava che il peruviano con la brillantina le scaldasse il latte, – una volta voglio andare in Perù e vedere se tutti i camerieri sono così imbrillantinati e gentili – si ricordò di me e si voltò per sorridermi come ancora non mi aveva mai sorriso, tutto quell'imbarazzo improvviso per essere stata scoperta così assente, così lenta, così stanca, come se fino a quel momento avesse fatto l'amore con qualcun altro e non me lo volesse far sapere. Per il tempo di quel sorriso era diventata una ragazzina, con i capelli così corti che si era tagliata per far dispetto ai genitori, e quel corpo sotto ai vestiti che allora diventava un pensiero vietato da punire a termini di legge dopo un tentativo di linciaggio.
Fossi stato un comune avventore di questa pizzeria e avessi visto, anche solo casualmente, un sorriso come quello, sarei scappato senza neppure fermarmi a pagare il conto e mi sarei chiuso

in casa a tripla mandata, le luci spente e le finestre sbarrate, perché quei gesti così casuali, anche se fatti da sconosciute – "Soprattutto?", lo provoca la giornalista d'assalto – sono armi letali da cui poi è impossibile liberarsi, bombe intelligenti che penetrano nei tessuti senza far fuoriuscire neppure una goccia di sangue e vanno a colpire i centri nervosi fissandoli per sempre in un unico ricordo. Ma io non ero un avventore, ero il destinatario di quel sorriso che aveva fatto arrivare la luce su tutta la città, e la dignità e il senso del dovere mi imponevano di rimanere lì dove stavo seduto: e l'unica cosa che potevo fare per non soccombere, era cercare di capire che, al di là della sua pericolosità, quel sorriso era soltanto un pensiero bellissimo, un gesto gentile che lei mi regalava senza volere niente in cambio, un segno di confidenza inaudita, perché mostrava la sorpresa per sentirsi come si sentiva, assente, svuotata, il corpo era andato da un'altra parte, forse si stava riposando, nessuno lo sapeva, e lei era lì che non sapeva adattarsi a quella mancanza. In quel momento io ero l'unica persona che poteva capire quello smarrimento e, almeno, sono contento di avergli reso onore scomponendo quel brevissimo sorriso in un tempo infinito che va avanti ancora oggi, e non perdere niente, neppure un millimetro di quella pelle che si distendeva, di quegli occhi che si chiudevano, e di quelle spalle che avevo tenuto fra le mani e che adesso si alzavano per stringersi. Tutta quella confidenza, una comunicazione riservata che rimaneva indifferente alla gente che c'era intorno, al freddo dell'alba e ai colectivos che iniziavano a riempirsi.

Forse sono stanco stanotte nello stesso modo, non lo so, però mi viene da piangere adesso come mi veniva da piangere allora, per la gioia, quando alla fine siamo usciti, chissà quanti café con leche dopo, e la notte che non volevamo fare finire, meglio non dormire mai più altrimenti ci perdiamo, e intanto, in quelle ore in cui non eravamo stati sul pianeta terra, tutto aveva continuato come sempre, Buenos Aires era rimasta la stessa, e adesso toccava a noi fare lo sforzo di tornare: c'era da riabituarsi a tutto, e l'unico modo era aiutarci a vicenda, da soli non eravamo all'altezza, una missione impossibile da portare a

termine, una pretesa senza senso che cadeva nel vuoto. E poi
tutti quei chilometri fino a San Martín, chissà poi perché, visto
che né lei né io stavamo da quelle parti, scendendo su Corrientes
che ancora aveva i negozi chiusi ma agli incroci c'erano già i
ragazzi a consegnare i bigliettini dei pisos privados con i prezzi
delle ragazze – a me quella volta non li dettero, ero con la Mirna
e mi salvai da quegli orrori.

Tutte le parole che erano rimaste in
sospeso, che non avevamo avuto tempo per dirci, ce le siamo
dette su quell'Avenida meravigliosa e infinita, e davvero se non
ci fossero bastati tutti quei chilometri, un rimedio sicuramente lo
avremmo trovato, alla peggio avremmo proseguito fino a Puerto
Madero, che ne so, fino a Avellaneda, a Quilmes, avremmo preso
la Panamericana fino alla Tierra del Fuego, bastava soltanto
restare insieme fino all'ultimo istante di vita.

E lo so che non dovrei, che dopo le colpe che ho, posso soltanto
augurarmi tutto e solo il meglio possibile per la Mirna, dovrei
essere generoso, disponibile, aperto, dovrei avere tutte le doti che
non ho, però non ci riesco a sperare davvero che adesso lei abbia
qualcun altro a cui vuole bene e con cui può passare un'altra notte
come quella nello studio in Scalabrini Ortíz, e poi nella pizzeria,
e quell'alba su Corrientes, raccontando tutto di sé, finalmente,
perché adesso avevamo tempo, c'era da arrivare fino alla fine del
mondo, eppure senza dire niente che anche solo sfiorasse una
vita che non mi comprendeva. L'attenzione che mai nessuno ha,
il bene che si dimostrava anche in quel modo, uno fra i tanti: e
allora ogni passo diventava un miracolo, ogni parola un'estasi, e
non esiste giustificazione possibile che mi possa convincere che
lei adesso, ovunque sia, riesca ad avere con qualcuno quella stessa
corrispondenza e quello stesso amore. Perché poi non ci sarà mai
nessuno nel mondo – lo spero davvero per il genere umano – che
avrà bisogno di un'altra persona come avevo bisogno io di lei in
quel periodo, e se anche ci fosse, per favore, lasci stare la Mirna,
la ignori, la dimentichi, si rivolga altrove, si attacchi pure a
chiunque ma a lei no, perché io il mio sforzo lo sto facendo, sono
qui in Argentina per questo, ma dietro le sbarre del rimpianto non
ce la faccio a pensare che lei mi abbia messo da parte.

Gli analisti sono al lavoro per decifrare il messaggio di testo spedito alle 02.01 del 28 maggio 2009 dal telefono cellulare della Señorita Magalí Lopez, originaria di Balcarce, e arrivato soltanto alle 06.53, probabilmente a causa della precarietà delle comunicazioni nazionali, sull'apparecchio di Don Corso Salani, cittadino italiano, mentre stava tornando a piedi verso Rivadavia 1425, zona Congreso. "Gracias por el cariño. Los días y las noches son cada vez más lindas. Que tengas sueños bonitos". (Grazie per l'affetto. I giorni e le notti sono ogni volta più belli. Fai bei sogni).

Vengono fatte diverse ipotesi circa il significato del testo, ma al momento la più accreditata è che si tratti di una benevola cordialità in risposta a un precedente messaggio ben più esplicito. I due protagonisti della vicenda non hanno voluto rilasciare dichiarazioni.

***

Mi ricordo tutto, le vetrine dei negozi, i lampioni delle strade, il cielo buio, le nuvole, il freddo, le gocce di pioggia, tu accanto a me e il profumo dei tuoi capelli, la luce dei tuoi occhi, della tua pelle, il colore della tua bocca che avevo baciato, il sapore della tua saliva che avevo bevuto e mi era rimasta ancora sete. Era tutto quello che sapevo di te, e mi mancava tutto il resto, non ne potevo più, e ti muovevi come se fosse tutto normale, come se non mi avessi mai conosciuto, se non fossi mai esistito. Chiudi la porta a chiave, poggi la borsa, Mirna, ti prego, dimmi qualcosa, anche solo mentre ti togli la giacca e ti spogli, resti nuda ed è come se io non fossi entrato qui con te, non ci siamo mai incontrati, fai tutto quello che vuoi, giri per la stanza in quel modo, e io guardo la città, le luci che arrivano fino all'infinito, adesso forse vengo a fare la doccia insieme a te, non lo so, tu sei più giovane di me e qui dentro sono io la ragazzina, è a me che batte il cuore, che tremano le mani che ti hanno già toccata e stasera dovranno ricominciare da zero. Tu sei la vita serena, fai sempre le cose che si devono fare, come se fosse normale, a me però non riesce, fammelo imparare, hai questa tranquillità

corso salani

che a poco a poco riempie la stanza, si diffonde come un gas
silenzioso, mi prende alla gola, e d'improvviso fa scomparire
ogni emozione, ogni nervosismo, non sono più inadeguato, non
sono più io, c'è soltanto questa calma rassicurante, perché in
fondo tu e io ci siamo incontrati per questo, non succede niente
di nuovo, basta solo che finisci quella doccia e vieni da me: il
respiro e il cuore a riposo, come quando uno piange tanto e poi
si calma. E adesso che sei qui davanti a me non penso, non mi
viene in mente, che sei nuda per la prima volta, quanto mi piaci
mentre guardo il tuo corpo, il tuo viso voltato mentre ti asciughi
quei capelli che adesso sembrano chiari, le tue spalle rotonde,
bianche, i tuoi seni più grandi di come li avevo toccati, la tua
pancia, i tuoi peli più scuri – là in mezzo io stanotte ci muoio
– le tue ginocchia, le tue gambe. Mirna, con questo corpo qui
davanti io sto per farci l'amore, sta per diventare il mio corpo,
vorrei avere mille sguardi per guardarti sempre di più, mentre
vivi ogni istante che regali a tutto il mondo, io non voglio altro e
tu nemmeno, smetti di asciugarti, tanto quei capelli mi piacciono
tanto anche bagnati, buttalo via quell'asciugamano che non ti
serve più, ti asciugo io col mio corpo, dammi solo il tempo per
spogliarmi, intanto dammi la tua bocca come me l'hai già data,
dammi la tua lingua nella mia bocca, mi devi baciare come non
hai mai baciato nessuno, perché a me questi baci servono per
vivere, sono la mia aria, e se ti allontani, se ti stacchi da me,
io soffoco, muoio da solo e invece voglio soffocare insieme a
te, l'ultimo respiro del mondo lo vado a prendere in fondo alla
tua gola. La tua pelle che brucia sotto queste gocce d'acqua che
bevo una per una, ovunque siano andate a nascondersi, la mia
bocca su tutta la tua pelle, stanotte questo qui è l'unico modo per
essere felici, continua a abbracciarmi così forte, tienimi contro
di te, non posso stare lontano neppure un istante, i tuoi respiri
così forti, hai bisogno della mia bocca, della mia lingua che lecca
via l'acqua da questo corpo nudo che mi dai per farci quello che
voglio, e a me vanno via tutti i pensieri, perché di tutte le persone
che ci sono al mondo adesso ti fai baciare e toccare soltanto da
me. Mi attacco ad ogni appiglio del tuo corpo, la voglia che ho

di te, vado a cercare ogni nascondiglio, seguo ogni percorso, non so più qual è la tua carne e qual è la mia, dammi i tuoi seni così bianchi, dimmi se senti la mia lingua che si muove su questa pelle così bianca, su questa pelle così scura che diventa dura fra i miei denti, voglio rimanere qua per sempre, aiutami a farti baciare, dammeli nella bocca, forse non lo sai, non sei stata avvertita, ma non esisti più, sei soltanto un corpo a mia disposizione. E tu fai quello che vuoi, ma non mi staccare mai da questo petto, fammi soffocare, fammi vomitare con questa carne che non hai mai saputo di avere, l'ho trovata io e non te la restituisco più. Questi baci, Mirna, sono per tutto il tempo che non abbiamo passato insieme, gli dei non ci perdoneranno mai per esserci permessi questo errore fatale, e allora non fermiamoci, tanto oramai siamo condannati all'inferno, fammi sapere come è fatto il tuo corpo, non farmi smettere, stringimi ancora finché non ce la fai più, lascia andare le mie mani a trovare la saliva che ho lasciato sopra le tue spalle, sopra la tua pancia tesa, sopra i tuoi fianchi, continua a tremare come fai sempre perché hai freddo e stanotte invece bruci in questo modo. Ma come te l'hanno fatto questo corpo, non riesco a capirlo, ho bisogno della lingua e delle mani, prima mi sono salvato ma adesso voglio morire senza più aria nei polmoni contro la tua pancia, la pelle nascosta e salata, e le mie dita calde come non sono mai state, bagnate di te. Io ti faccio quello che vuoi, le mie mani fra le tue gambe, dentro di te, ti prego Mirna, amami per sempre, non te ne andare, rimani dove sei, pensa soltanto a respirare come stai facendo, sei una ragazza argentina caduta sul pianeta terra per farmi fare l'amore, e io non so quante sono le mie dita, dove sono andate a finire, non le trovo più, fammele andare a cercare che forse con la bocca le trovo meglio. Il tuo corpo si apre con le mie mani, il sapore della tua pelle bagnata, mi piaci così tanto, Mirna, prendi la mia testa, fai quello che ti pare tanto io da qui non me ne vado, dammi tutto quello che hai, ti tengo ferma, fammi baciare tutto quello che voglio, fammi bere, siamo un solo corpo, sono diventato una donna, sono diventato te, il mio corpo è il tuo, giuriamo di non smettere mai più di fare l'amore, è colpa tua che sei così bella e il tuo corpo così piccolo, tu prendi fiato, urla, grida, spaventa tutto il palazzo, fai accorrere gente, ma apri le tue gambe in questo modo, fammi entrare dentro di te, afferrami con le gambe, tienimi così, non farmi muovere che voglio sentire ogni millimetro della tua carne dove non sono mai arrivato, guardami, fammi tu l'amore, sei così leggera, e dammi di nuovo i tuoi seni nella bocca che adesso li posso baciare di nuovo, io faccio tutto quello che vuoi fare, sali su di me, non ci stacchiamo più, quanta vita abbiamo buttato via, fammi guardare i tuoi occhi chiusi, fammi sentire questa voce che sento lontanissima, qui stanotte in questa stanza tu ed io moriamo, non ci troveranno più, non lo saprà mai nessuno che abbiamo fatto l'amore come lo stiamo facendo, che non vogliamo smettere, e se adesso non ti fermi dopo prometto di essere più buono, non te andare dal mio corpo, fammi restare dentro di te fino alla fine, muoviti, corri, non farmi rinunciare a questi brividi, a questa liberazione, a questo smarrimento, a questo sforzo nei muscoli, nel cuore, nei nervi, nei pensieri, gli occhi che non vedono più niente.

Se adesso però spero davvero di poter filmare tutto questo desiderio costringendo Magalí a diventare me e la Mirna nello stesso momento, è meglio che la avverta prima che esca di casa, le inventi una scusa, anche la più banale, non mi sento bene, mi si è rotta la telecamera, ho un calo improvviso della vista, ho un altro impegno, mi hanno chiamato per un altro film, una qualsiasi stupidaggine di questo tipo, e sospenda le riprese a tempo indeterminato. Così avrei tempo per verificare se sono ancora in grado di condurre il film secondo i parametri di normalità stabiliti dalla Convenzione di Ginevra, o se invece oramai mi sono addentrato troppo nella giungla della memoria e come il Colonnello Kurtz in preda ai suoi lucidi deliri, sono diventato pericoloso per me e per gli altri. In questo caso, che mi pare sia anche il più probabile, meglio chiuderla qua, prima che dal comando inviino un soldato con la missione di eliminare me e il regno di tenebra che ho creato: magari giusto il tempo per un'ultima cena in Scalabrini Ortíz, poi domani chiedo scusa a tutti e col primo aereo, giuro, tolgo il disturbo, anche in prima classe se non c'è posto in seconda, così faccio più in fretta. Perché davvero c'è un limite oltre il quale non posso andare: fra i doveri delle attrici, anche di quelle intelligenti come Magalí, non rientra certo quello di essere investite da questi carichi della memoria, sono persone con una loro sensibilità – così almeno vuole la leggenda popolare – e io non ho il diritto di scavare così a fondo nelle loro anime alla ricerca di qualcosa che comunque è perduto. Senza dimenticare poi, al di là di ogni altra considerazione, che in scena c'è sempre e soltanto lei, Monica è solo una voce che arriverà al montaggio, e a meno di non voler fare un film giovanil–sperimentale – quei tentativi da Youtube e simili, girati col telefonino, con la webcam e altri invenzioni dell'ultimo momento – non riesco proprio a capire come potrei fare a girare una scena d'amore come quella che mi perseguita da stamattina. Anche se, a dir la verità, l'altro giorno allo Sportsman, quando Magalí si è addormentata e io ho potuto filmare tutta la sua pelle, non è che abbia fatto qualcosa di tanto diverso: ci sono scene che diventano diverse da come uno le immagina e le filma, assorbono da sole il significato che devono avere andandolo a prendere nel profondo più oscuro della mente, perché in teoria, fra far sdraiare un' attrice seminuda da sola in un letto disfatto e una scena d'amore in cui tutti i sensi vengono esplorati, ci dovrebbe essere una certa differenza, e invece, anche se non lo ammetterò mai neanche sotto tortura, dentro la stanza numero 3 è stata come una sequenza pornografica, la più esplicita di tutte, abbattuto qualsiasi limite della discrezione e del riserbo, come quel giorno che ho girato alle terme in Portogallo, che apparentemente doveva essere un' innocente ripresa della protagonista durante un massaggio relax, quasi una bella promozione per un centro benessere appena aperto, e invece quando siamo usciti non avevo il coraggio di guardarla in faccia, perché le ero stato troppo vicino, avevo filmato tutto, le ero entrato sotto la pelle, fra i capelli, sotto le palpebre, e mi pareva di averla filmata di nascosto mentre faceva l'amore col suo fidanzato, ammesso che in quel periodo ce l'avesse, dato che avevo avuto l'accortezza di non chiedere informazioni.

Solo che questa volta il coraggio mi è rimasto, è arrivato un nuovo comandante che ha saputo trovare e motivazioni giuste per i suoi soldati, e l'unico desiderio che riconosco legittimo è di chiudermi un'altra volta in una stanza con Magalí, filmarla ancora più disarmata e nuda di come l'ho filmata, vedere fin dove si può arrivare nella perdizione, toccare tutti i confini del malinteso e dell'errore, lasciarsi andare fino al limite estremo della conoscenza, e poi vedere cosa succede. Questo devono fare un regista e un'attrice arrivati a questo punto, non c'è un'altra strada possibile, sono i rischi che si devono correre. D'altra parte questo film lo faremo una volta sola nella vita e non c'è motivo di tirarsi indietro. Alla peggio, se proprio quello che chiediamo a noi stessi fosse davvero al di là delle nostre possibilità, se non riuscissimo più a tornare dai territori inesplorati della ricerca sentimentale, lascerò detto che scrivano di noi, adattandolo alle circostanze, qualcosa di simile a ciò che il Capitano Robert Falcon Scott annotò sul suo diario l'ultimo giorno della sua tragica spedizione al Polo Sud: "Fossimo sopravvissuti, avrei avuto una storia da raccontarvi sull'ardimento, la resistenza e il coraggio, che avrebbe commosso il cuore di ogni inglese".

Perché è davvero una spedizione verso mondi sconosciuti quella che adesso devo organizzare in ogni dettaglio: ci sono da inventare scene, capire come girarle, studiare tutta questa città infinita per trovare un posto, uno solo fra milioni di possibilità, che mi faccia tornare in mente ancora una volta di essere in uno studio di Scalabrini Ortíz. E non c'è neanche molto tempo a disposizione, ho detto a Magalí di vederci tra un'oretta e se non risolvo tutto in fretta va a finire che ci vediamo per un caffè, due chiacchiere in allegria e poi via, ognuno a passare la serata come gli va, che oggi non giriamo.

Su internet qualche volta ho letto che non sono un bravo regista: adesso non ho voglia di arrabbiarmi con questi giudizi che in genere vengono lanciati nel mondo virtuale da ragazzotti irati per non riuscire mai a fare il proprio film – è proprio una persecuzione, una congiura demoplutogiudaicomassonica, non sappiamo di quali meraviglie cinematografiche ci priviamo – ma

che non sono un bravo, un ottimo, il migliore organizzatore
non l'ha mai scritto né pensato nessuno, quindi adesso glielo
faccio vedere io a quegli insoddisfatti cronici che riempiono il
web con il loro rancore, e mentre loro lanciano un'ennesima
maledizione verso il mondo crudele che non li capisce, io risolvo
subito questo primo problema logistico, così poi la soluzione
degli altri verrà di conseguenza, e le scene di oggi saranno
all'altezza della situazione, come sempre, come tutto. C'è da
trovare un appartamento moderno dove Mirna e Monica vanno
a fare l'amore la prima notte, diverso dallo Sportsman, dove
dopo vanno a abitare. Da escludere assolutamente l'ipotesi che
pure mi viene in mente – il gusto malato di sprofondare nella
demenza – di andare a suonare davvero il campanello del sesto
piano al 1235 di Scalabrini Ortíz, e chiedere a chi c'è adesso
in quello studio se per favore mi fa girare per qualche ora lì,
senza fare troppe domande e possibilmente lasciandomi anche
solo con Magalí, che abbiamo bisogno di concentrazione.
Sarebbe soltanto un gesto da kamikaze, il suicidio supremo, la
fascia col volto della Mirna annodata sulla fronte, lo sguardo
estatico rivolto verso il sole nascente, il rotolo in pergamena con
le ultime volontà scritte in inchiostro di china affidato a Sua
Maestà l'Imperatore: ma io non sono in grado di affrontarlo, ho
ancora qualcosa da chiedere alla vita e oggi è troppo presto per
alzare bandiera bianca. Quindi, esclusa questa catastrofe, non
rimane altro che cercare un Aparthotel – la versione argentina
del residence – che tanto le stanze saranno vuote nello stesso
modo, lo stesso silenzio, gli stessi cassetti vuoti, le stesse stoviglie
spaiate, scegliere il piano più alto possibile, così sistemo Magalí
alla finestra e le faccio dire "Es demasiado grande esta ciudad",
che è una frase che ho in mente da tempo e ancora non ho
trovato la situazione adatta, e poi mettermi a disposizione di
qualsiasi idea che mi verrà in mente, perché, se le cose andranno
come spero, oggi non ci sarà neppure un minuto da buttare via.
E quindi, anche se, come sostengono alcuni rappresentanti della
critica on line, non sono un bravo regista, adesso almeno do
prova di una mirabile capacità organizzativa e vado a riservare

un appartamento al quattordicesimo piano dell'Aparthotel Torre San José, Calle San José 747, Capital Federal, "En el corazón de Buenos Aires", e per l'equivalente di 70 euro mi compro ventiquattro ore di felicità.

Solo che Magalí, come al solito, non arriva e se andiamo avanti così va a finire che dentro questa casa vuota – due camere matrimoniali, salone, bagno e cucina, televisore 90 canali e riscaldamento autonomo – mi prende tristezza, perché fuori sta facendo buio e ho già girato tutte le panoramiche e i totali possibili, al di qua e al di là del vetro, sotto la pioggia e al coperto, più chiari e più scuri a seconda dell'esposizione.

Ci sarebbe anche da chiedersi se davvero pensano – come sostengono a lettere maiuscole sul depliant pubblicitario – di aver fatto un'operazione immobiliare geniale, riservando un grattacielo intero del barrio Montserrat a tutta questa serie di appartamenti ad affitto temporaneo: prima nella hall mi sembrava che tutte le chiavi fossero in casella, ma oggi è sabato e magari los hombres de negocios viaggiano solo nei feriali. Comunque, sono problemi loro che non mi dovrebbero interessare, e a cui penso solo perché per adesso non ho nient'altro da fare. Però bisogna che glielo dica a Magalí che io qui, con questi ritardi, divento pazzo. Lo so, sono noioso, poco elastico, oramai anziano, anzi, non sono mai stato giovane, schematico, rigido, ripetitivo, abitudinario, ci chiediamo davvero dove trovi la fantasia per fare film: mi dichiaro colpevole di questo e altri misfatti, ma se fissiamo a un'ora precisa c'è un motivo, non è che io la mattina mi sveglio e mi invento gli appuntamenti così, tanto per fare dispetto. Che poi, non è che le chiedo molto, in fin dei conti in scena le lascio tutta la libertà del mondo, facciamo pausa ogni volta che ci pare, immagini e parole sono più contento se se le inventa lei, e allora un minuscolo sforzo di precisione, anche solo per venire incontro a questo uomo turbato vittima delle proprie debolezze caratteriali, delle proprie manie psicopatiche, delle proprie smanie nevrotiche – le lascio libertà di scelta nella definizione – lo potrebbe fare. La Mirna, tanto per fare il primo esempio che mi viene in mente, riusciva sempre ad arrivare all'ora che avevamo detto, a volte addirittura qualche minuto prima, come quella volta che la vidi da lontano davanti al La Plaza, e mi piacque così tanto. Eppure lei aveva una vita disordinata, lavorava a Don Torcuato, dormiva di qua e di là, metà della giornata la buttava via sui colectivos, ogni tanto tornava a Avellaneda e non dava più notizie di sé: ma se avevamo detto alle nove in Florida y San Martín, o alle undici in Scalabrini Ortíz, potevo essere sicuro che ci sarebbe stata. E allora diventava tutto più tranquillo, non c'erano tensioni, come invece ci sono adesso che mi tocca guardare la televisione quando invece potrei filmare, e non sono neanche riuscito a accendere il riscaldamento a gas, col rischio di saltare in aria da un momento all'altro. Almeno poi Magalí avesse mai una ragione per ritardare, un legittimo impedimento, una causa di forza maggiore, la strategia di farsi desiderare, che ne so, provo a immaginare, perché io non arrivo mai in ritardo e non so proprio come possano farlo gli altri. Invece niente, l'innocenza assoluta, soltanto distrazione, la mancanza di orologio – "O la voglia di guardarlo?" la prende in contropiede la pubblica accusa–, una concezione differente del tempo. Perché poi quando arriva, trenta, quaranta, quarantacinque minuti dopo – record del 26 maggio 2009, regolarmente omologato dalla Federazione – si rende conto dell'errore, si mortifica, si scusa, senza mai promettere, però, di non farlo più, che oramai anche lei è ventisette anni che vive e molte speranze di cambiare abitudini non ce l'ha più. Ma oggi, se il risultato doveva essere questo, avrebbe fatto meglio a non venire, a darsi malata, che ne so, a scomparire nel nulla, raggiungere la Mirna ovunque sia, diventarle amica e non farsi più trovare da me. Le tenebre sono calate sulla Capitale della Repubblica Argentina, una nuova era glaciale ha aggredito la città, sono cadute tutte le leggi morali, cadaveri accatastati bruciano agli angoli delle strade deserte, i sopravvissuti vagano armati alla ricerca di cibo, mute di cani randagi aggrediscono di giorno e di notte, uomini e donne si accoppiano come bestie, si racconta che la Patagonia si sia staccata dal continente e che l'altro emisfero sia illuminato da due soli. Si dice anche che

175

il Rio de la Plata si sia ghiacciato e che alcuni temerari alla ricerca di carne siano arrivati a piedi fino in Uruguay. Fra questi anche Magalí Lopez, per raggiungere il suo fidanzato rimasto bloccato sull'altra riva del fiume. Perché questa è la realtà dei fatti, la crudeltà dell'esistenza: "Scusa il ritardo, è che ieri è arrivato il mio ragazzo da Montevideo e oggi ci siamo alzati tardi". Le parole che hanno fatto tremare la terra e oscurare il cielo. Niente sarà più lo stesso, il mondo conosciuto non esiste più, un'altra civiltà che scompare lasciando dietro di sé macerie e mistero. Adesso poi sono andate via anche tutte le idee, da una ferita come questa non mi riprendo più: perché ho già il pensiero della Mirna che starà facendo con qualcun altro tutto quello che ha fatto con me, e francamente non mi posso fare carico anche di questa nuova ossessione che mi toglierà, lo so, ogni lucidità e presenza. Io capisco l'ingenuità, il candore, l'innocenza, capisco che magari sto troppo attento a queste cose, capisco che la felicità a volte si vuole condividere, capisco tutto, ma il fidanzato uruguaiano non è un interlocutore possibile, non è una persona della cui esistenza io mi debba occupare, anzi, per essere chiari, nemmeno dovrei sapere che esiste: è soltanto un'intromissione – non importa se colposa – nella vita privata, in questo caso la mia, una persecuzione gratuita, inutile, superflua, e comunicarmelo, farlo diventare parte anche solo di un frammento di conversazione, è un attentato a tutti i sentimenti che qui sono in gioco e che – è arrivato il tempo che Magalí se lo metta bene in testa – sono la condizione obbligata per poter fare questo film.

Mi manca l'aria e mi è preso il panico, sono le uniche cose che adesso riesco a sentire. Si è dissolta ogni energia, non so davvero cosa ci facciamo in questo appartamento che guarda tutta Buenos Aires, non ha più senso niente, sarebbe stato infinitamente meglio se questo film non lo avessi mai iniziato, se non fossi mai andato a Asociación de actores, se non avessi mai incontrato la Mirna. "Scusa il ritardo, è che ieri è arrivato il mio ragazzo da Montevideo e oggi ci siamo alzati tardi". Potrei fare l'analisi di ogni parola di questa frase, che è diventata l'unico suono possibile, di ogni lettera, tutti i significati, tutti i sottintesi, e rimarrebbe sempre e comunque, senza scampo, un'offesa indelebile, un'intromissione illegittima, un raggio laser puntato al centro del mio cuore. Tutta questa vita che tutte, sempre, hanno bisogno di raccontarmi. Io adesso cosa sono, una parentesi importuna fra le ore che dedica a questo ragazzo uruguaiano che con tutti i problemi che ha il suo paese, ieri ha trovato i soldi e il tempo per venire in Argentina a trovare la sua ragazza? Cosa sono, un passatempo svogliato perché adesso c'è qualcosa di meglio da fare? Me lo dice Magalí, adesso, come faccio a trovare la forza e la convinzione per mettere da parte questo crimine contro la mia serenità? Poi almeno non fossi sicuro che non si veda questa disperazione che mi brucia tutti i nervi, che mi taglia a metà il respiro, che mi cancella ogni pensiero ancora prima che si formi: non fosse mai successo su tutti gli altri film, che dopo un affronto identico che mi era toccato subire – le mie attrici hanno questa caratteristica che le lega, hanno anche fondato una confraternita internazionale – non avessi pensato di essere riuscito a nascondere la disperazione e il rancore, anche a costo di sforzi sovrumani. E poi invece, poco più tardi, tornando verso l'albergo, è sempre riecheggiata la domanda fatale, nelle sue molteplici variabili buone per ogni latitudine, l'interrogativo supremo, l'investigazione approfondita dei misteri della psiche: Cos'hai? Sei triste? Sei nervoso? Sei deluso? Sei arrabbiato? Cosa ti turba? Perché non mi hai parlato tutta la sera? Perché non mi hai guardata?, e così via, tutto il repertorio della curiosità provocatrice. Ragazze, il problema non è quello che ho io: se non mi riguardasse personalmente, arriverei addirittura a dire che è una questione secondaria che in fin dei conti lascia il tempo che trova. Il mio stato d'animo è semplicemente la conseguenza negativa del vostro. E se voi vi sentite in diritto di mostrare al mondo, o anche solo a me che in quel momento sono tutto il vostro mondo, la vostra serenità per avere qualcuno accanto a cui essere fedeli nella gioia e nel dolore, nella salute e nella malattia, qualcuno che amate e onorate tutti i giorni della vostra vita, non si vede perché io non dovrei avere lo stesso diritto non dico di mostrare, che comunque sarebbe legittimo, ma almeno di provare qualunque reazione che mi costringete a avere. E, tanto per mettere in chiaro le cose, quello che sento adesso è dispiacere e umiliazione, disperazione e malessere, rabbia e impotenza, malinconia e smarrimento, ira e struggimento. Sono stato fatto fuori da quello che avevamo costruito insieme, Magalí si è distratta, si è voluta immergere – "Forse è solo stata costretta", prova a consolarlo una Suora di carità – nella vita che le appartiene e che nessuno le stava mettendo in pericolo, quando invece si trattava solo di aspettare qualche giorno, io sarei scomparso e tutto sarebbe ripreso identico a come era stato lasciato.

Peccato che Mirna in scena sia sempre così serena, tutta la tranquillità del cosmo che si concentra nei suoi modi, altrimenti almeno avrei potuto subito far vivere questa angoscia a lei e vedere se riuscivo a liberarmene io. Al massimo, invece, potrò far parlare Monica di tutta questa gelosia, di questo dolore che le fa tremare la terra sotto ai piedi, ma chissà quando registrerò la sua voce, fra due o tre mesi, e qui anche un giorno sarebbe troppo lontano, perché a me servirebbe una terapia d'urgenza, l'ultimo rivoluzionario ritrovato della medicina psichiatrica, le caramelle per non piangere, come le chiamava il babbo quando ero bambino.

Non so neppure che reazione avere, Magalí non si è mica resa conto di avermi accoltellato, per lei è sempre tutto così normale che, anzi, penserà di aver fatto un passo in avanti nella confidenza reciproca, ogni giorno un altro mattone che si aggiunge alla nostra conoscenza, il corso naturale delle cose. Sono anche disposto ad ammettere che lei, nella sua purezza, paghi colpe non sue, perché prima di lei ci sono state criminali molto peggiori che non mi hanno risparmiato nessun dettaglio della loro vita al di fuori di me, naturalmente sempre con il sorriso di Giuda sulle labbra, e adesso, rispetto a questi argomenti inutili, sono come una ferita aperta sopra cui viene sparso sale. E poi comunque, qualsiasi ritorsione, o vendetta, o ripicca, sarebbe troppo violenta rispetto al bene che le voglio, e al bene che voglio al film. Perché lo so benissimo come andrebbe a finire, qualche minuto di relativa freddezza e poi subito crollo, divento insopportabile, odioso, costringo a farmi dire che sarebbe stato meglio non avermi mai conosciuto, e che guarda, in tutta coscienza, non so se avrò ancora voglia di lavorare di nuovo con te, perché veramente mi hai chiesto troppo e non penso che tu ne avessi il diritto – la titolare del copyright della precedente frase, pronunciata il 6 dicembre 2002 in una mensa di Santiago del Cile, si metta in contatto con l'autore per la riscossione di quanto dovuto.

Solo che non posso neanche fare finta di niente, altrimenti si crea un precedente che non ci può che portare verso danni peggiori, irreparabili: allora perché non raccontarmi quando e come si sono conosciuti e messi insieme questi due rappresentanti dell'amore sin fronteras, i litigi che a volte li hanno allontanati, le riappacificazioni, i problemi di coppia, le incomprensioni, le tenerezze, la distanza che moltiplica i dubbi e le paure, le discese ardite e le risalite, su nel cielo aperto e poi giù il deserto – in occasioni come queste, ci si può solo affidare alle canzoni più belle. E poi perché non farmi diventare l'amico prezioso, il confidente privilegiato, lui e io non abbiamo segreti, ci diciamo tutto tutto tutto, siamo fratello e sorella, T.V.B., T.V.U.M.D.B., scriviamo sui muri quanto ci vogliamo bene, giuriamocelo sotto la luna, per sempre amici, io e te, vento nel vento, io e te nodo dell'anima, stesso desiderio di morire e poi rivivere – vedi sopra. Invece di me non ci si può fidare, perché qualsiasi cosa che mi viene detta la posso usare contro chi me l'ha detta. Io non sono uno di quei compagni di scuola, probabilmente omosessuali, che in gita avevano il mal di macchina e stavano sempre insieme alle ragazze. Non sono la spalla su cui piangere, non passiamo le notti a dirci quanto è crudele la vita, non dividiamo l'ultima Marlboro, non ci scambiamo i vestiti. Io non sono niente di quello che lei può avere in mente, sono un soldato sotto attacco, il plotone è stato annientato e sono rimasto solo, la radio è distrutta, ho finito le munizioni e combatto all'arma bianca. La via d'uscita per guadagnare ancora qualche ora di vita adesso è non farmi andare bene nessuna ripresa, azione stop azione, senza smettere mai perché non sono contento. È l'unica vendetta che ho a disposizione, sono il regista del mio film, ci sono giorni che le cose vanno in questo modo, non devo dare spiegazioni, lo so che fino a ieri è stato tutto un idillio, la perfezione, mi ricordo bene che le ho scritto e detto che è meravigliosa, però può darsi che abbia sbagliato a farlo, perché si è rilassata e oggi non riesce a essere come era la Mirna. Non mi interessa se non è vero, perché lo vedo che Magalí neppure si accorge di questa ritorsione che fa stare male soltanto me, lei si impegna come sempre, si dispiace perché le dico che non sono soddisfatto, si sforza, fa il possibile, ma su quella sedia a dirmi che lei non vive qui, è solo una stanza che qualcuno le ha prestato – le frasi della Mirna, bisogna dirle nello stesso modo altrimenti è tutto inutile – ce la tengo delle ore, per sempre, arriviamo all'alba senza che ci sia un solo fotogramma che mi faccia contento. Dei film si devono conoscere anche gli aspetti peggiori, e oggi è finalmente arrivato il giorno, – che arriva sempre, basta solo saper aspettare – in cui riesco a dare soltanto il peggio di me: non mi arrabbio, non dico niente – così risaltano di più il distacco e la freddezza–, il problema è che non mi piace quello che stiamo facendo e siccome sono ostinato, non mi arrendo finché questa ragazza che vuole fare l'attrice non fa quello che ho in mente.

E comunque, se anche a un certo punto mi stancassi di questa scena, ci sono sempre le altre che dobbiamo fare, e se non bastano quelle che ho già pensato me ne invento delle altre, non ho mica problemi, e di poche cose sono sicuro come del fatto che questo appartamento ce l'ho a disposizione fino a domani pomeriggio alle 17, e quindi abbiamo tutto il tempo per combattere questa battaglia che io non ho scatenato. Non è colpa mia, io volevo semplicemente fare un'altra volta l'amore con la Mirna, mi bastava filmare Magalí come se la telecamera fosse il mio sguardo da vicino, la mia bocca che la baciava, e poi invece le cose sono andate in questo modo. È stata violata la sacralità di ciò che facciamo insieme, e questa notte è diventata un incubo solo per me, perché Magalí non ha idea della sua colpa e pensa davvero che i film si facciano anche così.

Domani non si leggerà sul Clarín, è una notizia che resterà nascosta, ma oggi un appartamento della Torre San José diventerà una camera di tortura, un luogo di detenzione, un carcere speciale al di là del bene e del male in cui una giovane ragazza verrà stata seviziata per ore, la crudeltà gratuita, il sadismo fine a se stesso. E senza che lei neppure comprenda il motivo di tutta questa violenza che le viene inflitta, perché è mille volte migliore di me, non ha questi pensieri, e nel suo cuore ha posto per tutti senza togliere niente a nessuno.

E anche adesso, è bellissima come sempre, gentile e paziente, e mi piange il cuore a farle questa cattiveria che non si merita ma da cui non so più tornare indietro. Perché nonostante tutto, nonostante me, sono le scene più belle di tutto il film, sembriamo davvero due donne che si sono appena conosciute e stanno per passare la loro prima notte insieme, c'è lo stesso silenzio, lo stesso buio, la stessa confidenza trattenuta, è tutto identico a quello che sono venuto a ritrovare a Buenos Aires e non c'è niente che tradisca il passato. Ci sono soltanto io che tradisco l'amore che ci potrebbe essere in questa stanza.

"Lo tengo todo, completamente todo...pero cuando amanece y me quedo solo, siento en el fondo un mar vacío, un seco río, que grita y grita que solo soy un hombre solo...un hombre solo...un hombre solo..." cantava anni fa l'ex portiere di riserva del Real Madrid Club de futból. "Ho tutto, assolutamente tutto... ma quando arriva l'alba e rimango solo, sento dentro di me un mare vuoto, un fiume secco che mi grida che sono solo un uomo solo...un uomo solo...un uomo solo...". Non riesco a trovare altre parole, meglio affidarsi a chi evidentemente ha vissuto qualcosa di simile prima di me: è stata una notte senza pietà, un bombardamento nucleare e adesso non crescono più fiori su tutto quello che ero riuscito a costruire. Cos'altro posso essere adesso se non un hombre solo che ha sbagliato tutto, dal primo all'ultimo istante di una notte che sarebbe dovuta essere come tante altre notti di tanti anni fa e invece si è rivelata

soltanto un inutile martirio? E adesso mi merito tutto questo
pentimento, il rimpianto del tempo passato come non doveva
passare, il rimorso di avere infierito su un' innocente che non
ha mai perso il sorriso. Perché poi, in effetti, il problema non
è neanche Magalí: mi sa davvero che non si sia accorta di
niente, anzi, magari le è anche piaciuta tutta quell'insistenza, la
ripetizione delle scene sempre più a fondo, sempre più a vuoto,
come se fosse una parte dei suoi doveri che fino a ieri era stata
tralasciata. Aveva sempre sentito dire che i registi certe volte
si fissano, non gli va bene niente, e ripetono i ciak all'infinito
e per una volta ha provato anche lei cosa vuol dire. Si sarà
sentita un'attrice importante alle prese con un regista esigente,
niente di più delle cose normali che accadono sui set di tutto il
mondo. Ma se solo fosse meno pura, lo capirebbe in un attimo
che di normale non c'è stato niente, e non vuol dire nulla se poi
alla fine tutte le scene sono venute bene davvero, bellissime –
io e la Mirna la prima notte in Scalabrini Ortíz non avremmo
saputo fare di meglio – e se ancora avessi avuto dei dubbi
circa l'opportunità di innamorarmi o meno di lei tutte le parole
dette stanotte in scena, tutta la tenerezza sparsa senza fatica,
tutti i gesti regalati ai miei occhi, avrebbero fatto cadere anche
l'ultima disperata resistenza.
L'unica cosa che però c'è da fare adesso è mettere da parte tutte
le amarezze, cancellarle, mai esistite, il boyfriend uruguaiano
è stato soltanto un brutto sogno, un incubo, uno spettro creato
dalla mia mente stanca – dormo troppo poco, l'avevo detto che
prima o poi sarebbe successo qualcosa di brutto. E se esiste
davvero, lasciamolo dov'è: che nel caso di stasera vuol dire
lasciarlo qui a Buenos Aires, che si arrangi lui per tornare
in patria, non è un problema nostro, perché io e Magalí ce
ne andiamo qualche giorno sulle Ande, il tempo per girare
chissà quante scene, e ritrovare tutto ciò che è sempre stato a
disposizione e io ho cercato in tutti i modi di buttare via.
Meno male che avevo controllato su internet la flotta della Nueva
Chevallier, una delle tante compagnie di pullman – i treni non
esistono – che collegano la Capital Federal alla città di Mendoza,

dove veneti e piemontesi hanno creato vigneti nel deserto e una volta ho tenuto un seminario sul cinema indipendente in una scuola privata. Fino a qualche anno fa il massimo del lusso erano i pullman semi–cama, che semplicemente voleva dire che si potevano reclinare i sedili. Invece adesso è stata lanciata la nuova Suite Class, tutto un altro modo di viaggiare – così assicurano – la cena è preparata a bordo da amabili hostess, la televisione si può ascoltare in cuffia per non disturbare i compagni di viaggio, e per concludere la serata si può gustare un pregiato whisky o un altro liquore a scelta prima di distendersi sui sedili in velluto che diventano veri e propri letti con cuscino di piume e morbide coperte: "Qualità e cortesia per darti tutto quello che ti meriti". Senza dimenticare che, a parte le due curve per uscire dal Terminal, fino a Mendoza è un unico rettilineo di 1100 chilometri, e, avventurandomi in un calcolo di cui non sono sicurissimo, i pullman riescono a mantenere la sorprendente media di 85 chilometri, riuscendo ad attraversare la Pampa in tredici ore esatte.

Tutto il tempo e la scenografia che mi servono per filmare scene importantissime, Mirna che se ne va da Buenos Aires, se la lascia per sempre alle spalle, abbandona Monica senza dirle una parola e continuando lo stesso ad amarla. Una parte della sua vita finisce oggi, l'aveva sempre pensato che questa città fosse troppo grande per lei – ieri all'imbrunire mentre lo diceva, affacciata alla finestra a guardare la città grigia sotto la pioggia, Magalí era meravigliosa – non aveva più voglia di restare imprigionata in un kiosco, l'amore non basta a fermarla, perché è una decisione che aveva preso tanto tempo fa e finalmente è arrivato il momento di bruciarsi le navi alle spalle, salire su questo pullman forse un po' troppo lussuoso e dire un semplice Adieu a tutta la vita conosciuta, come scrisse Valentino Garavani congedandosi dalla sua attività di stilista, la stessa leggerezza. Poi sono sicuro che Magalí lo capirà da sola l'intensità che dovrà mettere in questo congedo, la tristezza rassegnata e, nello stesso tempo, la gioia per la nuova vita che ha il coraggio di iniziare. Non le dovrò dare troppe spiegazioni, perché, al di là delle scorie negative che devono essere ancora depurate, continuo a darle tutta la fiducia del mondo, come sempre, e se dovesse capitare un'altra giornata come quella di ieri, se davvero non riuscissi a superare i traumi post bellici, sono anche disposto a dirle che a Mendoza non ci posso andare, magari arrivo domani, un giorno di questi, ho un impegno improvviso, qualche questione da risolvere, poi le do due indicazioni base, le faccio vedere come funziona la telecamera, basta che prema Rec poi reciti quello che vuole, che tanto andrà bene sicuramente e io potrei fare soltanto danni.

Comunque, davvero, se potessi vivrei sempre così, tutto il giorno a disposizione come oggi, il senso di attesa, l'emozione per la partenza, una bella passeggiata per non disperdere i ricordi – per arrivare in Scalabrini Ortíz è bello anche passare per Cordoba, me lo devo ricordare più spesso–, il pranzo al Lorea leggendo il supplemento del Clarín, qualche ripresa al traffico e alla gente che cammina, che magari mi servirà qualche stacco fra un primo piano e l'altro di Mirna, e poi alle otto, con calma e coraggio, qui al Terminal de buses, che iniziamo anche noi una nuova vita, per qualche giorno non ci troverà nessuno, dispersi sulle Ande senza copertura telefonica e senza modo di essere rintracciati. Anzi, se magari nevica parecchio, si potrebbe anche rimanere bloccati in quota – io giuro che non farò niente perché succeda, ma nemmeno cercherò in tutti i modi di evitarlo – e allora diventa un'avventura da cui poi uno non si riprende mai più, cose troppo belle da vivere per ricominciare come se non fosse successo niente. Giorni di tempesta che passiamo rifugiati in qualche avamposto dei Cazadores de los Andes – l'equivalente degli alpini su questa catena montuosa–, una mattina di tregua mi portano in ricognizione con loro sulla linea di confine, nessun contatto col resto del mondo, soltanto io, Magalí e qualche soldato con cui giocare a carte. E alla fine, mesi dopo, quando la neve si scioglie e il mondo ricompare all'orizzonte, ci regalano anche una targa con lo stemma del Reggimento e la scritta incisa "Las Cuevas, il posto abitato più alto d'Argentina, al confine col Cile, dove vivono soltanto persone disposte al sacrificio, al coraggio e alla lealtà. E fra queste persone ci sono anche Magalí

Lopez e Corso Salani. Questa targa è regalata dai loro amici dei Cazadores de Montaña. Grazie per esservi fidati di noi", che è ciò che scrissero due Carabineros cileni a un'esploratrice scozzese, e ogni volta che lo leggo mi commuovo.

In fondo me lo meriterei, almeno come premio alla carriera, e poi dopo, forse, potrei anche pensare di girare soltanto in Italia: d'altra parte fino a adesso sono sempre stato disposto a tutto ovunque, ho incrociato i carri armati russi in Ungheria – ed era il primo cortometraggio che facevo–, alle fucilate in Romania la notte di capodanno, alla tempesta per attraversare lo Stretto di Gibilterra, magari qualche volta ho avuto paura ma mi sono sempre comportato valorosamente, non ho mai voltato le spalle al nemico, neanche quella volta che non volevo filmare i soldati giordani al di là della rete di confine con Israele e poi l'assistente mi ha convinto, e una sera a Viña del Mar sono andato comunque alla festa di compleanno del marito di una mia attrice: quindi adesso rimanere isolato sulle Ande per una tempesta di neve sarebbe davvero la medaglia più prestigiosa da appuntare sul petto, la Victoria Cross del cinema indipendente, l'onorificenza che viene data soltanto ai più coraggiosi registi durante una cerimonia a Buckingam Palace.

Intanto, comunque, qui per adesso c'è solo da aspettare Magalí, come un soldato semplice davanti a un bidone di benzina. Ma non mi importa, tutta questa giornata di oggi mi è servita a riflettere, e adesso mi sento pronto a tutto, da ora in poi non ci saranno più né nervosismi né recriminazioni, voglio salvare soltanto la serenità e la bellezza del tempo che abbiamo a disposizione insieme, il resto sono soltanto energie negative che butterò via senza rimpianto – "Ci mancava la svolta buddista" ironizzano i suoi detrattori.

Solo che adesso non so se a Buddha o a quale altra divinità dovrò chiedere aiuto per affrontare questa prova che mi viene inflitta e a cui, per dignità, devo trovare immediatamente una maniera per reagire. Ci sono migliaia di persone in questo terminal che aspettano di prendere l'autobus per andare in mille posti: c'è chi parte tra venti minuti e arriva tra tre giorni a Rio Grande, chi va in Brasile, chi in Paraguay, chi dove gli pare. Ognuno fa la sua vita, ha i suoi impegni, i suoi affetti, e non gli viene certo in mente di venire a rendermene conto. Fra persone civili – come insegnano gli anglosassoni – si fa così, la riservatezza è la regola e le emozioni si nascondono per delicatezza nei confronti dell'interlocutore. Ma qui siamo in un paese latino, evidentemente questa sacra legge che dovrebbe regolare i rapporti civili non funziona, e quindi adesso si scatena questa comica finale, questo numero di varietà, questo mistero burlesque da cui io per primo sono curioso di vedere come ne esco: un uomo e una donna che si avvicinano a me, li vedo da lontano e vorrei essere altrove. La donna la conosco, è la mia attrice, come sempre è bellissima, con quel giaccone verde, lo zaino e le scarpe da montagna. È quel ragazzo accanto a lei che non capisco chi sia – lo psicoterapeuta scuote la testa e pensa che forse ci sarà bisogno di ricorrere all'ipnosi–, magari è un'illusione ottica, inizio a avere problemi di vista, chi lo sa, c'è tanta gente in questo terminal, può anche essere che due persone debbano camminare accanto per un po' di metri. E forse può anche essere possibile che si dicano qualcosa sorridendo, fra giovani si fa così, non ne ho idea, io sono stato giovane poche volte. E comunque, se devo continuare a subire questi traumi, invecchierò anche prima del tempo, perché adesso non ho vie d'uscita, non c'è un posto dove scappare, posso solo rimanere qua immobile, mettere su il sorriso di circostanza e prepararmi a quello che ascolterò, e che verrà trasmesso in diretta su tutte le stazioni radio del paese, sulle televisioni, sulle emittenti in streaming, perfino agli altoparlanti qui del terminal, perché tutti sappiano e nessuno possa dire di non esserne stato informato. "Corso, ciao, ti presento..." Non è cattiveria, il nome non l'ho sentito, ero troppo occupato a non svenire. E poi tanto, in mezzo a questo disastro, fornirsi le generalità esatte è soltanto un' inutile formalità. Questa scena non era prevista in sceneggiatura: è vero che un'attrice polacca una volta aveva portato a termine un' affettuosa conversazione con il suo fidanzato corredandola di diminutivi amorevoli e dimenticando che io ho vissuto a

Varsavia e quindi avevo capito quasi tutto. E che un' attrice cilena – bellissima – il marito una sera me l'aveva presentato, e io gli avevo fatto anche gli auguri di compleanno, ma in quel periodo mi sa che lei voleva più bene a me che a lui, e poi c'erano di mezzo anche due bambini e con l'infanzia – lo dicono tutti – non si scherza. E ancora che un'attrice spagnola una sera al Bar Asturias mi aveva voluto fare tutte quelle rivelazioni, svelandomi quelli che lei pensava fossero i suoi misteri e che io conoscevo dal primo momento del giorno in cui ci eravamo incontrati per la prima volta. E che – per concludere in bellezza – l'aiutoregista di Bologna un giorno a Venezia mi aveva presentato il suo fidanzato, ma prima di farlo, almeno, aveva mostrato un minimo di imbarazzo, sincero o meno non era quello il problema. Ma adesso qui a questo terminal è stato fatto un passo in più, è stato sferrato l'attacco più temerario, scatenata la madre di tutte le gelosie, dichiarata la guerra santa nel sacro nome dell'amore conclamato. I servizi segreti si sono fatti sorprendere, andranno cambiati tutti vertici, dovrà essere rifondato tutto, cadranno teste eccellenti, non si può lasciare così sguarnita la difesa nazionale: non posso essere sempre e soltanto io a rimediare ai danni che mi faccio da solo, me lo sarei dovuto aspettare che questa coppia diabolica argentino–uruguaiana volesse sfruttare fino all'ultimo istante il tempo per stare insieme prima che la Pampa e il Rio de la Plata li tornasse a dividere. L'unica cosa che non capisco è perché ci sono dovuto andare di mezzo io, che tutto quello che volevo era rimanere da solo con la Mirna e fare la vita che mi sono inventato. Perché adesso siamo qui, noi tre, a dieci minuti dalla partenza del pullman, e cosa mi posso inventare per essere una persona cortese e civile, come sono stato fino a adesso – questo me lo devo riconoscere – e come avevo intenzione di continuare a essere se non fossi caduto in questa imboscata fra i cartelloni e le poltrone di questa autostazione? Ho ancora qualche pretesa, la prima di tutte finire questo film che oramai ho iniziato, mi piacerebbe fare questo omaggio a quella ragazza di Avellaneda a cui non ho mai smesso di pensare, le scene che abbiamo girato fino a adesso penso che siano venute bene, alcune bellissime, ci sono dei primi piani di Magalí che non dimenticherò mai, insomma, il mio dovere lo stavo facendo, posso avere avuto qualche momento di debolezza, ma soltanto ieri notte e perché ero stato provocato, non mi si può condannare per i pensieri, quelli non dipendono da nessuno, nemmeno da me che li penso, soltanto i fatti hanno un valore, e io in fin dei conti non ho lasciato indietro nessuna scena, nessuna intenzione, gli orecchini li ho comprati d'oro come li aveva la Mirna, non ho cercato di ingannare nessuno prendendoli di stagno, ho guardato Abril e Vero che si baciavano ma la coperta rosa non l'ho toccata, il mio Camino de Santiago per raggiungere Scalabrini Ortíz l'ho fatto quasi tutti i giorni, non mi sarò coperto la testa di cenere ma posso assicurare che il pentimento mi fustigava la carne con una corda chiodata, insomma, penso di aver fatto quello che ho potuto: e invece adesso c'è il rischio concreto di fare la fine di Raimondo Vianello nella scenetta su quella canzone di un po' di anni fa – "Ed io tra di voi, se non parlo mai, osservo la vostra intesa, ed io tra di voi nascondo così l'angoscia che sento in me" – che alla fine lui si sente male per la gelosia e lo portano via a braccia. Ma qui non siamo a Canzonissima, è la vita vera che si prende le sue libertà, e io non voglio dare spettacolo davanti a tutti questi viaggiatori, una scena pietosa, riverso a terra fra la borsa e la telecamera, l'allarme, le grida, lo spavento di Magalí, il capannello di gente, fategli aria, tiirategli su le gambe, lasciatelo respirare, chiamate un'ambulanza, la polizia, l'esercito, è un drogato, gli stranieri devono restare a casa loro, l'Argentina agli argentini.

Non ci sono alternative, il tempo di far finire questo falso sorriso e ritirare la mano dalla stretta, poi dovrò dire qualcosa di più di questo "Hola" che mi è uscito d'istinto e che non so nemmeno se è stato sentito. Anche se, fra i miei tanti doveri, in realtà non ci dovrebbe essere quello di intrattenermi in amabile conversazione con l'attentatore del mio equilibrio e della mia felicità: per gesti così nobili ci vuole tutt'altro tipo di persone, io non ho questo dono di bontà, non mi si può chiedere, è come se la Mirna, quando stava chiusa con me in quella stanza a fare l'amore a un certo punto avesse chiamato il suo vecchio fidanzato per il gusto di farci conoscere e bere un bicchierino in allegria, non lo so, non riesco neppure a trovare esempi da comparare, sono in mezzo a una tempesta, entra acqua da tutte le parti e posso solo provare a rimanere a galla.

Dieci minuti in fondo non sono molti, magari mi potranno sembrare dieci anni, dieci secoli, perché si sa che la percezione del tempo cambia a seconda delle circostanze, ma mi devo convincere che comunque non sono più di seicento secondi da far trascorrere, poi la Nueva Chevallier, famosa per la sua puntualità, imporrà di salire a bordo e l'uruguaiano – "Devo riconoscere che è un bel ragazzo", ammette col suo invidiabile fair play – piano piano diventerà un puntino all'orizzonte che ci lasciamo alle spalle.

Intanto però non c'è limite al peggio, bisogna che ne prenda atto, e allora iniziamo questo match d'improvvisazione teatrale, inventiamoci una bella conversazione che non ci porterà da nessuna parte, e che anzi, per quanto mi riguarda, dovrebbe anche essere seguita da una equipe medica, perché non sono sicuro di farcela a sostenerla. "Come va?... Cosa fai?... Sei proprio di Montevideo? Io ci sono stato una volta...Certo che hai fatto proprio una sorpresa a Magalí!... Quanto ci vuole adesso col Buquebus dall'Uruguay a Buenos Aires?... Riparti già stanotte?... Magalí è bravissima...". Non sono mai stato così ridicolo, mi tocca mostrare questa disponibilità fasulla, questa curiosità di facciata, questo sorriso da museo delle cere, e non so nemmeno per far piacere a chi, visto che Magalí è andata a comprare l'acqua – non ce ne era bisogno, sul pullman ce ne danno quanta ne vogliamo – e anche questo ragazzo di cui non so il nome – e non lo voglio sapere – fa quello che può, domande e risposte come in una partita di tennis, o di paddle, che qui è più popolare, senza interesse e senza voglia, un allenamento fine a se stesso tanto il vero match non si giocherà mai.

E io lo so che non lo devo pensare, che mi faccio solo del male, che non sono affari miei, che ho tanti altri problemi molto più importanti, che la vita degli altri deve essere lasciato lì dove sta, lo so che devo fare attenzione soltanto a questo film e alla Mirna, so tutto, ma questo bel ragazzo che se non fosse lui forse mi potrebbe stare anche simpatico – lo dico, ma non facciamoci illusioni, non prometto niente – probabilmente un'ora fa, o anche meno, stava facendo l'amore con Magalí perché chissà quando si rivedranno, sono giovani, si amano, non ce la fanno più di tanto a stare separati, la carne è debole, o qualsiasi altro motivo. O semplicemente perché avevano voglia di farlo, che basta e avanza. Si potessero scegliere i pensieri, sarebbe sempre tutto molto più semplice, invece mi tocca avere davanti agli occhi anche queste immagini, le grida dall'orrore, le cartoline dall'inferno, due amanti abbracciati che non si vogliono lasciare, i baci, le carezze, la confidenza, la stanza di Scalabrini Ortíz ricostruita in studio, due attori al posto nostro, il mio nome neppure nei titoli di coda. Tutto l'amore del mondo l'avranno vissuto loro due dentro quel letto, le mani di questo ragazzo in piedi davanti a me sanno com'è il corpo di Magalí, sono state dappertutto, la sua bocca l'ha baciata mille, centomila, un milione di volte, poi, quando proprio non ne potevano più, si saranno alzati – Non ti preoccupare, tanto Corso lo sa che arrivo sempre tardi – ancora un ultimo bacio, due, tre, mi chiami appena arrivi?, ti voglio bene, ti amo, sei tutta la mia vita, e adesso lui è qui che parla con me come se niente fosse, un incontro cordiale e costruttivo – così lo definisce Le monde Diplomatique – fra due persone ferme comunque sulle loro convinzioni.

In ogni caso, almeno cinque minuti, fra una stupidaggine e l'altra dovrebbero essere passati, tra un po' questo assalto a tradimento si concluderà, la Nueva Chevallier raccoglierà le truppe ormai sfiancate e avrò a disposizione tredici ore di strada per capire se e come posso reagire a questa disfatta contro la quale nessuno mi aveva addestrato. Però, se adesso Magalí non torna qui, cosa facciamo? A parte che tra due minuti, davvero parte l'autobus, poi abbiamo esaurito tutti gli argomenti possibili, non rimane altro da dirci, ma nemmeno possiamo rimanere qui a fissarci come due sopravvissuti un disastro planetario: qualcuno ci aiuti, intervenga pietosamente, non lo so, ci separi, ci dica cosa fare e noi lo faremo, tutto meglio di questa sospensione senza idee. Ma guarda se alla fine ci doveva anche essere questa solidarietà con l'uruguaiano innamorato, vittime dello stesso malinteso, schiavi della stessa donna, e questi ultimi secondi sono esattamente l'inferno da cui forse, ma non è sicuro, riusciremo a scappare. Ma almeno, adesso che l'altoparlante chiama per Mendoza, il pullman ha aperto le porte e la hostess aspetta i passeggeri col sorriso d'ordinanza, mi si faccia l'onore delle armi e mi si risparmi la scena del congedo, le lacrime, le promesse, la malinconia. Questo non lo merito, non è uno spettacolo per me, tutti i film che ho fatto finiscono più o meno in questo modo, due che si salutano e si perdono – anzi, a volte nemmeno si salutano – quindi grazie, so già di cosa si tratta, non ho bisogno che mi mostriate come funziona.

Almeno, visto che la hostess è così gentile – mi ha chiamato Don Corso quando ha letto il mio nome sul biglietto – adesso quasi quasi penso solo a lei, come se dovesse essere la mia prossima attrice, tutte le scene che mi possono venire in mente, così non vedo cosa succede giù sul marciapiede dove sono rimasti i miei nemici, e poi più tardi, se proprio non riesco a recuperare, le dico che sto male e ho bisogno di conforto, mi basta una parola gentile, una carezza, anche solo uno sguardo, d'altra parte sono un hombre solo in America Latina e se non lo chiedo a lei, che conforta per mestiere, a chi lo posso chiedere? Se almeno avessi chiesto il numero di Sebastián, avrei potuto chiamare Flavia e spiegarle la situazione, e sono sicuro che non si sarebbe meravigliata di niente, anche solo la sua voce sarebbe stato un sollievo e queste ore che mi aspettano sicuramente sarebbero passate più tranquillamente. E invece adesso mi aspetta tutto ciò che poteva essere e non sarà, le cose che mi ero conquistato e non saranno altro che delusione, il buio desolato della pampa infinita, la cena appena assaggiata, la monotonia dei chilometri, il riscaldamento troppo basso. E domattina come farò a svegliare Magalí, perché verso le sei si iniziano a vedere le montagne all'orizzonte? Come farò a filmarla mentre dorme? Dove andrà a finire tutta la tenerezza che potevo provare, magari un tè caldo alle due, la coperta, il cuscino morbido. Quando mai ci capiterà di nuovo questo viaggio? Almeno per stanotte saremmo potuti essere una coppia, attraversare l'Argentina, il mondo, la vita, come una coppia, e invece è stato dimostrato definitivamente, e pubblicato su tutte le riviste scientifiche, che la coppia è un'altra, e sicuramente adesso, mentre io ho già preso posto su questo sedile che diventa letto, si starà salutando fra lacrime e sospiri, una película romantica, la commedia de los adíos, e mi tocca anche sentirmi in colpa perché ho avuto l'idea di andare sulle Ande a girare il film e chissà quanto tempo passerà prima che quei due ragazzi si possano rivedere.

Questo cielo non lo troverò mai da nessun'altra parte. E nemmeno questo freddo. E nemmeno questa libertà, che se continua in questo modo fermo la macchina, scendo, mi allontano un po' e mi metto a urlare finché non finisco tutto il fiato e svengo. Oppure accosto e d'improvviso abbraccio Magalí, la aggredisco con tutto l'affetto che posso, le chiedo perdono, le chiedo pietà, basta che mi prometta che ci vorremo bene para toda la vida. Oggi il mondo va avanti come al solito, e io sono sulle Ande: non ho nient'altro da sperare, c'è spazio soltanto per questa felicità. Su internet possono anche scrivere quello che vogliono, ma tutto l'astio, il rancore e l'odio gratuito che ci possono mettere non contano niente rispetto a come è stata bella questa notte e come saranno belli questi giorni. Perché io lo so quanto mi è costato arrivare a fare questo film, quanto tempo ho dovuto aspettare, quanti ricordi ho dovuto mettere da parte perché non c'era modo di riviverli. E adesso, finalmente, è tutto al proprio posto, tanto che la rivista Variety – ma anche Sports illustrated, grazie alla mia passione per l'hockey femminile – mi ha nominato miglior organizzatore del cinema occidentale e quando andrò a ritirare il premio, pronuncerò appena poche parole: "Non mi sono tirato indietro e mi sono preso la vita che mi spettava". Un bacio dal palco verso Magalí, un sorriso tirato ad uso dei fotografi, poi per me si può andare a tutti al party.
Perché comunque, al limite, a Buenos Aires è anche facile arrivare, prendi l'aereo e dopo vedi un po' cosa succede, un'attrice e i

posti dove filmare si trovano, basta mettersi d'impegno. Però film italiani girati sulle Ande io non li ho mai visti; sicuramente saranno stati fatti, non dico di no, ma non ho avuto il piacere. E visto che ripeto in continuazione che non mi interessa fare parte del cinema italiano, estendo la ricerca, ma non mi viene in mente neanche nessun film straniero girato dove sto andando io, se non uno su due scalatori che precipitavano da una montagna e uno su una squadra di rugby uruguaiana sopravvissuta a un disastro aereo. Io però, invece, parlo d'amore, e per farlo meglio arrivo fino al confine col Cile – Paso Internacional Cristo Redentor, 3300 mt. d'altitudine – perché lassù c'è il posto dove Mirna vuole andare a vivere, persa fra le montagne, freddo, vento, il cimiterino degli andinisti – soprattutto inglesi e tedeschi – a poche centinaia di metri.

È vero che lo penso tutte le volte, ma adesso a maggior ragione, perché è la più difficile fra le battaglie e l'esito è affidato al destino: tutto quello che voglio è arrivare alla fine delle riprese, questo film è il motivo per cui sono nato e ho vissuto tutti questi anni, è il mio dovere da compiere, la missione che mi è stata affidata. Poi, dopo l'ultimo fotogramma, se proprio deve succedere, vorrà dire che mi metto a disposizione, mi colpisca un fulmine della tempesta andina, mi travolga una valanga dell'Aconcagua, mi investa un camion cileno senza freni, mi chiami la Mirna per dirmi che mi ha sempre odiato, ci raggiunga l'uruguaiano e si metta a dare indicazioni di regia: sono pronto a tutto. Ma fino all'ultimo ciak – faccio un appello pubblico nella speranza che qualche anima pietosa lo raccolga – vorrei tenere questa stessa serenità che ho iniziato a sentire subito, appena il pullman ha chiuso le porte ed è uscito dal terminal verso l'autopista 25 de Mayo, che fino a un certo punto è anche la strada per l'aeroporto, per la fine di tutto, dei sogni e delle speranze, ma poi invece basta tenersi sulla destra e inizia la traversata del deserto verso la terra promessa. Non lo so qual è stato il fenomeno, o il merito, o anche il miracolo, ma via via che il pullman andava avanti ho sentito che, insieme alla città, veniva lasciato alle spalle anche tutto il resto, non esisteva, vita che non ci apparteneva più. Soltanto io e Magalí seduti nella prima fila, la vista panoramica sull'orizzonte illuminato dai fari, il drink di benvenuto, la musica d'ambiente, la strada ancora da fare e le scene da scoprire. Insistere su gelosia e risentimento sarebbe stato soltanto un'inutile miseria, tanto si sa – ci sono libri, film, saggi e trasmissioni radiotelevisive a dirlo meglio di me – che non ci sono rimedi alla crudeltà dell'esistenza e quindi è meglio illudersi, fare finta di niente, e rimandare a data da destinarsi la resa dei conti.

E difatti è stato bello tutto il viaggio, la cena sul vassoio – antipasto di prosciutto e formaggio, pastel de carne, insalatina mista, dolce, Coca Cola o altra bevanda a volontà – il film sul monitor – Planet Terror, con Bruce Willis, e se posso fare un appunto, avrei preferito qualcosa di meno terrorifico – e il bicchiere di whisky da sorseggiare lentamente, anche se non mi è mai piaciuto, ma eravamo già all'altezza di Chacabuco, Magalí si era addormentata e io non potevo rinunciare anche a quel momento di beatitudine.

Poi stasera se ho tempo magari le riguardo, ma penso che siano venute bene anche le immagini che sono riuscito a girare, perché c'era quella leggerezza che era un po' che non sentivo, io e Magalí finalmente soli su un'astronave lanciata nello spazio infinito, e allora cosa mai volevo sentire e filmare di diverso, stanotte verso le tre, all'altezza di Villa Mercedes, quando ci sono stati quei cinque o sei chilometri illuminati dai lampioni, lei si vedeva appena sotto alla coperta e pareva quasi di essere in aereo durante i viaggi di andata, la stessa quiete e la stessa stanchezza felice? Saranno stati anche soltanto primi piani di una ragazza che dormiva, ma è la ragazza che ho scelto e comunque l'ispirazione uno la va a prendere dove la trova, non c'è da fare distinzioni, e anzi, proprio quei minuti di immagini, persi chissà dove in mezzo alla pampa, alla fine sono stati il modo più sicuro per innamorarmi di nuovo di lei, tutta la necessità di filmarla, senza non ci posso stare, è una privazione che non sono in grado di accettare, magari ci potranno essere anche delle cure, dei palliativi, non lo so, non mi interessa, io mi voglio fare male con le mie mani, mi voglio tuffare negli abissi dell'ossessione, è la vita che scelgo per me, quella che non ho fatto con la Mirna e adesso invece ho trovato il modo di ritrovarla. E ne fa parte tutto, qualsiasi cosa, anche vedere la neve in cima alle montagne, stamattina all'alba, le Ande che appaiono dal buio della notte – la bandiera del Reggimento da piantare su un nuovo territorio, l'abbiamo conquistato col valore e il sacrificio – tutto il mistero e l'avventura, in Italia di questa stagione si pensa a un bel week end sulla spiaggia e qui invece speriamo che il freddo non blocchi la batteria della telecamera. E poi più tardi a Mendoza, stiamoci il meno possibile, prendiamo la macchina all'Alamo Rent a car, che di questa stagione fa la promozione speciale, poi ce ne andiamo, di città per il momento ne abbiamo avuto abbastanza, guarda che cosa ci stava per succedere a Buenos Aires, c'è mancato poco che ci perdessimo per sempre, quindi non ci può fare che bene esplorare le infinite solitudini di Los Andes, come se fosse una terapia di coppia, quelle vacanze che consigliano di prendere dopo anni di monotonia matrimoniale, l'ultima speranza prima della separazione.

E adesso eccoci qua sulla Ruta Nacional N°7, verso il campo base di San Lorenzo de Uspallata. La prima volta in automobile con Magalí, che con questo maglione celeste mi piace un po' troppo per i miei gusti e le mie possibilità, i camion che viaggiano verso il Cile e ancora tutto che deve succedere. E siccome questa è la libertà assoluta, adesso trovo il modo di arrivare sulla riva di questo lago e se mi va, te lo dico subito, Magalí, così poi non ci sono sorprese, ti filmo fino a non poterne più, finisco tutte le cassette che ancora mi rimangono, e se non mi bastano prendo quelle che abbiamo già girato e ci registro sopra, non mi importa, sono disposto anche a questo sacrificio, non ci sono immagini più importanti di queste che mi salgono dal cuore, tu ed io soli nel mondo, siamo approdati sulle rive del Lago Potrerillo, gli unici superstiti di una civiltà scomparsa, siamo scappati, siamo fuggiti, gli ultimi ammutinati su un'isola deserta, io ti filmo e tu sei la Mirna, cammini all'infinito, non ti stanchi mai, hai in mente un posto che devi trovare e questa sul lago è solo una

tappa, un momento in più fra quelli che vivi: ma quest'acqua
così gelida e così azzurra, queste montagne, queste pietre su cui
nessuno ha più camminato dalla scorsa estate, sono quello che
siamo venuti a vivere qua, non lo possiamo perdere, sarebbe una
colpa imperdonabile, due esistenze sprecate, a terribile mistake,
come direbbero gli anglosassoni con la loro abituale efficacia.
Chissà se esiste un giornale qui a Potrerillo, anche se penso
di no, visto che non c'è nemmeno un paesino, soltanto quelle
case sull'altra riva che devono essere una specie di campeggio o
qualcosa del genere. Casomai, alla peggio, domani lo scriveranno
sul Los Andes di Mendoza, o su Diario Uno, o al limite basterà
una corrispondenza per il Clarín così tutto il paese ne verrà
informato, ma la notizia del giorno è che una donna così bella
non è mai passata in questa regione, degli occhi così scuri non
hanno mai guardato questi paesaggi miracolosi, degli orecchini
così dorati non hanno mai brillato sotto questa luce. Davvero, mi
sembra che Magalí assorba tutta la bellezza del mondo, e poi, per
naturale generosità, la rifletta intorno a sé, così, senza sforzo,
senza neppure accorgersene; come faceva la Mirna, che non si
rendeva conto di niente, e tutta Buenos Aires brillava nel buio,
l'unica luce visibile dagli altri pianeti, il faro per la navigazione
sicura delle astronavi aliene, il bersaglio preciso per l'opera di
Dio. Magari sarà l'aria pura, o il sonno, perché stanotte stavo
troppo bene e ho preferito non perdere tempo a dormire, tutto
può essere, ma adesso, se ci penso, sono convinto che il mio
destino sia questo di incontrare donne come Magalí e la Mirna,
identiche, anche se rimangono diverse: magari faccio film solo
per questo – altrimenti che altri motivi ci potrebbero essere per
condannarsi a queste solitudini? – sono un modo per rintracciarle,
qualcuno ha deciso che il senso della mia vita io lo possa trovare
soltanto andando a scoprire queste donne ovunque si trovino nel
mondo, un regalo a disposizione dell'umanità, basta solo che io
mi dia da fare. Perché in effetti, anche prima di Magalí e della
Mirna, ci sono state altre ragazze, altre donne, le ho incontrate
ogni volta che ho avuto un'idea e sono andato a filmarla da
qualche parte, dall'estremo ovest dell'Europa all'emisfero sud

dell'America, dal nord baltico al cuore padano dell'Italia. E sempre ognuna di loro ha lasciato dietro di sé centinaia di scene da filmare e centinaia di parole da ripetere – spero davvero che un giorno un mio eventuale biografo si prenda un po' di tempo per catalogare le scene di tutti i miei film e assegnarle alle legittime proprietarie. Qualcosa di simile è già stato fatto ma in maniera incompleta. Comunque sono a disposizione per fornire suggerimenti, indicazioni, nomi e, in alcuni casi, indirizzi di residenza. E anche adesso che Magalí cammina su questo sentiero per arrivare sulla riva, si spoglia della giacca e dello zaino, e poi si bagna il viso con l'acqua gelida, sono sicuro che è qualcosa che qualcuna di quelle donne ha già fatto davanti ai miei occhi, anche se adesso non mi ricordo chi possa essere stata. Non è colpa mia, giuro che il volto di ognuna di voi è scolpito nel Mount Rushmore della mia memoria, vivo con voi ogni giorno, siete la luce che illumina il buio, il suono che copre ogni silenzio, non ho mai smesso di amarvi e vi ho sempre, comunque, lasciate libere di amare chi e come volevate. Quindi, vi prego, dovete credermi, non è distrazione, non è noncuranza, è tutto intatto nella memoria e non ci sarà mai niente che lo potrà cancellare – aveva deciso di difendersi da solo, e il giudice iniziò a dargli ragione per la scelta–, è solo che anche io ho possibilità limitate, l'età, la fatica, le brutte esperienze, e in questo momento non ce la faccio ad avere altri pensieri se non questa attenzione disperata per avvicinarmi sempre di più a Magalí, che è tutto ciò che voglio filmare. Mi va bene anche il suo riflesso nell'acqua azzurra, perché intanto lo vedo benissimo che si è dimenticata di me – "Era quello che desideravo," gridò disperato, sapendo di non essere creduto–, è caduto anche l'ultimo confine, neanche lei fa più distinzioni, il film è tutta la sua vita, questo viaggio sulle Ande lo sta facendo davvero alla ricerca del suo posto nel mondo, e io non ho mai visto nessuna immagine più bella, questo silenzio, e queste gocce d'acqua che scendono sulla sua fronte, sugli occhi chiusi, sulle labbra, le bagnano il collo, le entrano sotto al maglione, e ovunque questa solitudine così determinata, senza paura né angoscia. Potranno passare giorni o mesi o anni, le Ande sono infinite e lei fa passi così piccoli, ma non si farà mai prendere dal panico, non tornerà mai indietro, questa è l'unica sicurezza, tutto il resto è soltanto un pretesto per filmarla sempre più da vicino, e anzi, se magari stasera a Uspallata trovo un internet point, sarà bene che veda se in questi ultimi giorni qualcuno ha inventato una telecamera che possa abbattere anche queste ultime lontananze, non lo so, non sono io il tecnico, qualcosa che mi faccia entrare sotto la pelle, dentro una lacrima, in una goccia di sudore, meraviglie di questo genere, così almeno me la faccio recapitare all'Hotel Valle Andino dove dopo andremo a dormire, e mi metto finalmente il cuore in pace. Perché questa distanza da Magalí non la sopporto più, è una tortura che non merito, tutte le scene sono diventate un peep show in cui non volevo entrare, questi millimetri che ci dividono sono migliaia di chilometri, sono una lastra di acciaio, sono il muro che divideva Belfast, e non posso neanche continuare a urtarla con la telecamera come faccio sempre, perché ogni volta mi sembra di essere finalmente lì con lei e invece è soltanto la più crudele delle illusioni. Poi anche lei a un certo punto magari si stanca, poveretta, cosa deve fare, è lì che vive la vita che le è stata chiesta, non è che si può distrarre in continuazione perché il regista le vorrebbe entrare dentro gli occhi con la telecamera e non trova vie d'accesso. Perché poi va bene tutto, ma con le attrici non si sa mai quali reazioni aspettarsi, perché c'è stata anche chi si è innervosita per un primo piano troppo affettuoso o chi si è sentita abbandonata appena mi sono allontanato per un misero campo medio studiato solo per decenza e perché così vuole la grammatica filmica, e poi naturalmente si è vendicata chiacchierando tutta la sera con il fonico. Certo, qua è difficile che Magalí si stacchi da me, la trappola l'ho preparata proprio per bene, siamo due puntini minuscoli nascosti in una valle andina, perfino i satelliti spia israeliani fanno fatica a rintracciarci, però quando si girano scene come questa, un regista – "Io", ammette, incalzato dal Pubblico Ministero – si indebolisce in un modo tale che qualsiasi distrazione, proprio la più minuscola, un allontanamento di un istante, la scelta differente sul menù della cena, una canzone non condivisa – solo per citare gli esempi più eclatanti – è una pugnalata al cuore, lo stiletto dei Gurkha, una lama marsigliese, una spada di Toledo che toglie la vita in un istante, neanche il tempo di chiedersi perché.

Io davvero vorrei scrivere una mail e inviarla per conoscenza a tutti i registi del mondo con preghiera di risposta, lanciare un sondaggio e chiedere a tutti i miei colleghi come fanno a sopportare questi sentimenti che impazziscono quando si filmano le attrici, come riescono a sopravvivere, magari un metodo c'è e io sono l'unico a non saperlo, come possono avere la lucidità, o la forza, o anche il coraggio, per non lasciarsi sprofondare nella voragine dell'equivoco come faccio io in questo momento e tutte le volte che guardo qualcuna in scena. Perché adesso anche qui a Potrerillo, non distinguo più cosa filmo, mi guardo intorno e non capisco, secondo me sono su una spiaggia di Puerto Madryn, questo lago è l'Oceano Atlantico, quelle montagne non ci sono, c'è solo l'orizzonte all'infinito, questa ragazza qui davanti è la Mirna, è passato qualche anno ma la riconosco benissimo, ha i capelli un po' più lunghi, ma per il resto non c'è niente di diverso, il tempo non ha fatto danni, lei non mi vede ma io sono qui, ascolto tutti i suoi respiri, sento quello che pensa, tutta la leggerezza in ogni gesto, la dolcezza, gli sguardi. Mi accontento di questa vita che le rubo e che faccio fare a qualcun'altra, non mi invento niente, oggi evidentemente aveva tempo – è andata in Peninsula Valdéz per stare tranquilla – è il primo giorno di sole dopo mesi di tempesta, ha preso un caffè al bar di sempre – le sorridono e poi glielo portano senza bisogno che lo chieda – un'occhiata al giornale per vedere cosa c'è al cinema stasera, qualche pagina del libro che tiene sempre in borsa, ma oggi è una giornata troppo bella per restare al chiuso, e allora esce a passeggiare sulla spiaggia, com'è fredda l'acqua dell'Oceano – poi le resterà la pelle salata – ma tanto avrebbe freddo anche d'estate, e il gusto di lasciar scorrere il tempo senza dolore, non succede niente, non incontra italiani che la deludono, se il suo amore non lo vuole nessuno se lo tiene per te, non è un problema, pazienza, si vede che gli altri non sono all'altezza.

E sul Diario de Madryn la notizia l'hanno già data anni fa, il giorno stesso del tuo arrivo, hanno bruciato la concorrenza – perfino la CNN latina si è fatta sfuggire l'esclusiva – un titolo lanciato a tutta pagina, i caratteri cubitali, una foto sfuocata che qualcuno aveva preso col cellulare: "Si è trasferita in città una donna meravigliosa proveniente dalla Capitale. Da ora in poi niente sarà più lo stesso, il sol dell'avvenire si è alzato sulla nostra bella terra. Si consiglia cautela ai deboli sentimentali e ai malati di malinconia".

Se dipendesse soltanto da me, io qui su questo lago ci starei davvero fino all'ultimo riflesso di luce dentro l'obbiettivo, andiamo avanti anche nel buio, poi al montaggio qualcosa riusciremo a tirare fuori, o anche niente, è lo stesso, tanto quello che filmo mi si incide direttamente nella mente e può anche bastare. Poi, senza più cassette, senza più batterie, senza più idee, torniamo a Mendoza, lasciamo la macchina e facciamo in tempo a prendere il pullman delle 22.30 per Buenos Aires. Solo che dopo aver vissuto al fronte anche per poche ore, è difficile riabituarsi alla vita civile, per il ritorno avrei dovuto organizzare una terapia per veterani di guerra, un gruppo di ascolto che mi prendesse in cura appena rimettevo piede al terminal, una quarantena da trascorrere sotto stretto controllo medico, sedute di ipnosi per cercare di farmi dimenticare la libertà assoluta che ho attraversato qua sulle montagne e che in città non è possibile ritrovare. Ma questa accortezza organizzativa non l'ho avuta, sono partito a cuor leggero, ho dimenticato la regola aurea dei maggiori statisti della storia, che ancora prima di vincere la guerra preparavano la pace. E a Buenos Aires, adesso, mi aspetterebbe soltanto desolazione e amarezza, abbandonato a me stesso e alle immagini come incubi di ciò che avrei potuto vivere e invece ho lasciato sulle Ande. Quindi adesso l'unica salvezza è andare avanti, cercare altre beatitudini, sono sicuro che ovunque ci fermeremo saranno là ad aspettarci.

E poi non devo nemmeno dimenticare che – il più inconfessabile dei segreti, affidato alle forze del male – non è mio compito facilitare una qualsiasi forma di contatto fra Magalí e quel suo ragazzo uruguaiano, che adesso a Montevideo si starà chiedendo come mai lei non lo chiama, starà in pensiero, controllerà il cellulare ogni minuto per vedere se c'è campo o batteria, accenderà il canale di notizie per sapere se ci sono stati incidenti di pullman, la lontananza, si sa, è come il vento, spegne i fuochi piccoli e accende quelli grandi – dal testo di una delle belle canzoni di Mister volare–, ingigantisce le preoccupazioni, "Magalí me l'aveva promesso, sarà colpa di quel regista italiano che non ho capito come si chiama, non le lascia libero neppure un minuto, ma il nostro amore è più forte della distanza, quello che non ci abbatte ci fortifica", e via con tutte le banalità di questo tipo. Comunque, giovanotto, lasciatelo dire, qui non è questione di avere colpa o meno, è che ognuno combatte come può, a me è stato ordinato di resistere fino all'ultimo uomo e io obbedisco. Sul fatto che Magalí non ti chiama è semplicemente un problema tecnico, qui sulle Ande i cellulari non hanno campo – la notizia è stata accolta con grida di giubilo da tutto il Reggimento – e visto che io comunque non sono una persona piacevole, e che, anzi, sono permaloso, rancoroso, cattivo, sgradevole, vendicativo, crudele, carnefice eccetera eccetera eccetera – notizie tratte dalla biografia non autorizzata compilata da alcune mie attrici – ti dico anche che spero con tutto il cuore che non funzioni neanche il telefono dell'albergo dove andiamo a dormire stanotte. Se mi riesce, Magalí te la faccio risentire tra una settimana, tra dieci giorni, cosa ti devo dire, in mancanza di meglio mi devo accontentare di queste ripicche, d'altra parte non mi si può chiedere di condizionare i tempi e i modi della mia ispirazione a seconda delle vostre esigenze di comunicazione. Anzi, guarda, tanto per essere chiari, se anche davvero fossero bastate queste prime scene qua a Potrerillo per fare il film più bello del mondo, se sul serio non avessi più bisogno di niente per essere felice di quello che faccio, se anche Magalí si fosse trasformata nella Mirna, io a Buenos Aires non ci tornerei lo stesso, mi sono comprato questa libertà e ancora non ci ho scritto sopra la data di scadenza; e poi, sennò magari lì vi viene in mente di vedervi un'altra volta, ci vuole poco a prendere il buquebus e attraversare il Rio de la Plata, ma guarda che bella improvvisata, che sorprese fa l'amore. E io invece, finché dura questo film, ho bisogno di Magalí ventiquattro ore su ventiquattro, sette giorni su sette. Non è di mia proprietà, ma solo perché gli essere umani non si comprano: però, insomma, diciamo che abbiamo fatto un accordo, uno scambio alla pari, lei mi dà il suo tempo, e io le regalo tutto il film, lo faccio per lei, poi mi tiro indietro, non lo firmo neppure, è un monumento che faccio al suo viso e alla sua bravura, ogni millimetro della sua pelle diventa il centro di tutti gli universi conosciuti e ancora da scoprire. Mi riconosco questo diritto di escluderla dal consorzio umano – "Prima di parlare di diritti, pensa ai tuoi doveri" lo supplica, inascoltato, il catechista – di sospendere la sua vita per il tempo strettamente necessario alle mie esigenze, poi, lo giuro, la restituisco alla comunità, e non ho più pretese, almeno fino al prossimo film.

E quindi adesso vediamo cosa succede, saliamo in auto e ripartiamo verso i misteri andini, siamo io e Magalí, abbiamo solo noi stessi, questi posti sono nostri, questa vita è quella che dobbiamo fare insieme. Che poi, se tutto continua come ho pensato, se rimane questa voglia di filmarla e di essere filmata, questa meraviglia per tutto quello che c'è qui intorno, bastava solo venire a cercarlo, alla fine forse ce la faccio a sentire davvero che l'amore che ha avuto per me la Mirna lo ha preso su di sé Magalí – quale altro sentimento ci potrebbe essere? – e se anche tutto è soltanto un'illusione che mi sono conquistato con la cattiveria e la vendetta, mi va bene lo stesso, perché i francesi non è che mi stiano simpaticissimi, ma almeno hanno affidato al mondo la frase più giusta di tutte "À la guerre comme à la guerre" e io li ho presi sul serio.

"Monica, io avevo fatto dei piani per quest'anno…lo sai com'è, si fanno sempre piani che poi non si realizzano…io però questa volta volevo rispettare le decisioni: avevo deciso di cambiare vita e andare via da Buenos Aires…La prima cosa, cambiare vita, si è realizzata…perché ti ho conosciuta, Monica…ti ho incontrata…e non ti immagini quanto è stato importante per me...Io incontro sempre...conosco molta gente...ma tu...tu...tu ed io...è stata la cosa più bella che mi poteva succedere...quindi, hai visto che la mia vita è cambiata grazie a te?... Però io volevo andarmene da Buenos Aires: ho sempre pensato che questa città è troppo grande per me...e quando sei arrivata era già troppo tardi, Monica...non potevo più restare là...la vita è così, le cose belle non succedono mai nello stesso momento...ma almeno ci siamo incontrate...ci amiamo...e questo rimane per sempre...Non ti so spiegare quanto sia bello essere amata da te...me lo ricorderò per sempre, te lo prometto...Forse un giorno ci rivedremo, non si può mai sapere...Se sapessi il nome del posto dove voglio andare a vivere, o dove si trova...te lo direi...però non lo so, e lo sto cercando qua, sulle montagne...ma se tu un giorno vieni sulle Ande, anche se non ci credo molto...tu cercami...fammi questo piacere...io sarò qua, e ogni persona che incontrerò spererò che sia tu". E adesso io cosa dovrei fare? Cosa dovrei dire? Chiusi in questa stanza senza finestre dell'Hostal Viena, in un paesino di mezza montagna senza strade asfaltate, la polvere che entra dappertutto, l'impressione netta di essere tornati agli anni '50 e non sapere come tornare all'epoca che ci spetta. A parte che sono abbastanza sicuro che il padrone di questo albergo sia un nazista austriaco scappato in Argentina subito dopo la guerra – l'età e la nazionalità sono quelle, e che altro ci potrebbe fare qua un uomo anziano, gli occhi azzurri, i capelli ancora biondi, la gentilezza agghiacciante?–, è che proprio appena siamo entrati, ancora sulla porta, è arrivata questa malinconia che adesso però vivrà solo Magalí, perché io, bene o male, ci sono abituato, o almeno so di cosa si tratta e magari trovo anche la soluzione per fare finta di niente, come adesso che, fra le immagini che devo filmare e il suono che devo registrare, riesco a tenermi occupato e a non pensare che questa lettera è un addio e gli addii, come si sa, non lasciano mai speranze. Ma si vede che Magalí era impreparata, non se lo aspettava, qui purtroppo bisogna fare le cose di fretta e dopo questa giornata che abbiamo passato, i posti che non aveva mai visto, il vento che non aveva mai

sentito, il silenzio, la libertà, il distacco, l'isolamento – secondo
me anche l'amore per il suo regista, ma per la legge sulla privacy
non lo posso pensare – credeva che fosse arrivato il momento
per stare tranquilla e rimettere in ordine i sentimenti, perché
quando arrivano tutti insieme come è successo oggi, è facile
perdere il controllo e davvero non si sa più cosa può succedere.
E invece, appunto, l'aspettava questo supplizio inaspettato, una
scena che sperava di non dover girare, o almeno di non dover
girare adesso: evidentemente i congedi sono terribili anche per
lei, e avrebbe avuto bisogno, almeno, di un po' più di pace. E
meno male, almeno, che non le ho detto – e a questo punto
non glielo dirò mai – cosa è successo l'altra mattina al Lorea
Café, mentre venivano in mente le parole che adesso lei sta
leggendo. Anzi, in realtà erano già pronte lì da chissà quanti
anni, una dietro l'altra in ordine perfetto, come agenti segreti in
sonno, aspettando solo il momento giusto per mettersi in azione
e aggredirmi con tutta quella commozione. Perché quella che
doveva essere una colazione di routine, i sorrisi della cameriera
peruviana – le è passato il raffreddore, ma è ancora un po'
pallida – le medias lunas, lo sport sul Clarín, si è trasformata
in un bagno di sangue, una valle di lacrime, ogni lettera messa
sulla carta un attentato alla tranquillità che pensavo di avere
raggiunto, ogni parola un dolore nuovo in ogni parte del corpo,
in ogni cellula della mente, il tribunale supremo della memoria
che mi infliggeva la condanna più crudele, la Santa Inquisizione
che mi puniva col supplizio più doloroso. Io non lo so qual è
stato il meccanismo – "Se ce ne è stato uno", aggiungono scettici
gli investigatori–, e come mai mi sono trovato così debole da
dover piangere da solo a un tavolino di un Caffé di Plaza de
Congreso, dopo tante mattine, apparentemente identiche, di
serenità e attesa per il giorno che era appena cominciato. Si
vede che doveva andare in quel modo, non lo so, a volte succede
che le emozioni destinate alla parte più nascosta della coscienza
trovino la strada per uscire allo scoperto: poi, se ci penso, mi
era già successo una volta in Moldova, in quel centro sportivo
con sala bar, quando mi ero messo a scrivere la lettera di saluto

della protagonista all'altro protagonista – in teoria, una semplice formalità – e dopo due o tre righe avevo dovuto nascondermi dietro il tovagliolo perché non riuscivo a smettere di piangere e l'intera squadra dello Zimbru Chi in u – compagine di proprietà russa, che naviga abitualmente a centro classifica del campionato nazionale, dominato dallo Sheriff Tiraspol – mi stava guardando. Anzi, qualcuno, l'allenatore o il massaggiatore, si stava anche alzando per venire a chiedermi se avevo bisogno di aiuto. Che brutta mattina, ho ancora davanti agli occhi le tute verdi e gialle dello Zimbru, la neve fuori dalle finestre e tutta quella disperazione che era saltata fuori all'improvviso, senza neppure aver lanciato un segnale di avvertimento. Che poi, quella volta, non c'era nemmeno da dire che ci fossero di mezzo chissà quali affetti: la protagonista – che sfoggiava consapevolmente una sorprendente somiglianza con la cantante australiana Natalia Imbruglia – era una ragazza bella e gentile ma, per fortuna sua, era rimasta al posto che le spettava, lontano dal cuore.

Ma questo in fondo vuol dire poco, perché un addio è sempre un addio, e qualsiasi accenno, anche il più innocente, alla possibilità di non vedersi più, di perdersi per sempre, di non vivere più quello che è stato vissuto, è una sofferenza contro cui la natura evidentemente non mi ha attrezzato, al di là del luogo, dalle persone, e dallo stato d'animo del momento. È come una tara genetica che è stata scoperta ma non riescono a curare, in presenza della parola addio il paziente è portato a crisi di sconforto profondo, accompagnate da un forte senso di terrore e di panico, senza riuscire a controllare la paura di morire e il desiderio impellente di essere un'altra persona, in modo da staccarsi velocemente dall'angoscia che lo tormenta. Lì in Moldova, in effetti, era stato terribile, un uomo di quarantacinque anni in lacrime come una Rosa d'Albione per una ragazzina rumena di bell'aspetto e poca confidenza, ma almeno era finito tutto in fretta, dopo un'ora avevamo cominciato a girare ed erano arrivati altri sentimenti. Altrove, in altre occasioni – "Gibilterra, Gibilterra", ruggisce il pubblico sugli spalti, irridendolo per un analogo episodio di qualche campionato fa – era stato peggio, il buio totale delle facoltà mentali. E l'altra mattina lì al Lorea la stessa cosa, meno male che non c'era una squadra di calcio ad assistere allo scempio, anche se qualche cliente comunque ha alzato gli occhi. Anzi, è stato mille volte peggio, perché qui fra me e Magalí d'amore ce n'è quanto ne voglio, anche più del necessario, e le stesse parole che cercavo di scrivere sul quaderno le avrebbe potute avere scritte la Mirna a me, io a lei, o lei a Magalí, o Magalí a me, o anche, affrontando le possibilità più eccentriche, che in natura sono sempre presenti, Magalí a Monica, Magalí alla Mirna, e via così, cambiando i fattori ma mantenendo identico il risultato.

Però un giorno mi piacerebbe davvero, anche solo per provare un'emozione nuova, mantenere una distanza da tutte le cose, il necessario distacco, osservare tutto da lontano senza compromettere mai la serenità. Perché poi io al limite ci posso anche scherzare sopra, però non sono mica tanto sicuro che vivere sempre così esasperati non provochi danni irreparabili alla psiche: forse siamo fatti per altro, abbiamo altre capacità, e c'è un limite alla sopportazione costante delle lacrime incontrollabili nei luoghi pubblici, all'angoscia febbricitante, alla cupezza gotica, all'amore adolescenziale, all'odio criminale, insomma, a tutta la gamma delle reazioni eccessive. Gli anglosassoni, col loro invidiabile understatement, sanno benissimo come annullarle, ma io, nonostante tutto, inglese non sono e rischio sempre una crisi definitiva di squilibrio mentale, ebete per troppo amore, da ricoverare in clinica, fine prognosi mai, da nascondere agli occhi dei suoi simili come uno scherzo di natura.

E comunque, qui in questa stanza, di anglosassone c'è poco: niente, per essere più precisi. C'è questa ragazza argentina che appena abbiamo aperto la porta si è intristita, e appena ha letto le prime parole della lettera che le ho dato si è commossa. Non riesce a parlare, le trema la voce, ha la gola chiusa, sento soltanto il suo respiro più forte e le lacrime che neanche lei riesce a tenere per sé. Ma guarda un po' se questa giornata doveva concludersi così disperatamente. Adesso siamo soli davvero, in questo Hostal per viaggiatori alla deriva, il paese di Uspallata è soltanto un punto sulla carta geografica, un luogo di passaggio, non ha niente se non desolazione e abbandono, non è troppo in alto e d'inverno nevica appena e neanche troppo in basso, così d'estate fa freddo e non c'è da far niente. Finisco sempre in questi posti e mi va sempre bene, non mi lamento, se dipendesse da me ci verrei anche a vivere qua, basta che ci sia Magalí o la Mirna, è la stessa cosa, decidano loro, si mettano d'accordo, e poi non importa nemmeno me lo dicano, sono pronto a qualsiasi soluzione che le riguardi, poi dove stiamo è davvero il problema più insignificante. Ma finché non sarà così, Uspallata rimane un anonimo villaggio andino in cui, un tempo, si è nascosto qualche nazista in fuga, un'unica strada asfaltata su cui non finiscono mai di passare i camion che vanno e vengono dal Cile, e il resto soltanto minuscoli empori, bambini in bicicletta, bar bui e un ristorante chiuso. E una benzinaia YPF che in altri momenti, forse, ma devo ancora capirlo, mi sarebbe piaciuta abbastanza.

Non so neppure perché in un posto come questo ci siamo due alberghi, il Valle Andino, dove siamo a dormire – lì almeno cercano di darsi da fare, d'estate aprono la piscina e, come comfort aggiuntivo, indicano un tavolo da ping pong – e questo Hostal Viena, un centinaio di stelle in meno, che chissà chi ha mai bisogno di venirci, anche se costa poco, 70 Pesos (poco più di 13 Euro), e l'austriaco all'ingresso non si è stupito affatto quando gli abbiamo detto che volevamo girare un film in questa stanza chiusa all'interno di un cortile. È bastato spostare il motorino che bloccava la porta, poi fino a domani a mezzogiorno possiamo girare tutti i film che vogliamo. Pagamento anticipato e asciugamani sul letto. E anzi, adesso che mi viene in mente, mi sa che questa storia del film al più gli sarà sembrata una scusa fantasiosa, un alibi inutile per una coppia clandestina che, in mancanza di motel, si arrangia con quello che trova.

In ogni caso, se a qualcuno adesso venisse in mente di cercare o me o Magalí, potrebbe utilizzare tutti i mezzi umani e tecnologici, gli ultimi ritrovati dell'industria spionistica esposti al salone di Tel Aviv, ma non riuscirebbe lo stesso a trovarci, non ci siamo lasciati dietro nessun indizio, nessun riferimento, perfino il Mossad avrebbe difficoltà a localizzarci sulla mappa del mondo, siamo stati bravi, eravamo stati avvistati a Buenos Aires, poi oggi tutti quei chilometri a caso per le strade andine, le deviazioni improvvise, le soste misteriose, il silenzio radio, e poi, col buio, questo Hostal dentro cui ci siamo asserragliati – sembra quasi di essere allo Sportsman – e forse soltanto con le microspie piazzate dentro la lampada o dietro la stufa elettrica, si riuscirebbe a decifrare la voce bellissima di Magalí che fa tutta questa fatica a andare avanti come se non ci fosse più aria da respirare. Dove lo trovi, amore mio, questo dolore? Un giorno spero che me lo spiegherai, perché lo so che sei un'attrice, lo so che dai tutto di te perché questo primo film è più importante della tua vita, però resta il fatto che la Mirna tu non l'hai mai incontrata, non sai chi è, qualcosa forse avrai anche intuito ma io alla fine non te ne ho mai parlato, e anche Monica è soltanto una voce che arriverà più tardi, quando tutto sarà già finito, ma fino ad adesso è stato soltanto un nome che abbiamo detto qualche volta e dietro al quale – scrivono le riviste di gossip tipo Hola o Paparazzi – mi nascondo io. Allora sei arrivata anche tu a questa confusione, anche tu non sai più chi sei, qui sulle Ande è venuta la Mirna che ti ho detto di essere, Magalí è rimasta in città, qualcuno, qualche giorno fa, l'ha vista entrare a Asociación de actores ma poi da lì non più uscita, e adesso provi a dire queste parole e ognuna in più che leggi ti trascina verso il fondo, la disperazione è già stata superata, adesso c'è il terrore, il rimpianto, ciò che sarà è soltanto uno spavento davanti agli occhi, hai deciso di andartene da Buenos Aires ma lasci il cuore dietro di te, non eri pronta neanche tu a soffrire in questo modo. Sei sorpresa e spiazzata, non sai più cosa ne è di te, ti sei persa, questa stanza adesso è tutto il mondo e non hai vie d'uscita.

Mi piacerebbe raccogliere qui tutti quegli ingenui che, con leggerezza irresponsabile, si ostinano a non capire cosa è un film e, per paura di andarci di mezzo personalmente, ripetono – "Soprattutto per se stessi" la conclusione dell'equipe medica a cui è stata affidata la ricerca – che i film sono soltanto fantasia, nemmeno della più utile, e la vita vera è altrove: tanto che, come corollario indispensabile a sostenere questa imperdonabile sciocchezza, considerano la realizzazione di un film pari a uno svago leggero, perfino divertente, un modo invidiabile per non lavorare, il rifugio dei perditempo, che in qualche modo, comunque, devono far passare le ore. Ecco, vorrei radunare questi testimoni viventi dell'umana inadeguatezza – se hanno bisogno gli organizzo anche un servizio di pullman per portarli fino a Uspallata–, li farei entrare a turno in questa stanza e gli mostrerei fin dove può arrivare la desolazione di un'attrice. Basterebbero pochi secondi, un tempo minimo, per schiarirsi le idee e chiedere perdono. Perché questa ragazza di Balcarce è lì che cerca di scalare questa montagna infinita, ogni parola mille metri di roccia senza appigli, una parete liscia che nessun andinista ha mai affrontato prima, e ogni volta che ripete il nome di Monica non riesce più a respirare, le cade addosso tutta la nostalgia, il tempo passato, svanito, cancellato. Se anche conoscesse il pop italiano, non la consolerebbe neanche cantare, insieme al più prolifico dei cantautori romani, che "non è cambiato niente no, il vento non è mai passato tra di noi, tu come stai, non è accaduto niente no, il tempo non ci ha mai perduto...", perché è lei la padrona della sua esistenza e la felicità se la deve conquistare scavalcando macerie e rovine.

Io, se potessi, alla fine la lascerei anche perdere questa scena, non mi piace per niente vedere Magalí in quelle condizioni, soltanto poco tempo fa era lì fuori che sorrideva guardando le montagne, il sole le colorava gli occhi, abbiamo comprato lo shampoo al market Las Heras, un caffè al volo, la vita che bisognerebbe sempre vivere, e adesso invece è lì che piange su quella sedia su cui l'ho costretta, la donna più sola del mondo, non c'è rimedio, non c'è speranza. E, se avesse un senso pensarlo, sono sicuro che, anche se ha deciso di lasciarsi tutto alle spalle, è lei che sta più male: Monica trova questa lettera e in qualche modo se ne farà una ragione, capirà, se adeguerà, che altro potrebbe fare? E poi Monica la propria vita la conosce, sa che per qualche strano gioco del destino la sua felicità può essere soltanto a termine, si sa accontentare anche solo dei giorni, delle ore, dei minuti, dei secondi che le vengono concessi per stare bene. E comunque, Monica sono io, e non me ne importa niente di soffrire, il dolore, come la stanchezza, è uno stato della mente – "Is a state of mind" così insegnano i commandos britannici – con cui prima o poi tutti devono fare i conti. Ma Mirna è così buona che questa malinconia la strazia, nella sua serenità non è contemplato il fatto che qualcuno, Monica, possa soffrire per le sue decisioni inevitabili, è un tormento atroce che non sa come affrontare.

Il problema è che senza questa scena il film e tutto il resto avrebbe meno senso, e, nonostante le lacrime e i singhiozzi, ho ancora un minimo di crudeltà per non poter rinunciarci. Anche perché, al di là di tutto, rimane sempre il fatto che io quando ho voluto perdere la Mirna – chissà in quale girone dell'inferno troveranno il posto per me – non è che ho seguito chissà quale procedura di civiltà, quei rituali codificati dal tempo e dall'umana convivenza: certo, non dico mettersi a fare scenate d'addio, baci, abbracci, pianti, silenzi, domani è un altro giorno e si vedrà. Sarebbe bastato almeno avvertire, guarda, domani non vengo in Scalabrini Ortíz a fare l'amore, mi è passata la voglia, stupidaggini criminali di questo genere, anche solo per lasciare un pessimo ricordo di me, non mi piaci più, ho trovato un'altra, non è che hai un'amica da presentarmi che mi sei venuta a noia. Anche le offese personali, le minacce, le percosse, tutto meglio del silenzio, dissolversi così come lacrime sotto la pioggia, nessuna traccia di me. Fino a quando al casting per Televisa – emittente messicana molto potente in Argentina e in tutto il Cono Sur – incontrai quel suo amico che una volta avevo conosciuto e mi disse che lei pensava fossi ripartito per l'Italia. Magari, così adesso avrei meno pentimento, mentre la realtà, allora, era che avevo dato il peggio di me – "L'autodafé dovrebbe seguire una liturgia precisa", obbietta il capo del cerimoniale–, neppure capace di lasciare un biglietto con anche solo una minuscola parte delle parole che Mirna adesso lascia a Monica. Troppo più facile scomparire, e poi, quattordici anni dopo, far dire a qualcun altro quello che avrei dovuto pensare io. Anche solo guardandolo dall'esterno, non sarebbe stato più semplice, perfino elementare, affrontare quei due o tre minuti, cinque a dire tanto, necessari a congedarsi onorevolmente, invece di aspettare tutto questo tempo, spendere soldi, energie e ricordi, coinvolgere una stella del firmamento, e rappresentare sulla pubblica piazza questa espiazione tardiva? Comunque, oramai le cose sono andate così, non è possibile tornare indietro, e almeno speriamo che in qualche modo alla Mirna arrivi questo onore delle armi che le tributo, tutto il Reggimento schierato sugli attenti, le sciabole degli ufficiali che splendono al sole, le bandiere al vento, il rullo lento dei tamburi. Il film magari non lo vedrà mai, ma questi sentimenti sono lo stesso lanciati nell'aria, e da qualche parte dovranno pur andare, li porta il vento, si attaccano alle persone lungo il percorso, e magari la Mirna non si rende conto di niente ma un giorno si troverà a pensarmi anche solo per caso, dopo tanto tempo che non lo faceva, e non sentirà più il rancore e la delusione, sarò soltanto una persona del suo passato che può ricordare tranquillamente – e sarebbe già abbastanza – perché il perdono gliel'ho chiesto, glielo sto chiedendo, anche se nel modo più lontano e complicato possibile.

Io qui posso pensare alla Mirna quanto voglio, ma rimane il fatto che Magalí continua a stare male davanti a quei fogli e ancora non riesco a capire cosa la ferisca in questo modo. In teoria sarebbe dovuta essere soltanto una scena come un'altra, forse appena più delicata, ma insomma, ce ne sono state di peggio in questi giorni e ce la siamo sempre cavata senza traumi particolari.

Anche se c'è questo pensiero nascosto nella profondità più oscura della mente che finora ho fatto di tutto per non decifrare, ma che rimane la spiegazione più probabile per questo pianto sospeso che riempie il cuore. Lo so benissimo che non è una cosa da pensare, che dovrei tentare di resistere fino all'ultimo secondo di vita, che al limite dovrei anche cercare un medico e farmi prescrivere una dose di psicofarmaci che annullino la coscienza. Fino a ora ce l'avevo fatta, avevo dedicato attenzione ad altre cose, avevo avuto altre immagini, e difatti sono stato sempre più o meno presente – "Lo conosciamo lo sforzo che hai fatto", gli riconoscono con fair play anche i critici più ostinati. Solo che qui il tempo passa, i giorni scappano via veloci, il film ha la sua forma e la sua vita, adesso siamo in missione segreta sulle Ande, ma tra poco dovremo tornare a Buenos Aires, non avremo quasi più scene da girare, Aerolineas Argentinas non cambia la prenotazione, e io non ho soldi, né spirito, né coraggio, né decisione per tagliare i ponti e rimanere un'altra volta qua, mi posso solo affidare alla vita maledetta che separa le persone. E una volta di più, tutti questi giorni, tutte queste emozioni, tutti questi sentimenti saranno solo un film di cui parlare al passato, qualcosa che, sì, è stato fatto, ma alla fine non è servito a niente, perché tutto è rimasto là dove è stato filmato, altrove, sprofondato nella malinconia e nell' abitudine. Particelle di vita che uno si regala a costo di mille sacrifici e che durano sempre troppo poco: e sarebbero brevi anche se durassero per sempre, perché in fondo non è scritto da nessuna parte, e nessun comitato scientifico l'ha mai dimostrato, che ci debba essere un termine alla vita desiderata. È vero che c'è sempre qualche ingenuo che sostiene la più sciocca delle credenze popolari, la vecchia saggezza contadina impiegata a sproposito, l'innata leggerezza fatta professione di fede, e ripete al suo sconcertato pubblico che la vita più bella piace così tanto perché è limitata nel tempo, altrimenti uno si abituerebbe anche all'estasi e passerebbe tutto il gusto. Sono in atto dei rallestramenti in città per arrestare i responsabili di questo crimine contro la realtà. È stata abolita ogni forma di garanzia processuale, e i catturati verranno giustiziati sul posto. È venuto il momento di fare pulizia di questa gentaglia che attenta alle giuste pretese di ogni singolo membro dell'umanità. La misura e la modestia di intenti sono state dichiarate contro natura, e gli ultimi resistenti verranno perseguiti senza misericordia. I consigli che date a voi stessi per consuetudine e odioso quieto vivere io non li voglio sentire, sono geneticamente incapace di tenerne conto, pensate un po' quale differenza ci divide. Io se potessi farei sempre nello stesso modo, non avrei nemmeno una casa in affitto, niente, alla peggio, dormo in strada, allo Sportsman, o anche all'Hostal Viena, non mi importa, tutta la vita in interrail, trecentosessantacinque notti in trecentosessantacinque posti diversi, basta solo poter continuare a filmare all'infinito, ovunque, ventiquattro ore su ventiquattro, e non mi basterebbe comunque mai, andrei dappertutto, fra aerei, automobili, treni e autobus farei milioni di chilometri anche per un solo fotogramma, che sarebbe comunque infinitamente più sacro della stanchezza che vi spaventa e abbatte. L'unico motivo per cui non posso vivere sempre come vorrei è che faccio un mestiere che comporta spese, materiale al seguito, e anche, come danno collaterale, periodi obbligati di pensiero e scrittura. Sennò, davvero, basterebbe un biglietto di sola andata e mi libererei in un attimo di quelle parvenze di convinzione a cui, per chissà quale motivo, molti si aggrappano per trascinare nella propria inadeguatezza chi non è come loro.

E comunque, adesso che oramai l'ho pensato, ce l'ho chiarissima davanti tutta la disperazione per dover lasciare tutto alle spalle: la Mirna, Magalí, il film, la vita. E anche se non mi voglio avventurare troppo nelle praterie dell'ignoto, perché il futuro è un'ipotesi, forse il prossimo alibi che vuoi, il futuro è una scusa per ripensarci poi – così lo definiva un cantante milanese che ha abbandonato il rock iniziale per cantare le donne – e le delusioni sono sempre dietro l'angolo, lo stesso adesso sono sicuro che, con questa lettera che deve leggere, Magalí si è resa conto che anche la sua felicità, almeno quella che sta vivendo adesso, ha stampata sul fondo la data di scadenza. Perché poi, a parte tutto, il lavoro degli attori è terribile, hanno così poche occasioni di fare quello che hanno deciso sia la loro vita, dipendono sempre da mille cose, dai film che altri devono girare, dai personaggi che sono stati scritti, dai registi che si affidano ai pregiudizi e scelgono, sempre e soltanto, i soliti volti, dalla fortuna, dal caso, dall'umore del momento. E intanto loro sono lì che muoiono dalla voglia, e non hanno niente da fare: per chi recitano, per la famiglia riunita in salotto? Per i compagni di classe? Per la propria immagine riflessa allo specchio? Soltanto i più audaci tra gli audaci resistono a questa mancanza intermittente, ma hanno spesso gli occhi tristi e i pensieri spenti. Magari Magalí è ancora abbastanza giovane, deve ancora finire la scuola, e non sa quale destino la attende. Solo che con me e con questo film ha saputo cos'è quella pienezza che si sente in scena, ha intuito cosa sarà la privazione, e anche per lei i giorni che la aspettano sono un unico incubo in cui darebbe la vita per non cadere.

Io davvero non lo so se è questo il motivo di tutte quelle lacrime, non è che adesso posso interrompere le riprese e domandarglielo, siamo professionisti, siamo fucilieri assaltatori, non ci facciamo turbare dai sentimenti allo sbaraglio. Non glielo posso domandare e, in teoria, non dovrei nemmeno essere contento come invece sono. Posso giurare su qualsiasi cosa che mi dispiace che Magalí sia così emozionata, e ogni lacrima è come se fosse mia, piange lei al mio posto, si è presa lei questo peso su di sé e mi ha lasciato libero, tanto prima o poi – è una legge non scritta che viene applicata su tutti i miei film – le ricambierò il favore; se avessi modo troverei una soluzione e la consolerei, cosa ne so, se vuole smettere di girare per sempre, il film lo facciamo finire qua dentro questa stanza, non mi importa, non devo essere io la causa del suo dispiacere, Magalí è sacra come sono state sacre tutte le attrici prima di lei, anche di più perché è sempre così gentile e disponibile, e questo disagio che mostra è esattamente quello che sente, nessun filtro, nessuno schermo. Non come un'attrice che l'ha preceduta, che una volta riuscì a piangere veramente bene in scena, ma dopo un po' mi accorsi che stava esibendo la sua disperazione e presto mi venne a noia. (Nota per gli esegeti: quella la scena poi non è mai stata montata, e una volta la protagonista mi ha rinfacciato la fatica inutile che le avevo fatto fare).

Comunque, davvero, le reazioni qua all'Hostal Viena sono state una sorpresa, i bookmakers puntavano soprattutto su un mio crollo emotivo, e invece siamo qua che io resisto dietro la telecamera e Magalí fa quello che tutti aspettavano facessi io. E Franti rideva...–si leggerebbe su un libro terribile che ha turbato generazioni di ragazzi italiani. E invece stasera sono io che, nonostante tutto, rido, o almeno sono contento nel più profondo del cuore, perché, lasciando libera la mente, mi sono convinto che Magalí si sia resa conto di quanto e come le mancherò tra qualche giorno. E per una volta nella vita, quindi, non dovrò assistere all'orrendo spettacolo che mi è stato offerto alla fine di tutti i film, i sorrisi compiaciuti, la fretta, al massimo, ma proprio quando era stata una tempesta, la malinconia accennata per qualche istante, solo per compiacermi, perché "si sa che lui ci tiene e sennò poi ci rimane male". Quella smania di tornare alla vita di sempre, stasera vado a cena con le mie amiche tanto domani posso dormire fino a quando voglio, non c'è più da filmare niente, Corso riparte e si ricomincia come prima. È stato bello, per carità, ma lui prende le cose troppo sul serio – offro una lauta ricompensa a chi mi sa dire in quale altro modo prenderle – non ha capito che io non sono il personaggio che ha scritto, sono soltanto un'attrice, cosa avrei potuto fare di più? E meno male che sono riuscita a mettere dei paletti – avete tutte lo stesso libro di testo o improvvisate sul momento? – altrimenti, davvero, avrebbe invaso la mia vita privata e questo un regista non ha il diritto di farlo. Senza contare il fatto che, con quell'affetto ossessivo – aspetta, scusa, mi si deve essere incantato il registratore – davvero mi ha tenuta prigioniera, non mi ha fatto respirare un attimo, non mi ha lasciata libera di rilassarmi – non è che si può fare una legge per abolire questo verbo? – con gli amici miei di troupe, che siamo giovani e spensierati e ci vogliamo prendere le nostre libertà.

I rifiuti tossici sono più innocenti di questa immondizia dell'intelletto, e vagano su navi fantasma sui mari di tutto il mondo trovando troppo spesso porti a cui attraccare. Ma qui siamo lontani dal mare e non c'è nessuna vergogna a mostrare la devastazione che lasciano dietro di sé gli addii, anche quelli che ancora non sono avvenuti. Sono armi create in laboratorio – "È questo il segreto dell'Area 51", assicurano gli appassionati di complotti –, hanno potenze incalcolabili, basta la forza del pensiero per innescare l'esplosione che, di fatto, può avvenire anche dopo giorni o mesi, dipende dalle necessità belliche. Perché può essere la vita più bella del mondo, e questa lo è, ma è comunque innestato nella mente il chip della separazione, fa il lavoro per cui è stato programmato, e il risultato è che qualsiasi felicità risulta minata dal dispiacere e dall'impotenza, non ci sono antidoti, la contraerea non è utilizzabile. Io queste cose le so e difatti il pensiero di finire il film mi atterriva ancora prima di iniziarlo, però almeno ci sono già passato e so cosa mi aspetta. Ma oggi si vede che anche Magalí si è resa conto di quanto valga questa illusione in cui si trova così bene, non esiste nient'altro, è tutto lasciato in sospeso, annullati tutti i fattori, azzerate tutte le sollecitazioni, ci prestiamo ingenuamente alla vita di qualcun altro e non abbiamo mai considerato di poterci trovare così bene. Quindi, Magalí, piangi quanto vuoi, leggi quelle parole con cui ti congedi da Monica, che poi hai capito che ti congedi da me, ci sono stati questi giorni che abbiamo già vissuto e ci saranno questi pochi che ancora ci rimangono, non c'è cura alla crudeltà, il futuro non può esistere, ma almeno noi, come dice Mirna, ci siamo incontrati, siamo stati insieme, ci amiamo, ed è la cosa più bella che poteva succedere. Consoliamoci con questo, Magalí, che rimangono poche altre speranze, e adesso finiamo questa scena che ti è costata troppo, e poi usciamo, che in questo posto chissà quando ci torneremo un'altra volta, può anche essere mai, e allora bisogna approfittare di ogni attimo per mettere da parte i ricordi a cui dopo ripensare per sempre, passiamo dall'Hotel Andino, andiamo a cena, beviamo tutta la Cerveza Andes che vogliamo, parliamo, respiriamo, guardiamoci negli occhi, facciamo finta che il tempo non esista e che da qui non andremo mai via.

Il Comando Supremo ha studiato i piani, ha diviso i compiti, i Gurkha stanotte hanno preso posizione approfittando dell'oscurità, e a me è stato affidato il comando del primo plotone. È tutto pronto per la battaglia, le armi sono state pulite e oliate, le piastrine di riconoscimento appese al collo e alla caviglia, le lettere affidate al cappellano militare. Mi sono conquistato il mio destino e adesso è bello far passare questi ultimi momenti di quiete guardando le montagne che brillano al sole del mattino. Se poi fumassi, ci sarebbe anche il gusto di una Marlboro morbida tenuta tra i denti, mentre affilo la baionetta con una pietra. Il piano d'assalto l'ho imparato a memoria, ma è bene ripetermelo una volta di più, perché oggi non sono concessi errori.

- Ore 08.00: adunata delle truppe speciali sul piazzale dell'Hotel Andino. Equipaggiamento pesante, perché in quota sono previste temperature basse e vento forte.
- Ore 08.05: partenza dell'automezzo verso la località Penitentes, a quota 2.580 mt. sul livello del mare.
- Ore 09.40: arrivo a Penitentes. Viene lasciato l'automezzo e la truppa si prepara all'azione, ripassando i piani di battaglia.
- Ore 10.00: arrivo del pullman della compagnia Expreso Uspallata, proveniente da Mendoza. Assalto e conquista del pullman; partenza del pullman verso Puente del Inca, a quota 2.850 mt. sul livello del mare. La macchina da presa deve essere messa su Rec appena il pullman si mette in movimento e mai più, ripeto, mai più, spenta fino a nuovo ordine.
- Ore 10.25: Arrivo del pullman in località Puente del Inca. Sbarco a terra dei commandos e continuazione dell' unica sequenza iniziata a Penitentes, fino al suo naturale esaurimento, che verrà comunicato mediante la parola in codice "Stop".
- Ore 11.00: Sosta e ristoro presso lo Snack bar Aconcagua, riconoscibile per le pareti in lamiera. Bilancio dell'azione e preparazione del secondo assalto.
- Ore 11.40: ritorno a Penitentes col pullman della compagnia di linea Expreso Uspallata, proveniente da Las Cuevas.
- Ore 12.10: Riprese varie sul piazzale di Penitentes.
- Ore 12.30: secondo assalto al pullman diretto a Puente del Inca. Anche in questo caso l'ordine tassativo è di filmare un'unica sequenza dal momento della conquista del pullman fino all'ultimo sguardo del Tenente Magalí

Lopez verso la telecamera, previsto venti minuti dopo l'inizio delle operazioni.

Quando ci sono scene come queste e non si hanno a disposizione tempo, mezzi e, per fortuna, persone, bisogna davvero studiare il piano operativo in ogni dettaglio. Poi questa di oggi è la scena finale del film, è come la vetta dell'Aconcagua – con i suoi 6962 mt., la montagna più alta di tutto il continente americano – da conquistare in mezzo a una tempesta di neve, perfino il record di lunghezza della sequenza finale del film che girai in Polonia scolorirà di fronte all'impresa che ho in mente oggi: venti, venticinque minuti senza stacchi pieni di immagini di Mirna che trova, finalmente e per sempre, il suo posto nel mondo – peccato che ci sia già un film argentino con questo titolo, però magari in italiano non se ne accorge nessuno – l'ultimo tempo della sua prima vita, perché poi, appena si accorge di essere arrivata nel nascondiglio che stava cercando, ne inizia un'altra ancora tutta da scoprire, e io magari tra qualche anno ci faccio un altro film. Comunque, se mi riesce, voglio girare qualche immagine anche mentre andiamo verso Penitentes – deve essere stato indetto un concorso su tutti i media nazionali per trovare la località andina più adatta, nel nome e nell'aspetto, allo spirito di questo film – perché questa strada è meravigliosa, è la più bella del mondo, davvero non ci sono né parole né emozioni conosciute per descriverla. E neppure per immaginare montagne di tutti i colori possibili, le zone di roccia azzurra, rosa, verde smeraldo, le striature arcobaleno all'orizzonte, i fiumi di metallo, il sole così vicino, e il cielo tutto attorno, sopra, accanto, e negli occhi di chi lo guarda. Un altro mondo dove è possibile vivere, e anche un obbligo da rispettare ogni volta che ce la faccio a venire in America Latina, perché va bene tutto, va bene essere pieni di memoria, avere mille colpe, o anche solo una da farsi perdonare, va bene innamorarsi delle persone, dei personaggi e delle attrici, ma la vita non può essere solo privazione, un po' di pace alla fine penso di dovermela, e ogni chilometro di questa Ruta 7 equivale a mille anni di paradiso.

Certo, oggi è una bella giornata e c'è da girare il film, quindi è molto facile farsi legare al palo, rifiutare la benda ed essere colpito al petto da qualsiasi suggestione. Sono qui apposta e non voglio altro. Ma, se avessero un senso quei sondaggi che ogni tanto si leggono sulle riviste, cose tipo i dieci motivi per cui vale la pena vivere, io sicuramente in uno dei primi tre posti metterei quella volta che sono partito da Mendoza alle tre e mezzo e mi sono trovato in piena alba proprio nel pezzo più bello di tutto questa strada, lo stesso che facciamo adesso, tra Uspallata e Puente del Inca, 72 chilometri della Ruta Nacional 7 Carretera General San Martín, che nasce a Buenos Aires e prosegue fino al confine col Cile. Quella notte era uno spazio sospeso nella prima luce, nel ventre materno ci deve essere lo stesso chiarore, la pace assoluta, il risveglio dal sonno primordiale, la poesia, la magia, la meraviglia diventate un fenomeno degli occhi e del cuore, gli astronauti per la prima volta sulla luna, o i conquistadores alla ricerca dell'Eldorado, devono aver provato lo stesso rapimento. Non si dovrebbe dire e neppure pensare, perché ci vuole un attimo a far credere di essere sotto effetto di sostanze stupefacenti, però quella mattina prestissimo tutti i colori prendevano una vita fisica col primo riflesso di sole, erano essere viventi, si poteva ascoltare le loro voci: Dio, non far mai arrivare il giorno, perché qui e adesso dimostri la tua esistenza – sorprende i suoi ascoltatori con la svolta mistica, così come Bob Dylan nel lontano 1978.

L'unica cosa è che quella notte ero da solo, o almeno, non c'era né la Mirna né Magalí né nessun altro con cui condividere quella scoperta di mondi lontani, perché, a parte tutto, con l'autista del remis – l'auto a noleggio con conducente che svolge servizio frontaliero fra l'Argentina e il Cile – non c'era tanto modo di comunicare. E poi lui quel viaggio fra le stelle mattutine lo faceva una ventina di volte al mese e quasi non faceva più caso a niente. Anche se poi, verso Los Andes, in Cile, quando ci eravamo fermati perché un camion si era ribaltato, mi raccontò che una notte di agosto c'era stata una tormenta di neve, le auto erano rimaste bloccate in quota, proprio vicino alla frontiera, e verso le tre lui e il suo passeggero avevano dovuto battersi a vicenda per riscaldarsi e tenersi svegli. Altrimenti avrebbero fatto la fine di quei quattro camionisti che, in una notte simile, erano morti assiderati a distanza di pochi metri l'uno dall'altro. La paura che aveva avuto – "La volta che sono stato più vicino a morire, señor" – e che fece venire anche a me soltanto ad immaginare il vento della notte, la solitudine e la tristezza di morire in un posto così bello. Comunque, oggi Magalí oggi c'è e sono pronto a tutto: perdiamoci, rimaniamo bloccati, facciamoci rapire dagli extraterrestri, troviamo davvero il nostro posto nel mondo e nascondiamoci per sempre, cambiamoci le generalità, qualsiasi cosa ci venga in mente, non ci può essere nulla che ci spaventi. Siamo insieme e che altri desideri vogliamo avere?

E adesso non importa nemmeno parlare in auto, perché siamo legati comunque, non ce lo dobbiamo dimostrare per forza, ci aspetta quella scena che lei deve improvvisare e io devo intuire, un po' di emozione ci può anche togliere le parole. È una mattina di giugno, lei è bellissima mentre guarda fuori dal finestrino, quegli orecchini a cerchio le stanno bene anche quassù, le maniche del maglione celeste le arrivano fino alle dita, e giuro che quando torno in Italia estraggo dal girato un fotogramma dei suoi occhi e lo stampo ingrandito di cento, mille volte, non ho mai visto occhi così scuri e così belli, forse quelli della Mirna mentre faceva l'amore, o mentre mi guardava quel giorno a Puerto Madero, ma non lo so, sono occhi diversi e mi basterebbe anche essere innamorato soltanto di loro, che comunque mi riempirebbero il cuore. In ogni caso, se a lei va bene, qui possiamo stare in silenzio tutto il tempo che vuole, fino al momento di prendere l'aereo per Roma – giuro solennemente sulla bellezza di questa strada che non mi farò accompagnare all'aeroporto – me lo comunica lei se e quando vuole di nuovo parlare con me, per una volta che il silenzio è un legame profondo e non angoscia e tensione, non vedo perché non ne dovremmo approfittare. E poi, quando andavo a presentare quel film che avevo girato nella base americana in Friuli, lo dicevo sempre che il silenzio tante volte dice più di mille parole. È vero che lì dovevo giustificare in qualche modo i due protagonisti che si amavano senza mai

scambiarsi una parola, comunicavano in un'altra maniera, però ci credevo e ci credo davvero, anche perché altrimenti non avrei potuto affrontare quell' inferno di cinque settimane a fianco di quel personaggio e di quell' attrice: lì sì che erano caduti tutti i confini, un'attrice polacca si era trasformata in una rivoluzionaria romena, e lo sforzo che facevo a mantenere un minimo di lucidità per dire almeno azione e stop – altro non mi si poteva chiedere – era chiara ed evidente, era scritta su tutti i giornali, la raccontavano tutti i notiziari, i writers più spericolati la dipingevano sui muri di tutte le città, la avevano capito tutti, meno quella ragazza polacca che rimaneva gelida e distante, nonostante che, in fin dei conti, in scena ci andasse lei e qualcosa di più profondo del dubbio sulla tonalità della cipria e dell'abbinamento dei colori se lo sarebbe dovuto portare. Anche se rimane per sempre scolpita nella storia delle relazioni umane, fulgido esempio di civiltà e cortesia, la dimostrazione più esplicita di cosa significhi il fair play, la british attitude applicata all'orgoglio polacco, quella telefonata che mi arrivò quando oramai eravamo già tornati ognuno al proprio posto, liberi finalmente e non saper che fare – i versi di un cantante romano che curiosamente ebbe la sua prima popolarità proprio in Polonia – quella telefonata che dovrebbe essere trascritta sui libri di testo delle scuole elementari, medie e di tutti i licei, oggetto di tesi di laurea, di dottorati e di baccalaureati, perché quella donna che era stata fatta prigioniera – parole sue – dalla mia gelosia, comunque trovo la nobiltà per ringraziarmi del film che le avevo fatto fare, nonostante quelli che erano stati i nostri rapporti. Non come quell' altra attrice che quando fu riaccompagnata all'aeroporto, in risposta al mio ringraziamento per aver fatto il film pensò bene di cavarsela con un "Prego" che ancora riecheggia nei canyon dell'orrore e dell'ingratitudine.
Certo che anche io cosa voglio di più? C'è tutta questa meraviglia qui intorno, c'è solo questo presente che non so neanche se sono all'altezza di vivere fino in fondo e mi perdo dietro a queste scorie del passato che, in teoria, non dovrebbero contare più niente. Perché poi il passato rimane sempre in mente, non si

perde nulla, e ci si può ripensare tutte le volte che si vuole.
Invece è per il presente che il tempo non basta mai: anche
adesso, per esempio, cos'è questo posto di blocco con i soldati
armati che prendono nota dei documenti e di tutte le targhe?
C'era anche ieri sera, quando siamo passati qui da Polvaredas per
i sopralluoghi, ma pensavo fosse una cosa provvisoria, anche se
con questa storia dell'influenza A fa impressione vedere i militari
con la mascherina di garza a coprire il viso, e uno ha sempre
paura di essere fermato e messo in quarantena: perché poi,
finché si tratta di avventura, in mezzo alla neve, sobrevivientes
de los Andes, io che rischio il congelamento perché cedo il mio
giaccone a Magalí, ancora ancora può andare bene, ma essere
messi in isolamento sanitario fino a data da destinarsi per dei
banali sintomi influenzali francamente toglierebbe ogni poesia.
Che poi alla fine sono anche contento che ci sia questo blocco,
perché ieri il passaporto mi è stato chiesto da una soldatessa
della Compañia Cazadores de alta montaña Teniente Ibanez
che, dietro la maschera protettiva e il cappello di lana, mi è
parsa molto, ma veramente molto bella. Solo che non avevo
tempo, volevo arrivare a Puente del Inca prima che facesse buio
e – spero che la giuria non tenga conto di questo reato minore
– sinceramente non ho avuto molto modo di farci attenzione.
Ma ieri era un altro giorno, il controllo molto più rapido, non
c'erano camion, e non ho neanche fatto in tempo a leggere il
suo nome sulla fascetta sopra il petto. Poi c'è stata la scena della
lettera con Magalí e – Vostro Onore, rendo una piena e spontanea
confessione per scaricarmi la coscienza – alla bella soldatessa
non ci ho più pensato, se non forse un attimo stanotte, un inizio
di immagine, niente di più, ma forse avevo bevuto un po' troppa
Cerveza Andes.
Stamattina invece mi sa che al posto di controllo ci restiamo
almeno una mezz'oretta, i rapporti fra gli argentini e i cileni
sono sempre un po' precari, si contendono perfino i ghiacci
dell'Antartide, figuriamoci se qui non è stato dato l'ordine
di ispezionare i camion a norma di regolamento, fino
all'esasperazione di qualche povero camionero che magari

reagisce male, lo arrestano e lo imprigionano a Mendoza. E a fermare le auto è la stessa soldatessa di ieri, per fortuna, almeno forse riesco a espiare questo peccato. Adesso ho tutto il tempo di guardarla, anche se l'allarme che mi mette in agitazione i pensieri e che mi fredda le mani sul volante lo dovrei conoscere bene, e finché posso, dovrei cercare di distrarmi, iniziare a chiacchierare del più e del meno con Magalí, raccontarle qualsiasi cosa, la vita della Mirna, la mia, inventarmi un unico monologo lungo il tempo sufficiente ad andare via da qua. Questa giornata poi è già abbastanza difficile per conto suo, e non ha certo bisogno di complicazioni come questa da cui mi sto per fare travolgere: se fossi più lucido o più forte magari tornerei indietro a Uspallata e per oggi non giriamo niente, ce ne andiamo un po' a passeggio in paese, riposiamo, giochiamo a carte, a ping pong, qualcosa da fare lo troviamo. Oppure forzerei il blocco, scanserei qualche fucilata e andrei a nascondermi su qualche sentiero di montagna, dopo aver bruciato l'auto e cancellato ogni traccia. Ma non ho questa decisione, e in fondo il gusto dell'amarezza mi è sempre piaciuto assaporarlo, altrimenti non avrei mai avuto immagini da filmare. E poi comunque un film su una ragazza soldato non l'ho mai fatto, ci ho pensato tante volte ma ancora non mi è venuto in mente, evidentemente avevo bisogno di un posto dove far vivere il personaggio protagonista e adesso finalmente l'ho trovato, qui a Polvaredas, il vento che taglia il viso, le rocce azzurre, la polvere che sembra nebbia, quella baracca bianca che serve da caserma, la staccionata di legno scura, le pietre coperte di calce a delimitare gli spazi. Questo è il posto, e questa, sicuramente, la protagonista: il Cabo Primero Adela Tellez – vedi come sono utili le fascette di riconoscimento – protetta dal freddo nella sua uniforme imbottita verde scuro, i capelli neri raccolti sotto al cappellino di lana che le copre tutta la fronte, la mascherina un po' abbassata perché è una donna coraggiosa e le epidemie sono solo uno dei rischi del suo mestiere, e quei minuscoli orecchini a forma di margherita che adesso davvero tiro fuori la telecamera e glieli filmo, anche a costo di farmi sparare perché qui i soldati fanno sul serio e non vogliono essere disturbati. È una donna bellissima che mi fa una tenerezza infinita – questo il primo commento affidato alle agenzie di stampa – e se posso affidare un desiderio all'immensità di queste montagne, spero che quando arriverà il nostro turno per essere controllati sia a lei a chiedermi il passaporto, e non quel suo collega che si dà un po' troppe arie per i miei gusti. Deve essere uno di quei tipi che sicuramente approfitta di ogni libera uscita per dare noia a questa sua collega innocente, metterà da parte moglie o fidanzata, nasconderà anelli e fotografie, e non avrà pace finché non prova a portarsela a letto, perché – mi pare di sentirlo mentre si autocompatisce, povero Cristo sperduto nel mondo – la solitudine gli pesa e tutto quello che vuole per sé è un po' di calore umano. La vergogna della Brigata, roba da degradarlo immediatamente, se lo vengono a sapere gli inglesi crolla tutta la considerazione che l'Esercito Argentino si è guadagnato sui campi di battaglia delle Isole Falkland. Una miseria d'uomo, la banalità del maschio ridicolo a caccia di avventure, e non si capisce perché la sua inadeguatezza la debba pagare questa ragazza così dolce che sicuramente avrà scelto da fare il soldato per aiutare la famiglia in difficoltà, e che al collo porterà una catenina con l'immagine di Santa Teresa de Los Andes, che la protegge da ogni pericolo.

E poi, da soldato a soldato, si abbassi quel colletto – non lo vede il Cabo Primero Tellez com' è in ordine? – che le uniformi non sono fatte per essere portate secondo la moda del momento. Non siamo mica in Italia che i poliziotti si presentano con gli occhiali Dior e i capelli ossigenati.

Problemi loro, mentre il mio, qui, è che mi sa che sta per succedere qualcosa che non avevo immaginato, e chissà adesso la mia vita che strada prenderà. Sono sotto attacco e non ho armi, fra la Mirna che non mi va mai via dalla mente e Magalí che ogni minuto che passa diventa sempre più indispensabile, l'attrice che avevo sempre cercato, il porto sicuro dopo anni di tornados, che proprio dopo di lei non voglio più fare film, sinceramente pensavo di avere già abbastanza preoccupazioni, perché poi le mie possibilità sono anche limitate, mi avvio alla

vecchiaia, sono pieno di cicatrici e sarebbe anche arrivato il momento di congedarmi, conteggiare la pensione e godermi la pace e la campagna. E invece eccomi qui, fermo per controlli al Km 38,6 della Ruta Nacional 7, che mi tocca innamorarmi anche di una soldatessa argentina che sicuramente viene dal nord – ha i capelli e la pelle scura delle ragazze di Salta o di Misiones – e che adesso che è arrivata a chiedermi il passaporto mi guarda un secondo più del normale – un secondo in effetti forse è troppo, comunque un tempo minimo che per fortuna si amplifica all'infinito – e io non lo so cosa ha in mente, dove vuole arrivare, che intenzioni ha, però forse qualcuno la dovrebbe avvertire che io sono debolissimo e qualsiasi gesto voglia fare o qualsiasi parola voglia dire possono provocarmi danni irreparabili, quindi, per favore, se non le costa troppo, usi un po' di cautela e vedrà che mi comporterò da persona per bene. Anzi, se le può servire questo esempio, non va bene affatto che così, all'improvviso, a tradimento, faccia scendere il silenzio su tutta l'Argentina, un fermo fotogramma fissato sulla vita di ogni persona, tutto il mondo concentrato esclusivamente su ciò che si sta vivendo qua a Polvaredas. Non ci sono più guerre, non ci sono più ingiustizie, il pianeta è un giardino fiorito, l'amore universale è l'unica legge, c'è soltanto una religione che richiede l'adorazione quotidiana di un ragazza del nord che si chiama Adela Tellez – ci sono altari col suo volto dipinto ad ogni angolo di strada – perché lei è così buona e misericordiosa che – narrano i testi sacri – una mattina di inizio giugno fece udire la sua voce melodiosa a un viandante straniero con delle parole che poi brillarono per ore in lettere di fuoco nell'azzurro del cielo: "Ah, Don Corso, sei passato ieri...ti ho riconosciuto...vai a Puente del Inca anche oggi?" "Sì" la risposta estatica del viandante in crisi mistica "Beato te! La prossima volta vengo anche io...lascio qui il collega e ci facciamo un bel giro".
Io non lo so cosa dire: adesso chi ce l'ha il coraggio di proseguire? Di girare quella scena che è la più importante di tutte? Chi ce l'ha la forza di affrontare i giorni che mi rimangono da vivere? Non si può cadere in queste imboscate sentimentali e pretendere di

rimanere lucidi e presenti. Perché adesso tutti i pensieri li devo
dedicare a questo caporale che sorride ancora per le parole che ha
appena detto, una ragazza che ha voglia di scherzare, nonostante
il grado e il numero di matricola, altro che quel suo collega che
per fermare qualche camion ha messo su la faccia feroce e non si
accorge di sembrare un bambino che gioca a soldatini.

Io, davvero, non manco di rispetto a nessuno, continuo ad amare
e ad essere devoto a tutte le dee a cui devo la mia devozione, la
Mirna, Magalí anche quando mi presenta il ragazzo uruguaiano,
l'aiutoregista di Bologna, la cameriera del fast food finlandese,
la fotografa svizzero italiana, la truccatrice tedesca, la ragazza di
Gibilterra che chissà se ha ancora uno scialle sulle spalle, l'attrice
cilena che mi ha tenuto per mano durante il viaggio in furgone
più lungo del mondo, ognuna è parte di me, non le elenco tutte
per paura di dimenticarne qualcuna – come si usa dire alle
cerimonie di premiazione – ma da adesso si deve considerare
lo spazio anche per questa ragazza di una zona dell'Argentina
dove fa sempre caldo e che, qualche attimo fa, nel freddo che
le fa stringere gli occhi, ha trovato la voglia e la gentilezza di
riconoscermi. Quante persone passeranno da Polvaredas ogni
giorno? E lei ha riconosciuto proprio me: è vero che sono
europeo e di questa stagione non ne capitano molti, ma se le
fossi rimasto indifferente – cosa anche possibile, figuriamoci se
mi faccio vincere dalla presunzione – che bisogno avrebbe avuto
di scherzare in quel modo e di sorridermi fino alla fine, per essere
certa che avessi capito ogni parola e ogni intenzione? Signorina,
io ho capito tutto, lo spagnolo lo parlo benissimo, è nella hit
parade dei miei orgogli, ho anche insegnato all'Universidad del
Cine de Buenos Aires, come è scritto sul curriculum che allego.
Il fatto vero, qui, in mezzo a quest'aria rarefatta dall'altitudine,
è che fra un uomo di cinema italiano e una mujer soldado
argentina è nato un grande amore, indifferente alle avversità e
alle distanze. C'è da riorganizzare tutto, trovare le reazioni più
adatte, le espressioni da esporre, gli stati d'animo da fingere,
perché comunque non devo dimenticare che sono chiuso in auto
con Magalí, che per adesso non credo si sia accorta di nulla, ma

che rimane sempre un'attrice, e l'ultima cosa di cui ho bisogno oggi è che si senta messa in disparte e prepari la sua gelida vendetta, tipo che mi fa ascoltare in diretta una telefonata innamorata col suo uruguaiano o qualche altra crudeltà del genere. Perché poi di ritorsioni simili a queste ne è piena la storia dell'umanità: un sondaggio lanciato nelle migliori università in cui si studiano i comportamenti umani, Harvard, Eton, Oxford, Cambridge, Princeton, e altri istituti sparsi nel mondo, hanno eletto esempio più esplicito di dimostrazione indifferente di gelosia l'attitudine di un'attrice dell'Europa Orientale che negli unici dieci minuti in cui avevo provato ad allontanarmi da lei decise di mostarmi quanto fosse intelligente, bello e sensibile il mio amico che le avevo appena presentato, un incontro d'anime, veramente, i regali che fa il destino, grazie Corso per avermi fatto incontrare questo prodigio d'uomo che arricchisce la mia esistenza. Alla prova dei fatti, poi, appena una meteora nella sua vita, giusto il tempo che tornassi da lei, e poi dimenticato per sempre, mai conosciuto, forse ti si confondono i ricordi, sbagli persona, io non sono tipo da queste ripicche.

Però la reazione di Magalí è soltanto uno dei problemi, e comunque le sono troppo affezionato per pensare davvero che il miracolo che ci tiene legati si possa incrinare per un sorriso restituito a una soldatessa lungo la strada. Piuttosto, devo rendermi conto che tra pochi secondi, dieci proprio a perdere tempo, devo innestare la prima e allontanarmi, perché adesso non è che posso bloccare le comunicazioni argentino-cilene soltanto perché una ragazza in servizio di controllo ha avuto la bontà di accorgersi di me. Si collegano tutti i notiziari, le maggiori emittenti mandano gli inviati, circolano voci incontrollate, fino a che Todonoticias non brucia tutti e scopre che all'altezza di Polvaredas il guidatore di una Ford Fiesta bianca targata GWF448 si rifiuta di liberare la strada finche il Governatore della Provincia di Mendoza, Don Celso Jaque, non gli garantirà un milione di Pesos e un aereo per trasferirsi in una località segreta in compagnia del Cabo Primero Adela Tellez, di anni 26, valorosa servitrice delle Forze Armate nazionali.

Comunque dieci secondi possono essere anche sufficienti per immaginare quello che adesso vorrei che fosse vero, l'unica vita possibile al momento, perché questo sorriso che mi è stato appena regalato non può finire qui, non può dissolversi nel vento come tutte le altre cose che succedono, questo è stato un incontro benedetto, una dea della strada che mi ha preso sotto la sua protezione, e adesso tocca a me custodirne il culto.

Come si fa a buttare via un ricordo come questo, una ragazza in divisa verde che riversa dentro di me tutta la dolcezza del mondo, "Don Corso, ti ho riconosciuto", e io ho riconosciuto te, Cabo Primero Adela, non fare caso a quello che ti dicono le amiche, per non parlare di questo tuo collega che inizia a spazientirsi perché non mi sposto, gli amori possono nascere anche così, in un istante, siamo anime in pena alla ricerca dei nostri simili, il concetto del tempo necessario alla costruzione di un amore – come lo definisce un cantautore genovese la cui banda, un tempo, suonava il rock – è soltanto un alibi, serve a coprire gli sbagli e l'incapacità, dimmi tu quale sarebbe la differenza di profondità fra quello che ci siamo appena trasmessi e quello che potremmo raggiungere dopo anni di vita in comune. E poi non ho capito quale tempo dovrei aspettare: chi è che ha stabilito il bisogno di approfondire, di essere sicuri, di non lasciarsi trasportare dalla fantasia fin là dove può arrivare? Questi sono momenti che passano come lampi nel buio, devono essere afferrati perché poi non tornano più. E se stessi davvero ad ascoltare le credenze popolari, poi come mi giustificherei di fronte alla mia coscienza? Cosa direi, che ho fatto finta di niente, e che a una ragazza come Adela qui alla fine del mondo non ci ho fatto neanche caso perché volevo essere sicuro, di cosa?, di impoverirmi l'anima per voler usare quella saggezza che – come canta il poeta reatino – troppo spesso è la prudenza più stagnante? Questi davvero sono consigli irricevibili, raccomandazioni che non accetto, pensieri sbagliati che adesso finisco di pensare e poi butto via per sempre, perché non esiste un solo motivo nel mondo – e se esiste, vorrà dire che sono un ribelle, un rivoluzionario, un irredentista – una sola necessità dello spirito, una sola legge di natura per sprecare anche uno solo dei sentimenti che la vita ti mette davanti.

E anche se adesso mi devo allontanare da qua, perché davvero non c'è più alcun motivo plausibile per intralciare il traffico, sono sicuro che anche Adela Tellez, come me, da ora in poi si farà compagnia immaginando il tempo che avremmo potuto passare insieme, se il destino o chi per lui non ci avesse fatto nascere in anni, in posti e in vite diverse. Almeno regaliamoci questo, che altro non c'è modo di ottenerlo, così non ci perderemo mai, anche se non ci vedremo più, e qui continuerà tutto come sempre, senza di me, i camion da controllare, il collega da tenere a bada, il vento, il freddo, la neve, le sere che non passano mai, le settimane prima della licenza. Pensiamo a tutto quello che avremmo potuto condividere, milioni di momenti che avremmo vissuto insieme e invece ci sono toccati soltanto questi pochi secondi. Quanti sorrisi, quante parole, quante speranze e quanto amore andrà sprecato adesso che ci perdiamo.

Però, almeno, devo cercare di non buttare questo ultimo tempo a disposizione, perché, che la guerra è perduta si sa, ma almeno il gusto di vincere una battaglia me lo voglio togliere (la stessa frase si può ritrovare, detta dalla protagonista, nel film cileno che ho girato nel 2003; a sua volta era stata ripresa dal film argentino "Un lugar en el mundo" di A. Aristarain.). Non ho niente da perdere e sono anche abbastanza sicuro che il Cabo Primero Tellez a questo punto si attenda da me qualcosa di più di quel semplice "Sì" che sono riuscito a farfugliare e di questa estasi attonita che non riesco a mandare via dalla faccia. Questo amore davvero non si può esaurire così, fra l'indifferenza dei camionisti in coda e quella di Magalí che chissà a cosa sta pensando e si aggiusta i capelli senza voltarsi. Abbiamo pochi attimi a disposizione, e in questo tempo minimo devo fare un grosso lavoro su me stesso, inventarmi un carattere che non ho, travestirmi da persona coraggiosa e rispondere quel messaggio che Adela Tellez mi ha lanciato. È vero che potrebbe essere stato tutto un malinteso, un errore della considerazione, un'allucinazione dovuta alla puna, il mal di montagna che qui sulle Ande può colpire anche a bassa quota: è un'eventualità a

cui non credo assolutamente, ma rimane comunque possibile.
Ma mi importa poco, io da qui non me ne vado senza combattere,
Adela il suo compito l'ha svolto e ora tocca a me: prendo
spunto da tutte le canzoni romantiche che ascolto e che non
piacciono a nessuno, mi faccio venire in mente una scena da
quelle commedie americane che vado a vedere nel pomeriggio,
e adesso che proprio devo allontanarmi perché altrimenti mi
sparano, cerco con gli occhi gli occhi del Caporale Tellez e
le sorrido. Non guardo neppure la strada davanti, per quanto
mi riguarda posso anche finire sotto a un camion, non me ne
importa, mi dispiace per Magalí, spero davvero che non si faccia
male, ma poi casomai le spiego la situazione e capirà, ma giuro
che se non riesco a farmi guardare da Adela da qui non mi
muove nessuno, perché anche lei non mi può pugnalare così
a freddo e poi gettarmi via come un rifiuto della memoria, un
ricordo non registrato, una scoria da cancellare in automatico.
Non chiedo molto, un ultimo sorriso che ci servirà per gli anni a
venire, perché poi io con i ricordi ci faccio i film, è sempre stato
così, e per il personaggio di un Cabo Primero ho bisogno anche
di questi dettagli.
Solo che non avevo considerato bene le conseguenze, ancora
una volta non mi sono protetto, e adesso davvero darei indietro
tutti i film che ho fatto, tutte le scene che ho girato, tutte le
attrici con cui ho combattuto – esclusa Magalí, ma con lei c'è
un'alleanza di acciaio–, darei indietro anche i motivi per cui
sono qui pur di non far finire mai questo momento che, se non
sto attento, mi si riempiono gli occhi di lacrime e sotto a un
camion ci finisco davvero. I racconti degli scampati a qualche
disastro, quando dicono di aver vissuto tutto al rallentatore:
ecco, io adesso la stessa cosa, il cuore batte una sola volta al
minuto, i secondi sono ore, le cose hanno un altro ritmo, e i
pensieri diventano solidi: qui su questa strada impolverata si sta
girando il più bel film d'amore che sia mai stato fatto, la colonna
sonora è composta da tutti i più struggenti boleros che siano
mai stati composti, e l'attrice protagonista è la più bella donna
mai comparsa sulla faccia della terra, l'uniforme imbottita dei

Cazadores de Alta Montaña un vestito di lino leggero, un velo, l'eleganza delle donne inglesi nei pomeriggi a Lahore, e il fucile in spalla, i gradi e lo stemma della Brigata sono gioielli che rischiarano la povertà del mondo. Perché Adela è più coraggiosa di me e non si accontenta di restituirmi il sorriso, lei lo sa che un sorriso in fondo costa poco e alla fine rischia anche di non dire niente. Io me ne vado, le scene con Magalí mi aspettano, il film deve continuare in qualche modo, ma avrò per sempre davanti agli occhi questo gesto che Adela Tellez mi fa con la mano, fino alla fine, fino all'ultimo fotogramma nello specchietto. Due persone che si sono trovate e che si devono perdere: ma almeno sfruttano fino in fondo il tempo che hanno, un gesto con la mano è come dire "Te quiero", non ci sono sentimenti nascosti, stanno tutti in quella mano che mi saluta perché sono passato dalla sua vita e una traccia, comunque vadano le cose, l'ho lasciata.

Certo, se Adela avesse usato il fucile e mi avesse sparato sarebbe stato meno doloroso, perché adesso, per il resto della vita, ci sarà sempre questa tenerezza verso una donna soldato argentina che mi ha detto addio in quel modo, anche se un po' si vergognava e cercava di non farsi vedere da quel collega insopportabile che ripeteva "vamos, vamos...". E se potessi rinascere, la prima cosa che farei sarebbe di arruolarmi anche io nei Cazadores de Alta Montaña 8 Teniente Primero Ibanez, Brigada de Montaña VIII – il vero bastione dell'Esercito Argentino sul massiccio andino, come scrivono sul sito internet – e chiederei di essere assegnato al distaccamento di Polvaredas sulla Ruta 7, per svolgere servizio di controllo al fianco del mio Cabo Primero Adela Tellez. Così la vita la passerei con lei, dodici ore di servizio e dodici di beatitudine, e quando poi ci mandano in licenza vado con lei nel nord, oppure possiamo anche rimanere qua, perché non abbiamo altri desideri che stare sempre insieme, siamo il testo di un bolero, una sceneggiatura di Lelouch, siamo tutti i desideri che le illusioni possono avere. E invece non ci vedremo più, ci perderemo per sempre, anche i ricordi prima o poi sfumeranno tra mille altri ricordi, perché la vita, nonostante tutte le speranze, è soltanto un film di guerra e a noi attori hanno dato poche munizioni.

Mirna, i film finiscono così, sempre troppo in fretta. Hanno questo difetto e ancora non è stato trovato un rimedio efficace: a un certo punto il tempo diventa un altro concetto che nessuno sa interpretare e travolge le cose e le persone senza offrire un solo appiglio per provare a salvarsi. Guarda anche questa volta com'è andata, tre secondi fa ero a Puente del Inca, a un chilometro dal Cile, se avessi voluto avrei passato il confine e nessuno mi avrebbe più trovato, forse neppure cercato, io e la mia attrice spariti per sempre in quel paese meraviglioso che va praticamente dall'equatore all'Antartide. Ma non sono espatriato, non mi sono nascosto, avevo e ho un film da fare, sono stato lì per delle ore, avanti e indietro con Penitentes, perché è vero che era già venuta bene la prima sequenza, ma era stato tutto troppo emozionante per doverci rinunciare così di fretta, e alla fine la stessa scena l'abbiamo ripetuta quattro o cinque volte, non le ho neanche contate, comunque finché ci sono stati i pullman per fare quei chilometri di strada. E non c'è stato un solo fotogramma in cui Magalí si sia staccata dai miei pensieri: glieli avevo appena accennati, ma lei li ha saputi tradurre comunque lettera per lettera, intenzione dopo intenzione, e quello che non le avevo detto è andata a cercarselo direttamente dentro la mia mente. Non so come abbia fatto, quali capacità abbia usato, se sia potere medianico o semplicemente intuito d'attrice, però spero che prima o poi qualcuno una spiegazione riesca a darmela, perché davvero, allo stato attuale dell'umana comprensione, non risulta possibile che tra le persone possano avvenire questi scambi di informazioni semplicemente con la forza del pensiero o dell'amore. Anche lì su quel piazzale sterrato di Puente del Inca, Magalí è diventata te, senza nessuno sforzo, soltanto respirando e guardandosi intorno, perché finalmente, dopo averlo tanto cercato, dopo essere fuggita da Buenos Aires, dopo aver abbandonato Monica, aveva riconosciuto quel posto dove una volta si era sentita così bene da dedicare poi ogni altra volontà a ritrovarlo.

Guarda Mirna, se adesso riuscissi a ritrovarti, qui a Buenos Aires o là a Puerto Madryn, o in qualsiasi altro posto che tu di sicuro renderai luminoso per il semplice fatto di viverci, se d'improvviso ricomparissi nella tua vita e ti chiedessi il sacrificio di vedere questo film che sto per finire, sono sicuro che non riusciresti a capire cosa ci fai in scena, come è stato possibile che io abbia assistito di nascosto al momento preciso che una volta mi hai raccontato, quando sei arrivata a Puerto Madryn, sei scesa dal pullman davanti al mare, e mentre tutti gli altri passeggeri entravano in un bar, tu rimanevi fuori perché quello che sentivi, così, d'improvviso, senza neppure averlo cercato, ti riempiva il cuore di gioia, e da quel posto non te ne saresti voluta andare via mai più. Il giuramento che avevi fatto a te stessa, di non sprecare la vita lontana da quel mare, giusto il tempo di chiudere le cose che avevi in sospeso a Buenos Aires e poi via, per sempre lì, perché hai, abbiamo, una sola vita e non abbiamo il diritto di sprecarla. Davvero, Mirna, ti chiederesti come ho fatto a seguirti senza essere visto e a filmare quei momenti di scoperta che avevi vissuto prima ancora di incontrarmi. Lascia perdere che poi in questo film io mi sono spostato sulle Ande, e che la Mirna dietro cui si nasconde Magalí quella stessa meraviglia e quella felicità le prova quando in quel posto sperduto sulle montagne ci torna, e non la prima volta che ci arriva: queste sono le inesattezze necessarie che ogni tanto si trovano nei film, contano poco, d'altra parte tieni presente che si deve sempre comprimere una vita intera in un'ora e mezzo e qualche compromesso bisogna farlo per forza. E poi, se non ti bastasse questa sorpresa di ritrovare quel momento che hai vissuto ricostruito esattamente sullo schermo, e volessi continuare a guardare questo film fatto su di te fatto a tua insaputa, sono sicuro che ti chiederesti anche come è stato possibile girare tutte queste scene senza che te ne rendessi conto, perché ti vedresti sullo schermo e non riusciresti a distinguere, la protagonista sei tu, sono tuoi tutti i gesti, i sorrisi, sono tuoi i respiri, è tuo tutto, le paure e i sentimenti, le speranze e la gioia. Solo che c'è stata questa ragazza di Balcarce che si è impadronita di te senza avvertire, si è trasformata in quello che eri quando, mille anni fa, mi avevi incontrato qua in città, un periodo difficile per tutti e due, non so se ti ricordi, quando passavi le giornate chiusa in quel kiosco grande come una cella di prigione. Giuro, Mirna, io se sapessi dirti come è avvenuta questa trasfigurazione te lo direi, perché in effetti mi immagino quanta impressione faccia trovarsi protagonista di un film senza accorgersi di niente. Però, davvero, non lo so, sono i misteri delle attrici, li fanno succedere e non danno spiegazioni: e guarda che l'ho capito subito che avveniva questo miracolo, dalle prime scene che ho girato con Magalí, addirittura da quando siamo andati a Tortuguitas per filmare la partita di hockey: ma è rimasto sempre lo stesso enigma che non riesco a decifrare. Perché continuo a riconoscere Magalí in ogni fotogramma, eppure se guardo le immagini sono sempre convinto di aver filmato te e una parte della tua vita a cui non ho assistito. Ma forse le attrici servono a questo, a mettere qualcosa di sé nel corpo e nell'anima di qualcun altro, e a volte ci tengono a lasciare una traccia riconoscibile nel personaggio, scusami, nella persona che fingono di essere. Comunque sono casi isolati, episodi necessari, momenti brevissimi nel disegno complessivo del film, ma per il resto, per questo periodo delle riprese, è stato davvero come se ti fossi sdoppiata, una parte di te là dove sei, quello che fai sempre, senza subire conseguenze, e un'altra parte qui con me, finalmente, perché ci ho messo un po' di tempo ma alla fine ce l'ho fatta a venire qua a prendermi i ricordi che mi spettano. E visto che non sapevo dove sei, ho cercato qualcun altro che mi aiutasse a tornare a quell'anno che ho vissuto qui, che mi facesse ritrovare tutto identico, era un altro conto rimasto in sospeso, un'ultima volta a fare l'amore in Scalabrini Ortíz. Lo so, magari avrei dovuto chiederti il permesso, perché non si espongono così le vite degli altri, ci sono dei limiti che dovrebbero essere rispettati e avresti anche il diritto di essere lasciata lì dove sei, che di delusioni te ne ho date già abbastanza. Ma non ci siamo lasciati gli indirizzi, e poi di Mirna Alonso ce ne saranno anche altre – anzi, sicuramente una c'è, una pittrice qui di Buenos Aires che ogni volta che ti cerco su internet trovo lei e mi tocca vedere tutti i suoi quadri–, nessuno sa che parlo di te, e comunque il fatto è che questo film a un certo punto era diventato un obbligo a cui non mi potevo sottrarre, un imperativo della coscienza, un ordine del mio capitano, e adesso sono pronto a qualsiasi conseguenza, se mi vuoi cancellare dalla memoria, se mi vuoi dichiarare la guerra nei ricordi, se mi vuoi denunciare alla Corte di Giustizia argentina per aver violato tutte le norme della riservatezza e della privacy, accetterò tutte le decisioni, non mi nasconderò, andrò incontro al mio destino, io il mio dovere l'ho fatto e non ho pentimenti. E mi prendo tutte le responsabilità, Magalí non c'entra niente, si è messa a disposizione, e non è colpa di nessuno se tante volte, a te, ma anche a me, è sembrato di vederti in scena. E pensa che alla fine, nonostante ci abbia provato tante volte, non le ho detto quasi niente di te, ha fatto tutto da sola, evidentemente particelle di te sono dappertutto nell'aria e lei è stata brava ad afferrarle. Perché anche tu ti devi rendere conto che non puoi appartenere soltanto a te stessa: questo in teoria sarebbe anche un desiderio legittimo, non dico di no, ma nel tuo caso non può essere esaudito, sei un bene prezioso di cui l'umanità non può fare a meno, una parte di paradiso mandato sulla terra, sei il diritto di ogni uomo ad essere felice, e la gioia assoluta si potrà avere nel mondo soltanto quando tutte le persone in tutti i paesi di tutti i continenti sapranno che esisti e riusciranno, come Magalí, a prendere di te quello che il vento gli porta.

Se non ci credi, se ti sembra esagerato, se pensi che stia cercando di farmi perdonare riempiendoti di belle parole, considera questa cosa che è successa lassù a Puente del Inca, mentre facevamo una pausa allo snack bar Aconcagua, seduti al tavolino in una stanza con le pareti di lamiera fissate al terreno con cavi d'acciaio. Ecco, eravamo lì a bere il caffè, mi pare che Magalí avesse le guance arrossate perché era seduta accanto alla stufa, e fuori sul piazzale si è fermato un uomo in motocicletta con molti bagagli sistemati dappertutto e una bandierina canadese sul casco. Adesso, già era strano che ci fosse un italiano lì, figurati un canadese. Comunque, dopo un po' ci siamo messi a parlare, – ha iniziato Magalí ma questa volta non c'è stata gelosia, giuro – ed è venuto fuori che questo motociclista, Richard – tieni presente che va letto alla francese perché è del Québec – era partito dal Canada due anni prima e fra quattro mesi sarebbe arrivato a Punta Arenas, in Terra del Fuoco, dove non sarebbe potuto più andare avanti perché lì la strada finisce e, in pratica, finisce anche il mondo. Tutta la Carretera Panamericana in motocicletta, da solo, per due anni e mezzo. Aveva avuto molto caldo in Nicaragua, e molto freddo in Bolivia, perché le strade salgono sopra i quattromila metri: adesso stava andando a Santiago del Cile, così poi fino al sud avrebbe avuto la strada asfaltata, che non ne poteva più di buche e pietre. Adesso, giuro, Mirna, non mi voglio vantare, però non so se ero più ammirato io per quell'impresa motoristica – fra l'altro anni fa avevo un progetto di documentario proprio da Punta Arenas al Canada, mi sa che una volta te ne ho parlato – o lui per essere finito in mezzo alla lavorazione di un film fatto da due persone. L'unica cosa che non mi ha convinto della sua scelta era quella di dormire e mangiare accampato all'aperto, avrà avuto anche il materiale adatto, ma se la sera non vai a bere tre o quattro birre da qualche parte come la vedi la vita degli altri? Io, per stare solo e venirmi a noia presto, ho già troppo tempo: quando non giro i film, ti assicuro che è un inferno, e meno male che mi organizzo e penso sempre a ripartire, altrimenti davvero non saprei come fare ad andare avanti. Quindi, te lo dico sinceramente, l'idea di stare chiuso in tenda da solo nell'immensità del mondo, mi spaventa parecchio, ma mica perché chissà cosa ti può succedere: è che uno non sa mai di notte che fantasmi possano andare a visitarlo, i ricordi sono sempre in agguato, sono nemici spietati che sanno aspettare il momento più giusto per colpirti, vietcong silenziosi capaci di rimanere immobili per anni prima di sferrare l'attacco decisivo. E allora me lo dici tu come avrei fatto se, per esempio, mentre ero in qualche pianura del Centro America, o su qualche altipiano della Bolivia, o dovunque, non è questione di posti e di altitudini, mi veniva in mente qualche immagine di te, anche la più semplice, non lo so, quel pomeriggio che abbiamo passato a Puerto Madero, proprio una coppia normale, due passi in centro la domenica pomeriggio, quel film francese al cinema, un gelato e poi a chiacchierare in quel quartiere sul fiume, manca poco che saliamo anche sul galeone dei pirati. Lo so che è proprio una giornata normalissima, che se l'avessimo passata una volta di più, ci sarebbe sembrato di sprecare l'esistenza e forse ci saremmo anche chiesti se realmente valeva la pena stare insieme per sprecare il tempo in quel modo. Ma sono certo che, a pensarci chiuso in una tenda, magari mentre fuori piove, o nevica o, mille volte peggio, mentre fuori la gente si diverte, quella domenica da pensionati senza pretese potrebbe diventare un'ossessione asfissiante, una ferita nella carne viva, un confronto irresistibile fra la ricchezza infinita che può offrire la vita e la miseria a cui certe volte ci si costringe. Quando si è deboli come sono debole io, Mirna, bisogna tenersi sempre in zone abitate, non importano le metropoli, anzi, magari nelle grandi città è anche più difficile comunicare o cercare aiuto: se tu avessi seguito la mia carriera, ammesso che ne abbia una, avresti potuto vedere che sono sempre andato a girare film in piccoli paesi facilmente controllabili, dove non era mai stato nessuno prima a filmare, così in qualche giorno mi conoscevano tutti, o comunque sapevano chi ero, e in caso di emergenza – ci sono stati film in cui gli allarmi sono suonati più volte al giorno – potevo uscire, incontrare qualche volto familiare e, in qualche modo, ritrovare una parvenza di serenità.

Comunque ti ho detto il primo esempio che mi è venuto in mente, una domenica qualsiasi che abbiamo passato insieme. Uno dei tanti ricordi, sufficiente comunque, in caso di sprovveduto campeggio libero, a farmi impazzire d'angoscia, il tremito, la solitudine, il panico e l'abbandono. Spero che il motociclista canadese avesse un equilibrio interiore migliore del mio, perché in due anni e mezzo le notti sono davvero tante e c'è tutto il tempo per perdersi definitivamente. Però, questi in fondo sono problemi suoi: io ti dicevo di questo incontro al Bar Aconcagua perché, dopo un po' che eravamo lì, non so come, mi è venuto in mente di raccontargli il soggetto di Mirna, con te che a un certo punto lasci Buenos Aires e Monica che ascolta la lettera che hai lasciato e non si rassegna, le manchi e darebbe la vita pur di ritrovarti. Lo so che detto così non sembra un gran film, ma le storie sono sempre difficili da raccontare, poi tieni presente che era una di quelle conversazioni che uno fa per cortesia, ci si incontra in un luogo sperduto e si dice qualche parola per coprire il silenzio. Il fatto è che questo canadese si era messo in viaggio verso la Terra del Fuoco per un motivo in qualche modo simile, la ragazza, forse la moglie, lo aveva lasciato, non so in che modo ma certo non doveva essere stato molto armonioso, vista la reazione disperata: si era sentito la persona più sola del mondo, aveva abbandonato il lavoro, venduto la casa, era montato in motocicletta e si era lasciato tutto alle spalle, succedesse quello che doveva succedere, tutto meglio che quella agonia dei sentimenti. Sembrava come se mi avesse raccontato la storia di Mirna e Monica racchiusa in un'unica persona, cambiavano i posti, le persone, gli affetti, ma poi alla fine sempre di disperazione si trattava, e di una donna che guida il corso degli eventi, diventa padrona del destino di qualcuno, lui in picchiata verso la fine del mondo a bordo di una Suzuki 1000, senza chiedersi cosa sarebbe successo quando la strada sarebbe finita, io qui in Argentina tutte le volte che posso per innamorarmi di tutte le donne che mi ricordano te, alla ricerca disperata di rivivere quello che ho già vissuto e non me ne importa niente se poi questo film davvero non risolverà niente, se appena darò l'ultimo ciak, proprio un attimo dopo, mi riprenderà la stessa identica nostalgia di aver perso te e, con te, una vita possibile che nessuno saprà mai come sarebbe stata. Ma, almeno, io e il canadese abbiamo due stelle polari a guidarci, un motivo in più per vivere, ci affidiamo a voi per non perdere la rotta, ed evidentemente nelle orbite misteriose dei pianeti era scritto che io e lui ci dovessimo incontrare quel giorno, a quell'ora in quella terra di nessuno in cima alle Ande, Magalí l'unica testimone, anime perse alla ricerca del tempo perduto.

Comunque dopo un po' passava il pullman per Penitentes, noi dovevamo girare un'altra sequenza, lui doveva raggiungere Santiago – almeno lì spero che dormisse in albergo – e in un attimo, senza rimpianti, ci siamo salutati. Però, davvero, la sera mentre tornavo a Uspallata, e tutte le montagne al tramonto erano diventate rosa, mi sono chiesto se anche io, girando questo film, abbia la stessa espressione di quel ragazzo canadese, che non so come spiegarti, perché sembrava che avesse appena visto un fantasma, lo stesso che lo costringeva a fare tutti quei chilometri disperati, era assente e distante, e parlava lentamente come se avesse paura a decifrare i pensieri che gli assediavano la mente. Non lo so, forse sarà stato che ormai era praticamente arrivato alla fine della sua fuga, come sono arrivato io alla fine del film, ma quando l'ho visto allontanarsi, un po' curvo sul manubrio, la foglia d'acero sul casco, che faceva anche freddo e stava iniziando a calare la sera, te lo dico sinceramente senza nessuna presunzione, mi ha fatto anche un po' pena, e se non va bene diciamo tenerezza, perché, da qualche accenno che ero riuscito a intuire, mi sa che si fosse reso conto che l'ossessione continuava a battergli in testa e quei due anni allora non erano serviti a niente, le notti che lo aspettavano sarebbero state piene dello stesso rimpianto e della stessa solitudine, e chissà quale altro viaggio si sarebbe dovuto inventare ancora.

Tutto questo, Mirna, te l'ho detto, succedeva tre secondi fa, poi in un attimo, il tempo che tu hai avuto, che ne so, per bere un sorso di birra – bevi ancora soltanto la Quilmes? – io mi sono ritrovato sul pullman della Nueva Chevallier verso Buenos Aires, perché sulle Ande non era rimasto niente altro da filmare, il Cabo Primero Tellez quando siamo ripassati dal posto di blocco non c'era, e la sera a Uspallata è passata veloce, come una vacanza, un week end romantico, le ore lente a comprare qualcosa al market, qualche altra immagine girata senza voglia e senza emozione, e tutto il tempo che abbiamo voluto seduti a cena al Restaurante Lo de Pato, perché una volta qualche anno fa mi ci ero fermato per caso e adesso ogni volta che torno a Uspallata devo ripetere la stessa liturgia, perché forse il tempo si ferma anche così. Anche se, come sempre dappertutto, io non so davvero come fare, perché, per esempio, anche lì in quel paese di mezza montagna tutto rimarrà identico, la vita scorrerà come sempre, i pullman partiranno verso Puente del Inca, gli empori venderanno le caramelle ai bambini e le sigarette agli adulti, le Ford Falcon continueranno ad alzare la polvere, l'austriaco dell'Hostal Viena resterà nascosto anche se a questo punto forse non lo cerca più nessuno, Adela qualche volta andrà a passare lì la libera uscita, al distributore YPF la benzinaia che non ho più visto e che, te lo giuro, mi torna in mente soltanto adesso, farà i suoi turni in attesa dell'inverno e tornare a fare la maestra di sci su in quota. Tutto, sempre, uguale: ma senza di me, che vorrei essere dappertutto. Se ci penso, è proprio una condanna terribile questa di affezionarsi alle persone e alle cose, dovunque, e poi doverle lasciare: tante volte mi sembra che quel film argentino "Un lugar en el mundo" e quello che diceva Mirna in quella scena che abbiamo girato a Tigre – quanto tempo sarà passato, un anno, due, tre? – siano esattamente i pensieri che ho, la malinconia che mi assale appena vedo qualcuno o qualcosa che si allontana nello specchietto retrovisore. Perché io non sono come te, tu dicevi di voler andare a Puerto Madryn perché una volta ci eri stata e le persone erano gentili. E sicuramente lo avrai fatto, non hai avuto paura, e di cosa poi, di arrivare sull'Oceano Atlantico e di fermarti a guardarlo? E se invece sei andata altrove – avevi tutto il mondo a disposizione – o se anche sei rimasta qua a Buenos Aires, sicuramente sarà stato perché lo hai voluto, un motivo ce l'avevi, qualcosa di meglio che avevi trovato, una vita che ti eri inventata e che non ti ci sarà voluto niente a realizzare. Le cose che hai in mente tu le fai, non esiste niente che te lo impedisca, sei la Mirna e la vita la decidi tu. E chissà cosa ti ricordi di me, perché in effetti quando stavo qua potevo anche dare l'impressione di essere come te, in fin dei conti ero arrivato per rimanere due settimane e invece la prima cosa che avevo fatto appena sceso dall'aereo era stata di buttare via il biglietto di ritorno. Ero stato anche bravo a non dirti niente di me – senza rivelarti che non c'era niente da sapere – e chissà quali misteri potevi immaginare. Il fatto è che è passato troppo tempo, le cose non sono più le stesse, io a Buenos Aires ci sarei anche rimasto, davvero, ma poi mi chiamarono dall'Italia per un lavoro a cui non potevo dire di no, e da quel momento le cose hanno preso un'altra strada, e se non suonasse ridicolo, ti direi anche che non dipendono più da me. Perché c'è sempre questo obbligo che sento, come il dovere di un soldato, ma non si sa chi mi abbia mai dato l'ordine di fare film, e al fondo rimane sempre la domanda sul perché preferisca vivere quella vita finta che non è neanche mia ma dei personaggi che penso, piuttosto che fare come te, che di film non ne vuoi sentir parlare e le responsabilità te le assumi in prima persona. E quando lasci indietro la vita che hai vissuto, non hai rimpianti né pentimenti, semplicemente vai a vivere qualcos'altro che in quel momento è diventato più importante, non ci sono limiti alla libertà, sei sempre stata così naturale e limpida che i tuoi desideri li fai avverare e non ti porti nessun peso sulle spalle che ti possa ferire la memoria. E guarda qual è la differenza tra noi, che io invece penso soltanto a quello che è già stato vissuto, il presente e il futuro non esistono, se fosse per me vivrei sempre e soltanto quello che è stato, un film dopo l'altro senza sosta, e quando finiscono i ricordi ricomincio daccapo, non mi stancherei mai. E anche adesso che tra poco torno davvero in Italia, lo so già che questo tempo che mi sono regalato, questi posti, queste immagini, questa attrice che ho filmato, nonostante tutti gli sforzi e la buona volontà, non risolveranno nessuna nostalgia, anzi, sarà solo memoria in più che non saprò come calmare.

Perché, per esempio, secondo te come farò a stare tranquillo tra due, dieci, cento, un milione di giorni, sapendo che ieri notte ero sul pullman verso Buenos Aires, io e Magalí senza niente da girare, la commedia americana che passava sullo schermo, la hostess col whisky, e tutta la confidenza del mondo concentrata su quei due sedili extra lusso davanti alla strada illuminata dai fari? Una notte infinita che invece è durata così poco: ed è stata soltanto felicità, perché saranno anche cose minime, non dico di no, stupidaggini da quattordicenni che poi le scrivono su Facebook, episodi mitizzati da gita scolastica, saranno dettagli insignificanti sperduti nella complessità dell'esistenza, ma a me questa cosa che Magalí, quando si è addormentata, si è appoggiata alla mia spalla è sembrata come un specie di premio che mi ero guadagnato dopo anni di allenamenti durissimi, la conquista di un territorio fino ad allora inesplorato, cosa vuoi che ti dica, vorrà a dire che sentimentalmente non riesco a andare al di là dei primi turbamenti di una ragazzina di paese, il livello è questo, hai fatto bene a lasciarmi scomparire, non hai perso niente, te lo posso assicurare. Però davvero, Mirna, dietro ci potranno essere tutti i motivi che vuoi, accetto qualsiasi giudizio o interpretazione, non è mica questo il problema, però questa notte in pullman è stata il punto più alto che abbia mai toccato con un'attrice, e non stavamo neanche filmando, abbiamo messo da parte noi stessi per diventare un'unica cosa, un unico film, era Mirna che si appoggiava a Monica, c'era quella vertigine che non mi ha fatto dormire per tutto il viaggio, ho visto l'alba mentre entravamo a Buenos Aires, e quando Magalí si è svegliata e per forza si è staccata da me, è stato come perdere il respiro, l'abbandono che non mi meritavo, come quando da bambino magari mi mettevano in castigo e per una volta non avevo fatto niente, la stessa mortificazione, la stessa ingiustizia.

Non so se ti ricordi quando quella notte in Scalabrini Ortíz a un certo punto ti eri convinta che io rimanessi lì a dormire con te, che sarebbe stata la prima volta, e in effetti non c'erano neanche ragioni per scappare come invece scappai. Lo so che adesso è passato tanto tempo e che probabilmente alle cose che hai vissuto con me ci pensi appena, però io quella notte lo vidi come ci rimanesti male, ti svaniva un pensiero che avevi avuto, non so, mi vergogno anche a dirtelo, ma forse avevi contato su di me per non restare sola quella notte e quelle che dovevano arrivare, e per un attimo quegli occhi meravigliosi che hai persero un po' di luce, l'ombra della delusione oscurò tutta la città, e l'unica persona che doveva rimediare, io, non rimediò niente e se ne andò a casa.

Lì su quel pullman del ritorno la stessa cosa, anche se questa volta sono stato io la vittima senza colpe: perché poi altre notti di viaggio non ci saranno più, o almeno, non più per chissà quanto altro tempo, adesso c'è da tornare in Italia, montare e finire questo film, aspettare che me ne venga in mente un altro, trovare soldi e modi per farlo, e poi, tra un anno, due, tre, mai,

Magalí, se sarà ancora lei, sarà un'altra persona, e forse non ci sarà più questo amore, forse non ci sarà una storia che serva a viaggiare su un pullman, e se anche ci viaggiamo magari non si addormenterà più sulla mia spalla, nella vita può succedere di tutto, io ci provo sempre ma le cose tante volte non ritornano e rimane soltanto la nostalgia.

E anche stamattina quando siamo arrivati qua in città ci sono state quelle due ore di sospensione che ho passato al Lorea Café, giusto il tempo per leggere il Clarín e per sorridere alla cameriera peruviana che si chiama Chantal, e che siccome non mi vedeva da qualche giorno pensava che fossi partito per sempre. Cosa le potevo dire, Mirna, no, ancora non sono partito, però parto stasera, è finito tutto? Lo so che non ci sarebbe stato niente di strano, in fondo è semplicemente la verità di quello che succede, però almeno mi voglio lasciare l'illusione fino all'ultimo, proprio fino all'ultimo secondo disponibile: il gusto di sperare che possa avvenire qualcosa al di sopra di me, qualsiasi cosa, non ho preferenze, basta che non mi facciano tornare indietro, possono anche ritirarmi il passaporto, o fare una legge che abolisce immediatamente l'utilizzo di tutti gli aerei, oppure il cinema argentino mi attribuisce un valore inestimabile, i cineasti si accorgono che non possono fare a meno di me e firmano un manifesto per assicurarmi un vitalizio e un film all'anno qui. Oppure magari ti posso incontrare per strada, che stupidi siamo stati a perderci, questo errore oramai l'abbiamo commesso ma adesso ringraziamo il destino che ci ha fatto ritrovare, non lasciamoci mai più, andiamo di corsa in Scalabrini Ortíz e non ne usciamo finché non saremo sicuri che non ci saranno altri giorni al di fuori di noi.

Da qualche parte potrebbe esserci davvero un motivo per rimanere, io ancora non l'ho trovato, ma chissà, le cose a volte succedono da sole: e allora perché salutare tutto e tutti, congedarsi, gli abbracci, le lacrime, gli addii? Lasciamo tutto in sospeso, facciamo finta di niente, che cosa cambiava alla bella Chantal che lavora al Lorea se io stamattina le dicevo che partivo? E cosa cambiava a me ripetermelo ancora una volta?

Oggi deve essere un giorno come tutti gli altri, io vivo qua, non sono neanche più italiano, che bisogno ho di andare in Europa, dopo tu ed io ci troviamo a casa e poi magari, se ci va, andiamo a mangiare una pizza a Los Inmortales, o al cinema, è inutile fare programmi tanto poi non li rispettiamo mai.

Però, Mirna, ti dico la verità, questo di fingere che questo 6 giugno 2009 sia soltanto una giornata in più che vivo qua è uno sforzo che non immagini quanto mi costi, perché ogni secondo che passa mi sembra di leggerlo su un orologio che scorre al contrario, come un conto alla rovescia programmato fino alle 22.45 di stasera, quando un Airbus A340 di Aerolineas Argentinas staccherà le ruote da terra e, con tutta probabilità, anche se non ho perso del tutto le speranze, mi porterà verso un'altra vita che adesso darei qualsiasi cosa per non tornare a fare.

Comunque, le cose vanno così, non c'è niente da fare, anche se ci sono dei momenti in cui invece ci si dimentica della realtà delle cose e allora diventa tutto infinitamente più leggero. Come prima mentre camminavo su Santa Fé per venire qua in Scalabrini Ortíz, e mi sembrava davvero di venire da te, come tutte le volte che l'ho fatto, la stessa emozione di vederti, cosa faremo questa volta, usciremo un po' fuori o resteremo in quello studio fino a non poterne più? E quando sono passato davanti al 1235, per un attimo ho sperato di vederti scendere ad aprirmi la porta, come quella sera che arrivai da San Fernando e non mi avevi detto quale campanello suonare. Anzi, Mirna, se i campanelli qui fossero come in Italia e non con quei numeri che bisogna ricordare la combinazione, oggi davvero avrei provato a ritrovare quello studio e avrei chiesto il permesso per entrare, se c'era bisogno mi inventavo una scusa, sono il tecnico del gas, sto facendo un censimento, o semplicemente dicevo che là ci andavo a fare l'amore con una ragazza qualche anno fa, perché non è possibile che di tutta Buenos Aires io rimanga fuori solo da quella stanza che era diventata tutto il nostro mondo: fanno i pellegrinaggi dappertutto, non vedo perché debba essere proibito soltanto questo santuario di cui probabilmente io sono l'unico devoto. Non avrei disturbato, giuro, non avrei fatto il tuo nome, sarei rimasto soltanto il tempo necessario a guardare quella stanza come se tu ed io fossimo ancora là dentro, due fantasmi del passato che si muovono davanti ai miei occhi, anche se il passato, come vedi, pare che non se ne sia mai andato. Sono andato via io, questo sì, e nel modo peggiore, e anche tu sarai dove hai scelto di essere, però è impossibile che almeno là dentro quella stanza non sia rimasto qualcosa di noi, il tempo non può avere cancellato tutto: certo, le tracce non saranno visibili, ognuno ha la sua vita e in fondo cosa sono un uomo e una donna che sono stati insieme? Ma sicuramente almeno io le saprei riconoscere e ti vedrei uscire dalla doccia come sempre, salirmi addosso, darmi tutto quello che mi volevo prendere, la pelle dei tuoi seni che ho cercato di baciare per tutto questo film ma non ne ho più ritrovato il sapore, le tue mani che sento su di me oramai solo di rado, la tua bocca che era l'unico respiro possibile e adesso invece devo solo soffocare. Ti avrei sentita gridare e chiamarmi per nome, e sarebbero stati di nuovo gli unici suoni da ascoltare, insieme al battito del tuo cuore, sempre affannato sotto la tua pelle, perché ogni emozione per te era una gioia infinita e non c'era mai un momento in cui potevi essere tranquilla.

Comunque non ho suonato nessun campanello lì a 1235 e non saprò mai cosa sarebbe successo davvero se fossi salito su al sesto piano. Non riesco neanche ad avere idea di come mi sarei sentito, quale nostalgia, quale desolazione, magari mi sarei arreso per sempre e adesso non avrei neanche più motivi per finire il film. Basta, un capitolo chiuso, un errore da chiudere in fretta. Oppure invece sarebbe stato l'ultimo passaggio necessario, lo spunto decisivo per abbandonare tutto il resto, storie, immagini, parole, e dedicare tutto il tempo a questa impresa disperata di trovarti, avendo davanti tutto il mondo e nessun indizio. Ma almeno farei onore a quel "Giving up is not an option at all" che non ti ho mai detto perché ancora non lo avevo ascoltato, anche se di Gibilterra una volta abbiamo parlato, era ancora l'unico tatuaggio che avevo e volevi sapere cos'era quel disegno. Davvero, Mirna, sarebbe anche quella una delle tante vite possibili, percorrere tutta l'Argentina, strada dopo strada, casa dopo casa, chiedere a tutte le persone: e secondo me, anche dopo anni e migliaia di chilometri, da qualche parte alla fine ti troverei. Mi basterebbe questo, almeno vederti una volta di più, scoprire se adesso ti sei fatta crescere i capelli, se sei sempre tanto magra, se hai iniziato a tingerti le unghie anche tu, se porti spesso gli occhiali da sole, se sei abbronzata, se hai ancora quella maglietta blu che ti ho visto solo una volta, queste cosa qua, curiosità che sono rimaste in sospeso, se ogni tanto in questi anni ti sei mai ricordata di me, se all'improvviso ti vengono in mente dei ricordi che pensavi cancellati, quella volta in subte quando non sapevamo dove scendere, o quando abbiamo lasciato passare tutti quegli autobus e poi alla fine sono andato a piedi, o quella notte che eravamo usciti ed eravamo già in Cordoba y Callao ma siamo tornati subito a casa perché non ci era bastato fare l'amore. Se certe volte anche te sembra insopportabile questo desiderio che aggredisce all'improvviso e fa pensare che c'è soltanto un corpo che lo può esaudire. Sapere queste cose, poi, se vuoi, me ne vado, scompaio un'altra volta, faccio quello che mi dici, eseguo qualsiasi ordine, questa davvero non deve essere una preoccupazione. Però mi devi promettere che se anche solo per un istante provassi l'ombra del dubbio, se per un attimo pensassi che nonostante tutto potresti avere ancora voglia di avermi accanto a te, me lo dirai e vedremo di organizzarci subito: io mi metto a disposizione, resto il tempo che vuoi che resto, sto dove mi metti, ti lascio libera di decidere. Forse è una prova che ci conviene fare, perché io senza di te ci ho vissuto, sono stato anche felice, ho fatto i film che ho voluto, ho conosciuto qualche attrice e anche qualche donna, però non ho più trovato niente di quello che mi davi tu, quella vita è rimasta qui a Buenos Aires e, per chissà quale speranza, voglio credere che anche tu provi la stessa privazione.

Potremmo riprendere esattamente da dove l'abbiamo – l'ho – la lasciata, da quell'ultima volta che ci siamo visti, in quel Caffè di Sarmento y Rodriguez Peña, quando eravamo andati a trovare quella persona che conoscevi e non mi ricordo cosa dovevi dirgli.

Non immaginavi che a quel tavolino, davanti a quelle birre e alle empanadas, stavi assistendo al mio addio: non sapevi che avevo così poco coraggio, anzi, forse, visto come sei, non credevi neppure possibile che esistessero modi così silenziosi di scomparire. E io ho quell'ultima immagine di te, Mirna, un fotogramma fissato sul tuo sorriso quando ti sei accorta che ti stavo guardando da fuori, perché l'uomo con cui dovevi parlare era arrivato e vi avevo lasciati soli: un attimo da scomporre in milioni di dettagli, le maniche della maglia a collo alto tirate su, le tue braccia bianche scoperte, le dita magre delle tue mani, i riflessi delle luci sui tuoi occhi neri, la borsa poggiata sulla sedia, gli orecchini dorati che vibravano appena, l'ombra appena scura intorno agli occhi, le rughe impercettibili sulle labbra, e quel gesto con la mano che è rimasto qui nella memoria, anche se per troppo tempo non ne ho tenuto conto. Davvero, amore mio, mentre ti guardavo dalla strada e tu eri così bella lì dentro al bar, non me lo immaginavo che dopo mi sarei distratto, avrei preteso chissà quale libertà, e sarei scomparso nell'oceano infinito di Buenos Aires. Però, anche se tu naturalmente non sei capace di cercare vendette, puoi essere sicura che quel saluto così semplice è come un coltello che porto sempre piantato nel cuore, il segno permanente di quello che ho tolto alla mia vita. E in fondo non mi stupisco più di tanto che quello stesso gesto me l'abbia fatto anche Adela Tellez, e che mi sia piaciuto così tanto: un modo in più per non farmi scordare mai, se ce ne fosse bisogno, come sarebbe stato più facile se dopo quel gesto pieno di tutta quella tenerezza ci fossero stati altri giorni e altre occasioni per stare insieme.

Però Mirna, adesso devo pensare anche a questa scena da filmare, e devo fare anche in fretta, perché dopo devo passare a prendere i bagagli in albergo e poi correre verso l'aeroporto. Dio solo sa se è giusta questa cosa di filmare fino all'ultimo e poi andarsene, senza neppure il tempo per niente, questo maledetto conto alla rovescia che non si vuole fermare. Non lo so, davvero, se sarebbe stato meglio finire le riprese e rimanere ancora qualche giorno, per distrarsi, per illudersi: ma sono dubbi inutili a cui non serve pensare, perché tanto non ci sono cure alla fine dei film e allora,

corso salani

forse, tanto vale fare così, passare il pomeriggio in questo studio
di tatuaggi che si chiama "Historia de mi vida" e che, soltanto
per un caso, giuro, è in Scalabrini Ortíz, neanche tanto lontano
dal 1235, ma sull'altro marciapiede, quello della trattoria senza
nome dove stasera non ho tempo per cenare.
Perché te l'ho detto che questo film è come la vita e siccome
avevo in mente una scena in cui Mirna si fa un tatuaggio prima di
partire per le Ande, Magalí ha pensato di farselo davvero, anche
se gliel'ho detto e ridetto che potevo trovare un'altra soluzione.
Ho avuto questa fortuna, finalmente un'attrice che prende sul
serio le cose che fa, evidentemente mette il film davanti a sé, non
ci sono altre esigenze: non sai quante volte ho dovuto perdere
tempo con le attrici che ci sono state prima di lei, anche solo
per scegliere i colori dei vestiti, il trucco più o meno leggero,
i movimenti minimi da fare in scena, i centimetri di pelle da
mostrare o meno, quando magari in sceneggiatura si parlava di
una ragazza nuda sotto la doccia. E invece con Magalí va così,
non ci sono discussioni, Mirna è più importante di qualsiasi altra
cosa, è esattamente quello che lei è e fa in questo momento, e
non so davvero quale sia un ringraziamento possibile, dovrò
cambiare ancora una volta il disegno del tatuaggio che mi farò
io e celebrare per sempre anche questa dedizione assoluta che
così non ha mai avuto nessuna, te lo posso dire senza fare la
vittima, anzi, l'ho avuta sempre e soltanto io e non andava
bene comunque, perché diventavo esigente, rigido, inflessibile,
insopportabile, sono stato invadente, eccessivo lo so, il pagliaccio
di sempre, anche quello era amore lo so – come dice un ambiguo
cantante italiano che tu probabilmente non conosci.
E poi scusa, vuoi mettere girare una scena di questo film, la
scena di un tatuaggio poi, in un posto che si chiama "Historia
de mi vida"? E c'è ancora qualcuno che pensa che sui film le
cose succedano per caso: già siamo stati a Penitentes e adesso
qua, a segnare sulla pelle il segno definitivo di questo incontro
benedetto. E io non lo so se è normale – a dire la verità nemmeno
me lo chiedo – ma adesso che Magalí è lì sul lettino e il tatuatore
le disegna la figura che lei ha scelto, sento male anche io –

248

quel poco che si sente – ogni volta che l'ago le entra nella carne, perché, davvero, qui, oggi, una volta di più, siamo una sola anima, abbiamo gli stessi sentimenti e le stesse sensazioni, il suo corpo è il mio, se controllano mi trovano anche il suo sangue nelle vene. E questo tatuaggio è soltanto un modo in più per rimanere legati, qualsiasi cosa succeda in futuro noi avremo sempre questo patto a tenerci uniti: almeno io e lei non ci perderemo mai, sulla sua pelle ci sarà sempre questo disegno che le ho chiesto io, Mirna non le andrà mai via dalla mente, non se ne libererà mai più, è l'impegno che chiedo di firmare, l'accordo che non potrà mai essere rotto, tra qualche giorno mi tatuo anche io – adesso non posso, altrimenti dopo non posso appoggiare la schiena al sedile dell'aereo – e non ci saranno più scuse, diventiamo davvero il testo della canzone d'amore più banale del mondo, Complices, Sin ti no soy nada, Historia de un amor, Ahora seremos felices, Yo vengo a ofrecer mi corazón, ma non ci possiamo fare niente se abbiamo questa esigenza e le parole non ci bastano.

Non esistono telefoni, non esistono mail, non esistono altri film per tenere in vita questo amore che abbiamo trovato per caso e abbiamo saputo come usare. L'ago elettrico nella carne è soltanto il dolore che deve costare, poi dopo non ci saranno altre prove, non ci tradiremo mai. Tra un po' di anni forse i film non si faranno neanche più, ci saranno altre cose e anche Mirna magari si perde, non si trovano più le cassette, i dvd, non lo so, dico per dire, può succedere di tutto, ma, almeno, finché io e Magalí saremo vivi, rimarrà un testimonianza, una prova dei giorni che abbiamo passato, dell'intensità che abbiamo attraversato, due disegni incisi nella pelle, in cui sono racchiusi tutti i fotogrammi che abbiamo filmato, tutti i sentimenti che ci siamo scambiati, siamo stati e siamo innamorati, lo rimarremo per sempre, abbiamo soltanto trovato un altro modo per dircelo, abbiamo scoperto questa libertà e ne abbiamo approfittato, pensa che fortuna abbiamo avuto, trovarci un giorno per parlare di lavoro e poi finire in questo modo, un patto di sangue che qualcuno disegna per noi.

Perché adesso finisce davvero, come sempre, come tutto: non rimane altro da fare, il tempo non l'ha mai fermato nessuno, qua fuori continua a piovere, un po' lontano c'è quel palazzo illuminato in cui tu e io, Mirna, ci siamo persi tante volte, Buenos Aires non si accorge di niente e a me rimane soltanto un ultimo favore da chiedere a Magalí, perché sono debole, mi fa paura tutto e davanti ho soltanto la disperazione. Lasciamoci qui, di fretta, il tempo di un "Gracias por todo, adiós" prima che salga in taxi, non perdiamoci in tante parole che non risolvono niente, gli abbracci e le lacrime servono solo a stare peggio, lo sapevamo dall'inizio che sarebbe dovuta finire e non ci possiamo fare niente. Davvero, le chiedo di andare via senza voltarsi, come si fa nei film d'amore, e se si volta vuol dire che mi ama. Abbiamo questi ultimi minuti, neppure, gli ultimi secondi, a Buenos Aires ci sono migliaia di taxi, basta alzare il braccio e se ne ferma uno, chiuditi la giacca che stasera fa freddo, in Italia adesso è estate, l'aereo è a un quarto alle undici, se faccio in tempo mi bevo una Quilmes alla tua salute, se ho ancora credito nel telefono dopo ti chiamo dall'aeroporto, altrimenti quando ci sentiamo?, Magalí ti vorrei dire tante cose, te quiero ma questo lo sai, ti prego, non mi dire cosa fai domani, non mi ci fare pensare, se torni a Tigre saluta Sebastián Mastinu, salutami sua moglie, salutami anche il tuo ragazzo che sono stato contento di conoscere anche se ti sarà sembrato di no, sei un'attrice meravigliosa, sei una donna meravigliosa, adesso che sali in taxi ti prego vattene, non guardarmi, non sto piangendo, davvero, deve essere questo vento, sei così bella, ogni volta che metti quegli orecchini pensa a me, Magalí, davvero, te quiero, sei così gentile, non ti preoccupare se adesso non riuscirò a dirti adiós, facciamo finta che non succeda niente, eh sì, domani mattina ci troviamo al Lorea, il prossimo film lo facciamo sulle Ande e preparati perché dovrai essere una soldato che si chiama Adela, io non so come fare adesso senza di te, stanotte in aereo dovrò chiedere aiuto a una hostess, se scopro quando suonano le ragazze di Marcadores Nuevos qui in città te lo dico, tanto lo vedo su internet, il film sarà pronto fra tre mesi, forse prima, non lo so, appena ce l'ho ti mando il dvd, o te lo porto, chi lo sa, adesso però Magalí, davvero, per favore, vai via, io non ce la faccio più, non mi voglio fare vedere da te mentre piango, ecco, si ferma questo taxi, ricordati che mi hai promesso di non voltarti, non piangere anche tu, così non va bene, Magalí, ti prego, almeno tu devi essere tranquilla, tu rimani qui, e poi abbiamo sempre i tatuaggi, quando ti viene la nostalgia ti guardi sotto al braccio e lì ci sono io. Adesso vai, davvero, ci salutiamo così. Non ci perderemo mai. Un ultimo favore: se un giorno incontrerai una donna che si chiama Mirna Alonso, per favore dille che mi hai conosciuto e che la amo come amo te.

Dialogi del film

Monica, ho fatto i piani per quest'anno. Ho deciso di cambiare la mia vita e andar via da Buenos Aires. Ho sempre pensato che questa città è troppo grande per me. Ho compiuto il mio primo obiettivo, cambiare la vita, perché ti ho incontrato, Monica. Dal momento quando sei arrivata era troppo tardi, Monica. Non potevo più stare qui. E' la vita, le cose buone non succedono mai nello stesso momento.

eppure era un giorno normale, come tutti gli altri che avevo vissuto da quando sono nata... non c'era niente di diverso... gli stessi posti, le stesse ore del giorno, gli stessi autobus, la stessa città, lo stesso silenzio nella mia stanza, perché non c'era nessuno mai... tutta la vita che non mi piaceva e che vivevo lo stesso... io non mi aspettavo niente da quel giorno... non mi aspettavo niente di niente... cosa si può aspettare, basta vivere... e invece, per qualche motivo che noi non sappiamo, Mirna... che non sapremo mai... quel giorno era il giorno per noi... per quello che ci aspettava... era il giorno della nostra vita...

Monica, tu non sei di qui. Mi potresti dire da dove sei? Vorrei passare la notte con te. Ma nel posto dove vivo ora gli ospiti non sono ammessi. Non posso portare nessuno a casa. Forse se trovo un altro posto posso invitarti. E possiamo dormire insieme.

di tutto il mondo che avevi a disposizione quella mattina eri arrivata davanti a me... chissà se lo sapevi che mi avessi incontrata... il tuo viso, amore mio, i tuoi capelli... e quegli occhi che mi guardavano come se entrassero nei miei... in tutta Buenos Aires c'eravamo soltanto tu e io... i tuoi occhi... la tua voce...mi hai tolto il respiro... mentre mi parlavi ti avrei baciata... ti avrei abbracciata e avrei cercato la tua bocca, mi sarei fatta prendere il respiro fino a soffocare...

Pronto, buongiorno. Ho letto il vostro annuncio sul giornale. Mi piacerebbe sapere che cosa questo comporta. Mi chiamo Mirna Alonso. Ho 26 anni, quasi 27. Dove sono nata e dove vivo? Sono nata a Tigre ma vivo qui. Non ho l'indirizzo fisso. Vivo in un albergo in questo momento. Se ha bisogno dell'indirizzo fisso posso darle l'indirizzo dei miei genitori, Navarro 1123. Vicino a "Automobil Club". Ho frequentato la scuola elementare e media a Tigre. Lavoro in un chiosco a San Fernando. Faccio i turni sia la mattina sia la notte, sono libera per il resto della giornata. Cosa comporta questo lavoro? Non c'è scritto niente quindi volevo più informazioni. Onestamente sono sicura di questo. Ho già altro lavoro quindi mi piacerebbe essere certa. Forse la richiamerò per prendere un appuntamento e allora chiederò il suo indirizzo. Bene, Mirna. Continua a cercare lavoro.

Tu e io quando ci siamo viste quella sera... Buenos Aires era diventata cosi bella... mi piacevano cosi tanto quegli orecchini che avevi... quei cerchi dorati che ho sempre pensato ti fossi scordata di avere addosso, come se facessero parte di te... non mostravano nessuna cura, nessun tentativo di essere più bella... due orecchini che erano stati messi a una bambina che poi era diventata donna e non se li era mai tolti... i riflessi che facevano sulla tua pelle... magari in qualche parte dei tuoi ricordi era rimasto impresso che una volta ti eri legata i capelli e a qualcuno eri piaciuta cosi... e adesso, a distanza di tempo... di anni... era diventata un'abitudine... forse una volta che eri stata innamorata era un periodo che portavi i capelli in quel modo e adesso continuavi a portarli per illuderti di essere ancora a quel tempo... a quel amore...

Vedi, piove ancora. E' rimasta solo una, la vuoi dividere? Monica, non pensare che questa è la mia casa. Appartiene al mio amico.

Posso stare qui solo pochi giorni. Poi cercherò di capire dove andare.

davvero... Mirna, la vita ti aveva dato tutta quella bellezza... e tu la ricambiavi facendoti guardare da me... sento ancora la stessa emozione... identica... da quanto tempo era che non guardavo qualcuno con quella gioia... con quella voglia... da quanto tempo era non sentivo più il cuore... tu, Mirna, tu guardami come ti pare... io sto qui per farmi guardare da te, non voglio altro, non conto niente, non sono niente... sono solo come mi guardi...

Torno subito. Lo accendo se vuoi. Incontro tanta gente. Conosco tante persone. Ma tu... tu... tu ed io era una cosa più bella per me. Non posso spiegare come è grande per me essere amata da te. Me lo ricorderò per sempre. Prometto.
Fa sempre freddo in questa casa.
Raccontami qualcosa della tua vita, Monica. Ascolta, non mi spaventa niente.

Mirna, non scorderò mai quella tenerezza dolorosa... qualcosa che scava al centro del cuore, che faceva diventare il sangue di piombo... il calore della tua bocca che mi baciava senza smettere mai, che si attaccava alle mie labbra per continuare a vivere, come se tu avessi bisogno della mia bocca... della mia lingua... del mio respiro per sopravvivere... Mirna, baciami ancora come quella notte in quella stanza... fammi sentire ancora il tuo corpo contro il mio... la tua bocca dentro la mia... tutto il tempo che siamo state lì... un tempo infinito... come se tu e io avessimo fatto l'amore sempre, come se non ne avessimo mai potuto fare a meno... vorrei tornare a quel momento preciso, vivere soltanto quello per sempre... tutta l'aria che c'era intorno, vorrei respirare solo quella... mi davi le tue labbra così morbide, il tuo viso così vicino al mio... il tuo respiro insieme al mio respiro... le tue mani che si aggrappavano a me... prenditi la mia bocca... il mio corpo... fammi quello che vuoi...quelle mani lasciale andare dove vogliono... io le lascio fare...

Questa città è troppo grande.

ma tu, Mirna, pensavi davvero di tornare a fare quelle stesse cose che avevi sempre fatto come se non fosse successo niente? pensavi davvero di lasciare quella notte che avevamo vissuto assieme come qualcosa che era successo per caso e che non sarebbe tornato? tu dentro quel chiosco... e tutte le persone che passavano e che ti chiedevano qualcosa da comprare, che ti parlavano... non immaginavano che fino a qualche momento prima tu eri stato soltanto un corpo che mi avevi dato... che avevi respirato e gridato per me... non sapevano che ti avevo preso tutto e ti avevo lasciato solo quella stanchezza... ma tu eri sempre cosi tranquilla... per te era sempre tutto normale... niente lasciava mai nessuna traccia... ed era normale anche spendere quelle ore chiusa là dentro... tempo inutile che lasciavi scorrere indifferente come se quella fosse vita e tu fossi fatta per spenderla in quel modo... quante persone vivono a Buenos Aires... e tu scomparivi dentro quel chiosco... smettevi di esistere... mentre io non smettevo di sentire la tua bocca sul io corpo, la tua pelle, le tue mani... come se fossero rimaste su di me... dentro di me... come se non potessi fare a meno... tutto ciò che mi avevi dato e che avevi preso di me...

Una volta stavo andando in Cile con il pullman e il pullman si è fermato improvvisamente. Ero in una piccola città al confine. Non so come si chiama. Sono scesa per bere un po' d'acqua ed è successa una cosa strana. Forse era dovuto al paesaggio, tutte queste montagne intorno. Anche se non era un posto mozzafiato, era un normale paesaggio di montagna. Ma era bello. Era carino. Quindi sono scesa per bere un po' d'acqua e sgranchirmi le gambe. Era davvero strano, qualcosa mi faceva sentire molto bene. Non posso spiegarlo. Era una piacevole sensazione di benessere e di pace. Non posso descriverlo. Quel giorno ero felice ma mi veniva da piangere. Ecco come mi sono sentita. Non per tristezza, non ero triste. Era la sensazione di troppa gioia. Non so il nome di questo posto, so che nevica li durante l'inverno.

Le strade vengono chiuse, i camion e i pullman non possono passare. Ma ho sentito qualcosa lì ed questo è sempre nella mia mente. Queste sono i sentimenti che uno sente. Non so perché ma andrò a vivere lì. Metto un po' di tempo perché nemmeno il nome di questo posto. Ma lo troverò. Scoprirò di più e finirò per vivere lì. Perché questo è il mio posto nel mondo. Laggiù.

poteva succedere qualunque cosa... potevamo morire... ci potevano uccidere... potevano scomparire e non sapere più dove eravamo... bastava continuare a fare amore come lo facevamo... sentirti addosso dappertutto... perdere le dita... la lingua... in qualche zona sconosciuta del tuo corpo sotto al mio... continuare a farti respirare in quel modo ogni volta che ti sfioro... ogni volta che ti bacio dove mi chiedi... come se fosse ultima aria che trovi nel mondo... come se ti avessi ferita e le mie mani fossero bagnate del tuo sangue... e chissà quali erano le ore che passavi... chissà quali cose ti tenevo occupata... mi lasciavi così, sfinita in quella pensione dove vivevo... dove vivevamo... ed era come se calasse la nebbia... il buio... il silenzio su tutto quello che mi rimaneva intorno... non c'era più niente... soltanto la solitudine... si fermava il cuore... la mente, si poteva fermare anche il mondo perché erano ore inutili fino a quando tornavi... chissà quando... mi rimaneva soltanto attesa perché tu comunque in qualche posto di questa città c'eri, ti muovevi, camminavi, parlavi, sorridevi, respiravi... tutto quello che vivevi... che avevi già vissuto... non c'era nessuna differenza... era vita che non vivevi per me... non ero gelosa, Mirna... era soltanto che io non c'ero e che agli altri rimaneva il tempo e il mondo di volerti bene... e tu a loro... volevo essere chiunque ti incontrava... volevo essere tuo padre quando andavi a trovarlo, almeno quei giorni ti avrei avuta soltanto io... rimanere a Tigre insieme a te e non tornare più a Buenos Aires... tutto quello che volevi, Mirna...

Se conoscessi il nome del posto dove voglio vivere o sapessi dove si trova, te lo direi, Monica. Ma non lo so. Lo sto cercando.

Qui, in montagna. Ma se un giorno vieni alle Ande, anche se ne
dubito fortemente, cercami, fammi questo favore.
Devo andare al lavoro ora. Ma non ho voglia. Fa freddo. Non
voglio di salire sul autobus, voglio dormire ancora per qualche
ora. Fino al mezzogiorno. Non è cosi male li. Vedo la gente, parlo
con loro. Se non vado li, li mancherò. Sorrido, dico "buongiorno",
li chiedo come stanno. E mangio la cioccolata coperta dagli
arachidi. Qualche caramella. E lavoro poche ore. Mi sento più a
mio agio cosi, se non avessi altri lavori, buonanotte, Mirna. Ho
scelto questo lavoro. Comunque un giorno ritorno qua. Scendo al
Congreso, suono il campanello e chiedo al portiere "posso vedere
Monica, per favore?" La stanza numero tre. Non ti sbarazzi di
me cosi facilmente.
Monica, ho fatto i piani per quest'anno. Sai come vanno le cose.
Oggi facciamo i piani ma poi non li seguiamo mai. Ma questa
volta ho deciso di seguirli. Ho deciso di cambiare la mia vita
e di andare via da Buenos Aires. Ho compiuto il mio primo
obiettivo, cambiare la vita, perché ti ho incontrato, Monica.
Ti ho incontrato. E tu non puoi immaginare come questo era
importante per me. Incontro tanta gente ma tu... tu.. tu ed io
era una cosa più bella per me. Sai che la mia vita è cambiata
grazie a te? Il fatto era che volevo andar via da Buenos Aires.
Ho sempre sentito che questa città era troppo grande per me.
Nel frattempo sei arrivata tu, ma era troppo tardi, Monica. Non
potevo più stare qui. E' la vita, le cose buone non succedono
mai nello stesso momento. Ma alla fine ci siamo incontrate.
Ci siamo amate. E questo sarà per sempre. Non posso spiegare
come è grande per me essere amata da te. Me lo ricorderò per
sempre. Prometto. Forse un giorno ci incontriamo ancora. Non
si sa mai. Se conoscessi il nome del posto dove voglio vivere o
sapessi dove si trova, te lo direi. Ma non lo so. Lo sto cercando.
Qui, in montagna. Ma se un giorno vieni alle Ande, anche se ne
dubito fortemente, cercami, fammi questo favore. Io sarò qui e
mi auguro che ogni persona che incontro sarai tu.

dovresti vivere soltanto dentro ai miei ricordi... è l'unico posto che ti dovrebbe essere concesso, perché adesso la tua vita mi fa paura... io vorrei che fosse finito tutto quando ci siamo perse, vorrei che non fosse rimasto niente... vorrei non farti vivere più nulla perché io adesso so come sei, so come sorridi... so come abbracci... so come baci... come fai l'amore... e tutto quello che fai adesso lo farai in qualunque altro posto, per qualcun altro... però tu avvertile quelle persone che incontrerai... tutte, dalla prima all'ultima... diglielo che non si innamorino mai di te... che ti guardino e ti dimentichino subito... tu proibiscigli qualsiasi sentimento, perché ti amo io... e tu non hai più posto per altro amore... quindi non ci facciano illusioni... se qualcuno non ti dà retta... non ti crede... digli che devono stare attenti a non incontrarmi mai, perché io li uccido uno per uno... basta anche che ti abbiamo incontrata e ti abbiano guardata per un istante... anche distrattamente, senza attenzione, non me ne importa niente, non mi interessa, io uccido tutta la gente che non c'entra niente con te... fosse anche unica cosa che dovrò fare, digli che ti lascino in pace, che se ne vadano finché sono in tempo... è un peccato mortale anche soltanto sperare che tu senta qualcosa per loro... tu non devi stare con nessuno... tu sei fatta per stare soltanto con me, anche soltanto nei ricordi, amore mio...

Vado. Non ti preoccupare, so come trovarti.

Postfazione

Quando ho visto il film *Mirna* per la prima volta ho avuto l'idea che fosse più importante e più profondamente intimo di tutti i precedenti film di Corso Salani. Affermazione che potrebbe suonare come un azzardo, perché tutte le opere di Corso sono l'espressione libera di un impulso tanto personale quanto necessario. Eppure vedevo in *Mirna* elementi nuovi e misteriosi come se questa storia d'amore e di assenza nascondesse dentro di sé qualcosa di invisibile ma destinato presto ad affiorare. E infatti *Mirna* è un film sfuggente e al tempo stesso denso e assoluto, in cui immergersi e andare alla deriva. Un racconto doppio che si incrocia e si accavalla, che avvolge lo spettatore e lo abbandona. Gioia e dolore occupano sempre lo stesso spazio. Sollievo e disperazione, stanchezza e frenesia, come una corsa senza fine, tutta d'un fiato, con gli occhi desiderosi di vedere, mai stanchi di cercare. Un racconto ellittico, di fatto senza racconto, una storia usata come "pretesto" per andare in fondo ai pensieri e alle sensazioni, oltre i veli possibili, come a voler rivelare un segreto.

Quel segreto è svelato in questo scritto che non è un romanzo, forse neppure un racconto, almeno non secondo i canoni consueti. È un diario personale di un regista che torna a Buenos Aires dopo quindici anni per fare un film su una ragazza conosciuta, amata, lasciata e mai più dimenticata. Così, fin dal viaggio in aereo, Mirna diventa una dolce ossessione per misurare il tempo e perdersi negli spazi infiniti di una città di cui si possono sentire i rumori, le frenesie, i silenzi. Tutta la solitudine del mondo. A Buenos Aires le strade si moltiplicano sulla scia di pensieri ininterrotti. Il film da fare, l'attrice da trovare, le riprese, il viaggio, lo stordimento del lavoro, la felicità, la malinconia, la nostalgia che ti assale in un attimo di distrazione. E poi ci sono i ricordi da ricostruire, come a volerli rimettere in ordine per poter vivere quindici anni ancora senza perdere neppure un secondo di questa storia con Mirna. E c'è la vita da vivere per le strade, la vita da trasformare in film, i film che si sovrappongono ad ogni respiro. "E poi quante cose ci sono da pensare, che davvero non bastano le ore fino a domani, mentre fuori continuano a passare gli autobus e le automobili, come se la giornata non finisse mai e nessuno sentisse il bisogno di tornare a casa...".

Un viaggio che nasconde una vita, circoscritta tra due partenze, completamente assorbita nella memoria. Scavata e rivissuta. I vuoti che trovano forma, il presente che si modella su un passato ormai quasi astratto. Questo il percorso di un film che si fa romanzo e trova nella parola scritta la possibilità di soffermarsi ancora più a lungo sui dettagli che Corso amava filmare. Un po' come fermare l'inarrestabile processo del fare un film e stare semplicemente a guardare, cogliere i primissimi piani nelle parole, sottolineare la sorpresa, la paura, l'abisso. O meglio, struggersi nel vedere e nel voler vedere di più, facendolo magnificamente con le parole, attente, "plurali" e dolci di Corso. "E non importa se la sto filmando da pochi minuti, poco più che inquadrature di servizio, semplicemente lei sul sedile di questo autobus che guarda fuori dal finestrino. C'è lo stesso da prendere le misure, da capire chi c'è davanti alla cinepresa, iniziare a rendersi conto che questo stesso viso lo avrò davanti agli occhi, sempre più vicino, sempre più dentro, per tutto il tempo che mi serve, fino a non poterne più, se mai succederà". E come sempre si procede confondendo memoria e desiderio, cinema e vita. "Tutte le immagini che mi ricordo sono già le immagini del film. E quelle che mi mancano me le invento, o me le trovo già nella mente, come succede quando si fanno i film. Perché sono già pronti, basta trovare il modo e il momento per filmarli, né un giorno prima né un giorno dopo".

Grazia Paganelli

Artdigiland e un'attività editoriale che offre – attraverso editoria e broadcasting – interviste esclusive ad artisti internazionali. E saggi, monografie, biografie, raccolte di materiali. Artdigiland è anche una community web di autori, curatori, videomaker.

Vi invitiamo a sottoscrivere la nostra newsletter per essere informati sulle nuove uscite, sui nostri eventi e sulle offerte riservate ai nostri lettori: http://www.artdigiland.com/newsl

http://artdigiland.com

Per informazioni: www.artdigiland.com
Per contatti: info@artdigiland.com

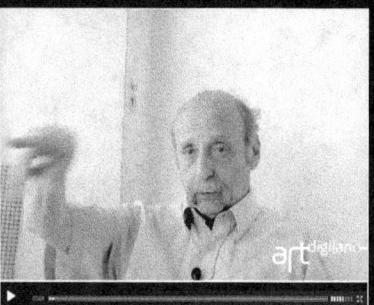

intervista a Marc Scialom
a cura di Silvia Tarquini

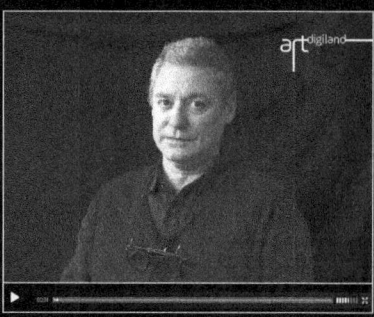

intervista a Fabrizio Crisafulli
a cura di Enzo Cillo

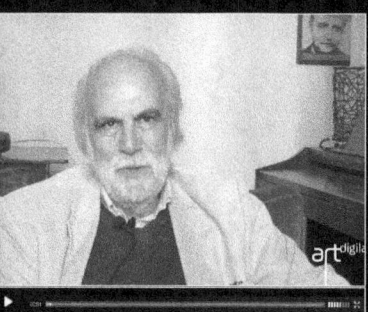

intervista a Beppe Lanci
a cura di Monica Pollini

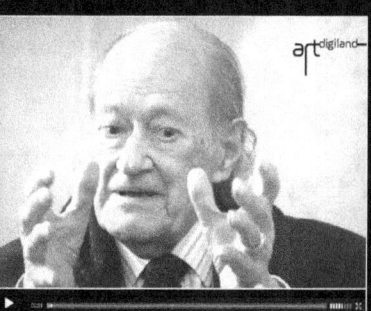

intervista a Ugo Gregoretti
a cura di Vincenzo Valentino

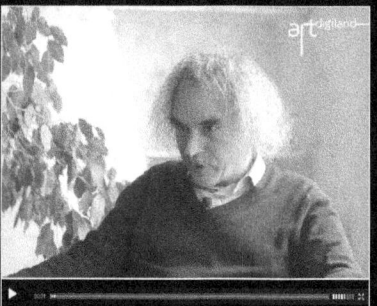

intervista a Eugène Green
a cura di Federico Francioni

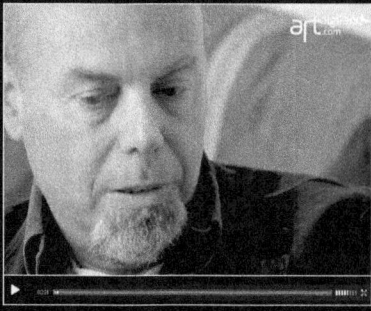

intervista a Luca Bigazzi
a cura di Alberto Spadafora

Artdigiland ha pubblicato in italiano:

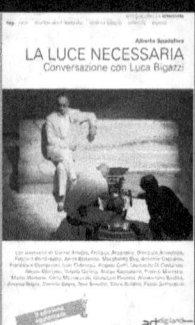

LA LUCE NECESSARIA
Conversazione con Luca Bigazzi
a cura di Alberto Spadafora
prefazione di Silvia Tarquini, 2012 - II ed. agg. 2014

Un libro intervista che "illumina" aspetti non noti delle migliori opere cinematografiche italiane degli ultimi trent'anni. La narrazione di Luca Bigazzi – direttore della fotografia e insieme operatore di macchina – raccoglie con coerenza caratteri tecnici, artistici ed etici del lavoro sul set. Bigazzi racconta la genesi del suo modo di lavorare libero da regole codificate, i motivi delle sue scelte professionali, la luce che ama, le ragioni della sua passione per lo stare in macchina. Come "controcampo", le testimonianze di 24 protagonisti del cinema italiano, tra registi, attori, produttori, fotografi di scena e collaboratori.

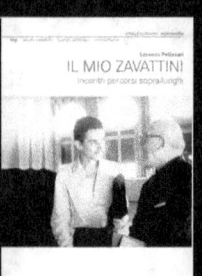

IL MIO ZAVATTINI
Incontri percorsi sopralluoghi
di Lorenzo Pellizzari, 2012

Il libro raccoglie quanto Pellizzari ha scritto e pensato su Zavattini da quando era ragazzo ad oggi, insieme ad una storica intervista, in cui Zavattini si concede forse come mai; documenta un lungo rapporto intellettuale e personale, fatto di infinite riflessioni, desideri, slanci, critiche, pentimenti, ripensamenti; e rivela l'ininterrotto impegno del critico a capire, da una parte, e a "stimolare", quasi, dall'altra, il suo personaggio. Un impegno appassionato e civile, e insieme sedotto dalla qualità giocosa della scrittura zavattiniana.

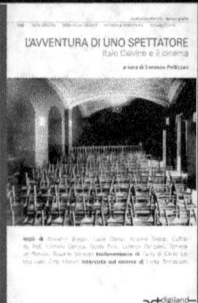

L'AVVENTURA DI UNO SPETTATORE
Italo Calvino e il cinema
a cura di Lorenzo Pellizzari, 2015
con saggi e autori vari

Nel trentennale della scomparsa, Artdigiland celebra Italo Calvino. Il libro ripercorre le poche ma fruttuose relazioni dello scrittore con il cinema italiano ma soprattutto sviluppa il viaggio in un immaginario che dal cinema prende le mosse. Si parte da quanto Calvino racconta nella sua *Autobiografia di uno spettatore*, del '74, prefazione al volume *Fellini: quattro film*, si attraversano racconti, romanzi, saggi critici individuando l'imprinting cinematografico, e si arriva al "segno calviniano" di non poche opere del cinema e del disegno animato contemporanei. L'apparato iconografico rende omaggio alla fascinazione calviniana per il cinema classico, soprattutto americano.

LE OMBRE CANTANO E PARLANO
Il passaggio dal muto al sonoro nel cinema italiano attraverso i periodici d'epoca (1927-1932)
di Stefania Carpiceci
prefazione di Adriano Aprà, vol. I, 2012

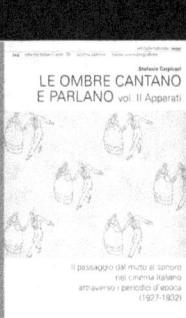

L'intento di questo libro è quello di indagare, in Italia, il passaggio dal cinema silenzioso delle origini ai nuovi fonofilm. A fare da mappa sono soprattutto le riviste e i periodici cinematografici nazionali d'epoca, analizzati a partire dal 1927 – anno della prima proiezione americana de *Il cantante di jazz*, pellicola che notoriamente decreta la nascita ufficiale e internazionale del cinema sonoro – fino al 1932, data di adozione del doppiaggio in Italia. Undici film sono poi scelti e analizzati come casi rappresentativi delle questioni messe in campo dal sonoro.

LE OMBRE CANTANO E PARLANO
Il passaggio dal muto al sonoro nel cinema italiano attraverso i periodici d'epoca (1927-1932)
di Stefania Carpiceci, vol. II Apparati, 2013

Il volume II di *Le ombre cantano e parlano* propone una mappatura ragionata dei maggiori periodici cinematografici dell'epoca: «L'Argante», «Cine-Gazzettino», «Cinema Illustrazione», «Il Cinema Italiano», «Cinema-Teatro», «La Cinematografia», «Il Cine Mio», «L'Eco del Cinema», «Kines», «La Rivista Cinematografica», «Rivista Italiana di Cinetecnica» e «Lo Spettacolo Italiano». Ad essi si aggiungono due riviste teatrali, «Comoedia» e «Il Dramma», e un quotidiano, «Il Tevere», particolarmente attenti al cinema. Le testate sono scandagliate in relazione ai vari aspetti del passaggio dal muto al sonoro. Altro osservatorio privilegiato sono naturalmente i film, dei queli si riporta il repertorio.

RITA HAYWORTH
Cinema, danza, passione
di Claudio Valentinetti
prefazione di Lorenzo Pellizzari, 2014

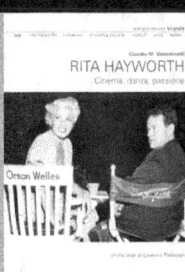

Una sterminata filmografia, più di sessanta titoli, anche se pochi sono quelli folgoranti, *Sangue e arena*, *La signora di Shanghai*, *Gilda*. Cinque mariti, tra cui il genio Orson Welles e l'"imam" Ali Khan, e molti grandi partner sul set. Un mito costruito dalla Mecca del Cinema di quegli anni per mano di sapienti produttori e di abili registi: Charles Vidor, Rouben Mamoulian, Howard Hawks, William Dieterle, Henry Hathaway, Raul Walsh e, ovviamente, Welles. Una vita durissima: un lungo lavoro per raggiungere il successo, prima come ballerina, negli spettacoli e nella scuola di flamenco della sua famiglia, i Dancing Cansinos, e poi come attrice. Senza mai ottenere quello che più desiderava: la felicità familiare.

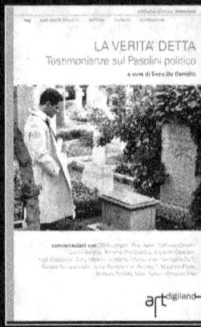

LA VERITÀ DETTA
Testimonianze sul Pasolini politico
a cura di Enzo De Camillis, 2015

Il quarantennale della morte di Pasolini cade in una fase del nostro Paese che in molti definiscono di "catastrofe culturale" (e politica, economica, umanitaria). Ponendosi in relazione con l'oggi, il libro propone una serie di testimonianze inedite sul Pasolini "politico", intellettuale spesso in contrasto con la sinistra ufficiale della sua epoca.

Si avvisano i lettori che il libro è esaurito.

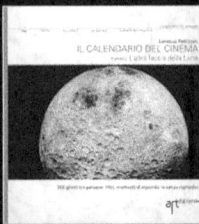

IL CALENDARIO DEL CINEMA
Ovvero L'altra faccia della Luna
365 giorni tra persone, film, momenti di riguardo (e senza riguardo)
di Lorenzo Pellizzari, 2016

Un calendario che si rispetti dedica ognuno dei suoi 365 giorni a un cosiddetto santo o a un memorabile momento della liturgia. Poteva sfuggire alla regola un calendario dedicato all'empireo del cinema, all'Olimpo dei suoi divi e delle sue divine, agli eventi della sua ormai lunga storia? Non poteva. Persone, film, momenti, ripescati dalla memoria di un vecchio critico, con il dovuto riguardo per quanti se lo meritano e senza alcun riguardo per altri. Anche un modo per rievocare incontri personali, amici scomparsi, visioni effimere.

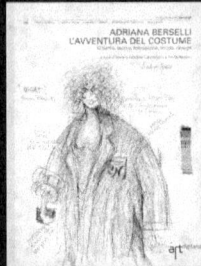

ADRIANA BERSELLI. L'AVVENTURA DEL COSTUME
Cinema, teatro, televisione, moda, design
a cura di Vittoria Caterina Caratozzolo, Silvia Tarquini, prefazione di Steve Della Casa, 2016

Il volume adotta la formula del libro-intervista con l'intento di costruire un ritratto d'artista basato sull'immersione nella sua "fucina" creativa, e di tracciare contestualmente la fisionomia di un mestiere. Dopo l'esordio, giovanissima, con Pabst, negli anni '50, Berselli è al fianco di Blasetti, Risi, Comencini, Vasile, Petroni e Camerini in numerosi film che ritraggono l'evoluzione della società italiana del boom economico. Michelangelo Antonioni le affida i costumi per L'avventura, trasparente capolavoro di analisi sociologica e antropologica. Negli anni '60 Berselli rappresenta la rivoluzione sessantottina e l'affermarsi di nuove tecniche, nuovi tessuti, nuove forme, prima tra tutte quella della minigonna. Nei '70 – ricordiamo, tra le altre, la collaborazione con Polanski per What? –, racconta, sottotraccia, attraverso sovrapposizioni di stili e generi, le intemperanze e le frustrazioni di un decennio già carico di fallimenti ideologici e politici. Ma il talento di Adriana Berselli non si limita al cinema. A fine anni '70 ha interrotto per circa un decennio il suo lavoro cinematografico per seguire il marito in Venezuela, paese in cui ha ottenuto premi e riconoscimenti nei campi del teatro e della moda e ha tenuto corsi sul costume in accademie, circoli culturali, università e in programmi televisivi. Tornata poi in Italia, e al cinema e alla televisione, ancora oggi esprime il suo talento disegnando "personaggi di strada.

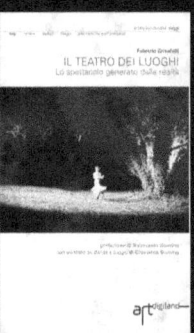

IL TEATRO DEI LUOGHI
Lo spettacolo generato dalla realtà
di Fabrizio Crisafulli
con un testo su danza e luogo di Giovanna Summo, prefazione Raimondo Guarino, 2015

Fabrizio Crisafulli analizza caratteri e modalità di quel particolare tipo di ricerca che ha chiamato "teatro dei luoghi", a oltre vent'anni dalla sua prima formulazione. Un tipo di lavoro nel quale il "luogo" e l'insieme delle relazioni che lo costituiscono vengono assunti come matrice e "testo" della creazione teatrale. Le motivazioni alla base di questa ricerca, il suo riportare l'attenzione sui luoghi, la realtà locale, la prossimità, si sono riaffermate nel corso degli anni per l'accrescersi delle questioni legate allo sviluppo mediatico, alla perdita di contatto della vita quotidiana con i luoghi, e per le criticità che le forme di comunicazione a distanza e i social network creano, accanto a nuove opportunità, sul piano delle relazioni umane e dei modi di sentire lo spazio. Il volume fa definitivamente luce sul fatto che il "teatro dei luoghi", nell'uso comune a volte inteso (e frainteso) semplicemente come teatro che si svolge fuori dagli edifici teatrali, non è definito dallo spazio dove si fa lo spettacolo, ma dall'idea stessa di "luogo" e dal modo specifico in cui il lavoro si relaziona al sito. In qualsiasi posto si svolga. Chiarendo, attraverso riflessioni ed esempi, ragioni e operatività di quello che è un modo radicalmente nuovo di fare e concepire il teatro.

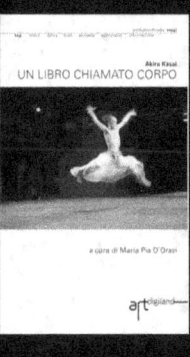

UN LIBRO CHIAMATO CORPO
di Akira Kasai
a cura di Maria Pia D'Orazi, 2016

Le discipline esoteriche insegnano che il corpo non è mai un ostacolo per la piena realizzazione dell'individuo. Al contrario, è il mezzo necessario per la sua elevazione spirituale, perché lo spirito si forma per gradi dopo aver accolto ed elaborato le esperienze del mondo fisico. Ed è attraverso la focalizzazione della percezione sulle sensazioni fisiche che l'essere umano può acquisire consapevolezza della sua identità più profonda: allora, quando mette a tacere l'intelletto e dirige la coscienza sulle sensazioni, riesce a percepire il corpo interiore come un flusso di energia che scorre nell'organismo, sperimentando il contatto con la sua identità di essenza a partire dalla sua identità di forma. Attraverso il contatto con l'Essenza è possibile distinguere i pensieri autenticamente individuali generati dal proprio sé, da quelli provenienti da istinti fisici o abitudini sociali; mentre si entra in un territorio senza limiti dove "io è un altro" e scompare ogni differenza fra individui, generazioni, civiltà o religioni che possa generare una cultura della sopraffazione e della violenza. Allora, la ricerca espressiva diventa qualcosa di più e qualcosa d'altro: è sistema pedagogico e visione dell'uomo nuovo, un modo di trasformare se stessi per trasformare il mondo.

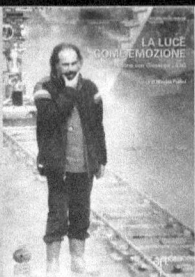

LA LUCE COME EMOZIONE
Conversazione con Giuseppe Lanci
a cura di Monica Pollini, 2017

La voce pacata e l'espressione attenta di Giuseppe Lanci, non di rado accompaganete da sottile e delicato umorismo, condurranno il lettore in un racconto che attraversa, nel vivo del set, oltre cinquant'anni del migliore cinema italiano, e non solo. Dalla formazione al Centro Sperimentale di Cinematografia all'esperienza da operatore di macchina al fianco di Tonino Delli Colli e Franco Di Giacomo, dalle incertezze degli esordi all'immersione nella dimensione unoca del cinema di Andrej Tarkovskji per *Nostalghia*, dai sodalizi artistici con Marco Bellocchio, Paolo e Vittorio Taviani, Nanni Moretti agli incontri con Bolognini, Magni, Wertmüller, Von Trotta, Cavani, Del Monte, Greco, Piscitelli, Archibugi, Lucchetti, Benigni, Franchi... L'arte e il mestiere del creare la luce e l'impatto visivo del film sono resi con dovizia di particolari tecnici ma sempre nell'ambito di un approccio umanistico, e insieme di riflessioni che vanno dai condizionamenti produttivi alle relazioni con gli altri repartidel set e gli attori, fino al tema della "carriera" in generale. L'intervista si sofferma poi sull'ultima passione di Lanci, quella per l'insegnamento e per lo scambio cn i giovani, passione che lo riporta, da docente e coordinatore didattico, al Centro Sperimentale dei suoi inizi. Foto di scena e di set illustrano questo percorso magistrale e testimonianze di registi e colleghi fanno da contrappuntoalla narrazione di uno dei maggiori direttori della fotografia italiani.

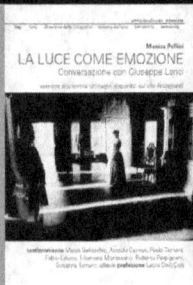

LA LUCE COME EMOZIONE
Conversazione con Giuseppe Lanci
a cura di Monica Pollini, 2017

Del volume *La luce come emozione* è disponibile una versione economica di formato ridotto e senza immagini; le immagini sono disponibili per i nostri lettori sul sito Artdigiland, al link indicato nel libro.

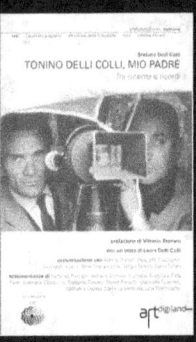

TONINO DELLI COLLI, MIO PADRE
Tra cinema e ricordi
di Stefano Delli Colli,
prefazione di Vittorio Storaro, 2017

Negli 80 anni dalla nascita di Cinecittà, che sono anche gli 80 anni dall'ingresso di Tonino Delli Colli negli stabilimenti di via Tuscolana 1055 –, Stefano Delli Colli, figlio del grande direttore della fotografia, rende omaggio al padre raccontandone, dal suo personale punto di vista, l'avventura cinematografica. Dal fervore degli anni '50 alla grande stagione al fianco di Pier Paolo Pasolini, da Sergio Leone a Federico Fellini, passando per Monicelli, Annaud, Polanski, Ferreri e tanti altri grandi registi, il racconto dell'autore, a tratti commosso, ci restituisce la memoria della parabola di uno dei "pionieri" della fotografia del cinema italiano. Un omaggio al suo grande mestiere, al suo naturale istinto fotografico, alla sua umiltà e umanità.

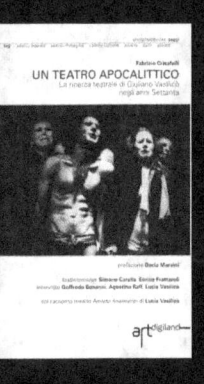

UN TEATRO APOCALITTICO
La ricerca teatrale di Giuliano Vasilicò
negli anni Settanta
di Fabrizio Crisafulli, prefazione di Dacia Maraini, 2017

Giuliano Vasilicò (1936-2015) è stato un protagonista del teatro italiano degli anni Settanta del Novecento, attivo nel particolare contesto delle "cantine romane". Nelle storie del teatro viene fatto spesso appartenere – insieme a Mario Ricci, Giancarlo Nanni, Memè Perlini – al cosiddetto "teatro-immagine". Un'etichetta – dal regista emiliano mai accettata – che, al di là della capacità che a suo tempo ha avuto di individuare un fenomeno e di farlo conoscere, ha poi forse fatto da deterrente alla conoscenza dei singoli artisti che di quel fenomeno sono stati parte. Il teatro è stato per Vasilicò un potenziale mezzo di rivelazione, innanzitutto a se stesso, di aspetti nascosti dell'esistenza. Da qui il titolo *Un teatro apocalittico*, visto che *apo-kalýptein* vuol dire togliere il velo, scoprire. E che l'aggettivo, in accezioni differenti, è facilmente associabile ad uno dei suoi spettacoli più importanti, *Le 120 giornate di Sodoma* da Sade, con la sua ineffabile presentazione del Male in forma di visioni.

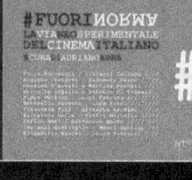

FUORINORMA
La via neosperimentale del cinema italiano
a cura di Adriano Aprà, 2017

«Sono sperimentali i film di cui parlo? Lo sono in quanto ricercano nuove strategie espressive diverse e opposte a quelle istituzionalizzate dal cinema di finzione e documentario. Lo sono perché scoprono nuove ipotesi narrative, nuove strutture drammaturgiche, nuove opzioni di montaggio, di musica, di suono».
(Adriano Aprà) CATALOGO DEL PRIMO FESTIVAL ESPANSO FUORINORMA (Roma 26 ottobre - 22 dicembre 2017) www.fuorinorma.it

Artdigiland ha pubblicato in italiano, francese e inglese:

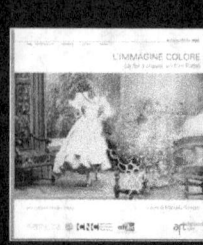

L'IMMAGINE COLORE
Le fer à cheval, un film Pathé
autori vari, a cura di / ed. by Marcello Seregni
prefazione di / foreword by Giulia Barini, 2016
in collaborazione con Ass. Cult. Hommelette e con
il sostegno scientifico dell'AFRHC - Association
française de recherche sur l'histoire du cinéma

Il libro propone una raccolta di saggi dedicati alla storia del cinema muto e al restauro del film, con particolare riferimento a *Le fer à cheval* (1909) di Camille de Morlhon, restaurato a cura di Associazione Culturale Hommelette e Fondation Jérôme Seydoux- Pathé. Hanno contribuito Rossella Catanese, Eric Le Roy, Federico Pierotti, Alice Rispoli, Stéphanie Salmon, Claudio Santancini, Elisa Uffreduzzi, Giandomenico Zeppa; premessa di Giulia Barini. A conclusione del volume un ampio inserto iconografico

Artdigiland ha pubblicato in italiano e francese:

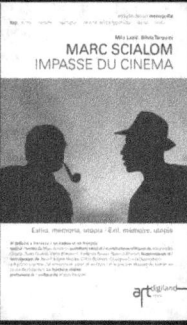

MARC SCIALOM. IMPASSE DU CINEMA
Esilio, memoria, utopia / Exil, mémoire, utopie
a cura di / sous la direction de Mila Lazić, Silvia Tarquini
prefazione di / préface de Marco Bertozzi, 2012

Marc Scialom, ebreo di origini italiane, toscane, poi naturalizzato francese, nasce a Tunisi nel 1934. Dopo le persecuzioni naziste nel '43 in Tunisia, le ripercussioni sugli Italiani, meccanicamente associati al fascismo nel periodo dell'"epurazione", e la strage di Biserta (1961) – che denuncia nel corto *La parole perdue* (1969) –, si trasferisce in Francia. La sua vita si intreccia, "mancandola", con la storia del cinema: a Parigi il lungometraggio *Lettre à la prison* (1969-70), realizzato senza un produttore e quasi clandestinamente, non è sostenuto dai suoi amici cineasti, tra cui Chris Marker. Deluso, Scialom chiude il film in un cassetto. Torna alle sue origini, allo studio della lingua e della letteratura italiane. Traduce la *Divina Commedia* (Le Livre de Poche, 1996). Dopo il ritrovamento di *Lettre à la prison*, il restauro e la presentazione nel 2008 al Festival International du Documentaire di Marsiglia, Scialom torna al lavoro cinematografico con *Nuit sur la mer* (2012).

Artdigiland a publié en français

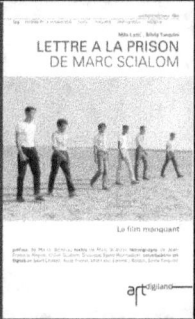

LETTRE A LA PRISON DE MARC SCIALOM
Le film manquant
sous la direction de Mila Lazić, Silvia Tarquini
préface de Marco Bertozzi, 2014

Le livre présente, en français seulement, la partie consacrée à *Lettre à la prison* dans l'ouvrage bilingue – italien et français – *Marc Scialom. Impasse du cinéma. Esilio, memoria, utopie/ Exil, mémoire, utopie*, sous la direction de Mila Lazić et Silvia Tarquini (2012). Le livre source est consacré à l'œuvre de Scialom – cinématographique et littéraire – dans son ensemble, et approfondit sa relation avec la *Divine Comédie* de Dante Alighieri. Ce volume restitue à l'histoire du cinéma la mémoire historique et cinématographique cristallisée dans l'aventure, au sens antonionien, de Marc Scialom. Avec *Lettre à la prison* (1969) nous sommes confrontés à un film Nouvelle Vagues "trouvé", tourné avec une camera prêtée par Chris Marker, puis englouti dans un abîme bienprécis, personnel et historique. La préface de Marco Bertozzi cite Alberto Grifi, Chris Marker et Jean Rouch, filmmakers "dépaysés", constamment à la recherche, à travers le cinéma, d'un contact avec la réalité.

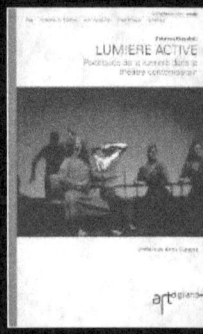

LUMIERE ACTIVE
Poétiques de la lumière dans le théâtre contemporain
de Fabrizio Crisafulli
préface de Anne Surgers, 2015

Cet ouvrage revisite, du point de vue des poétiques de la lumière, quelques épisodes importants de la mise en scène théâtrale au XXe siècle, depuis les grands réformateurs des premières décennies jusqu'à divers artistes contemporains tels que Josef Svoboda, Alwin Nikolais, Robert Wilson. Non pour proposer une histoire plus ou moins organique de la lumière au théâtre, mais pour tenter de préciser, relativement à son utilisation, certaines questions fondamentales. S'affranchissant des contextes étroits de la technique et de l'image dans lesquels on tend souvent à les enfermer, les problématiques de la lumière sont examinées ici sous d'autres angles, ceux de la structure spatio-temporelle du spectacle, de la construction dramatique, de la création poétique, de l'action, du rapport avec le performer. Une partie de l'ouvrage est consacrée au travail théâtral de l'auteur. Elle documente le point de vue particulier sur lequel sa réflexion se fonde, point de vue suscité et enrichi par son expérience personnelle de metteur en scène.

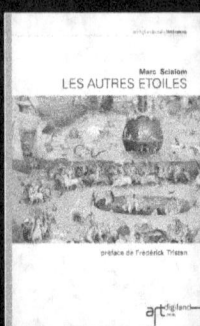

LES AUTRES ETOILES
de Marc Scialom
roman, préface de Frédérick Tristan, 2015

«Voici donc ce que je souhaitais réussir : le lecteur serait plus ou moins perdu tout au long de mon livre, perdu mais accroché, avec le sentiment croissant de frôler une chose intense, de l'entrevoir dans un brouillard, de supposer cette chose peut-être à tort, un peu comme un rêveur sur le point de s'éveiller voit parfois poindre à travers les volutes et sous les masques de son rêve une vérité douteuse, douteuse mais imminente, cela jusqu'aux dernières pages – puis tout à coup il comprendrait: rétrospectivement sa lecture indécise lui deviendrait claire parce qu'il découvrirait, lovée au coeur de la spirale et hors littérature, la scène première dont le livre est sorti».

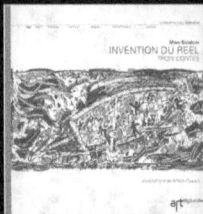

Marc Scialom
INVENTION DU REEL
Trois contes
illustrations de Mélik Ouzani, 2016

Le réel est-il vrai ? Le vrai est-il réel ? Humoristiques mais graves, noirs mais flamboyants et bariolés, burlesques mais parfois terrifiants, ces contes ne peignent pas seulement un univers distinct du nôtre mais qui lui ressemble. À l'aveuglette et à tâtons, ils en esquissent aussi quelques possibles prolongements futurs...

Artdigiland published in English/Italian:

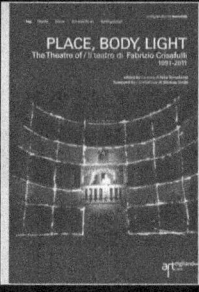

PLACE, BODY, LIGHT
The Theatre of / Il teatro di Fabrizio Crisafulli. Twenty Years of Research / Venti anni di ricerca 1991-2011 edited by / a cura di Nika Tomašević, foreword by / prefazione di Silvana Sinisi, 2013

Fabrizio Crisafulli's theatre research centres on Place, Body and Light, and challenges performance practices at their very foundations, in an attempt to reclaim the original potency of theatre and its relevance and effectiveness in contemporary times. This is where dance meets architecture, drama meets territory, and the performance of the body meets poetic light. Crisafulli's works – poetic and visionary, hypnotic and deeply emotional, full of life and irony – are revealed through interviews, personal accounts, critiques, information and photos related to performances and installations created between 1991 and 2011.

Artdigiland published in English:

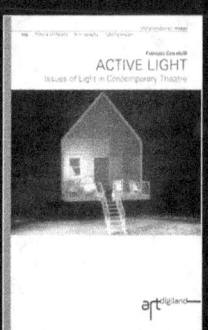

ACTIVE LIGHT
Issues of Light in Contemporary Theatre by Fabrizio Crisafulli foreword by Dorita Hannah, 2013

This book looks at various important events relating to the poetics of light in theatre production in the West in the twentieth century, from the great reformists at the beginning of the century to contemporary artists such as Josef Svoboda, Alwin Nikolais and Robert Wilson. The intention isn't to outline a somewhat organised history of stage lighting, instead it is an attempt to identify some basic issues concerning its use. Lighting issues are unshackled from the limited contexts of technique and image, where they often end up only to be relegated, and examined in the context of the performance's space/time structure, poetic and dramatic construction, and the relationship with the performer. A section dedicated to the theatrical work of the author outlines the distinctive point of view behind the book.

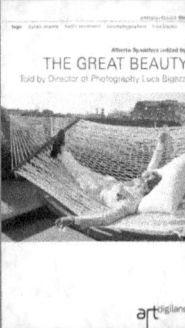

THE GREAT BEAUTY
Told by Director of Photography Luca Bigazzi
Alberto Spadafora (ed. by), 2014

Luca Bigazzi is one of Italy's most acclaimed award-win-
ning directors of photography (DOP). His life has been
dedicated entirely to the best of independent Italian cinema (not counting his work with Abbas Kiarostami). He
has worked with directors such as Mario Martone, Gianni
Amelio, Cipri e Maresco, Silvio Soldini, Carlo Mazzacura-
ti, Antonio Capuano, Leonardo Di Costanzo and Andrea
Segre, and has been working with Paolo Sorrentino since
The Consequences of Love in 2004. In this interview, edited by the photographer and film critic Alberto Spadafora, the Italian cinematographer talks about *The Great Be-
auty*, prizewinner of the Academy Award for Best Foreign
Language Film of 2014.

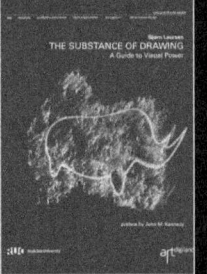

THE SUBSTANCE OF DRAWING
A Guide to Visual Power
by Bjorn Laursen
preface by John Kennedy, 2017

This book is not a manual as it is normally meant. It is
not just a technical guide to learning how to draw. It lets
you understand the motivations and impulses that are at
the origin of drawing and the processes that are activated
when you draw. And drawing is intended not so much as
a simple tool, more or less effective, to imitate reality, but
as a means of knowledge and memory with respect to reality. What Bjørn Laursen lets us understand is how liste-
ning and the availability to be captured by what we have
around are essential qualities for an artist, and how the
act of drawing is not a passive recording of objects, but a
discovering and imagining, discovering the present and
its history, and imaging the future of the environment we
live in. (Fabrizio Crisafulli)

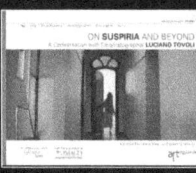

ON SUSPIRIA AND BEYOND
A Conversation with Cinematographer Luciano Tovoli
edited by Piercesare Stagni and Valentina Valente,
2017

On *Suspiria* and Beyond is a book-interview with
cinematographer Luciano Tovoli AIC ASC, who has
collaborated with directors such as Vittorio De Seta,
Michelangelo Antonioni, Dario Argento, Maurice Pialat,
Valerio Zurlini, Francis Veber, Andrej Tarkovskij, Ettore
Scola, Julie Taymor, Barbet Schroeder and many others.
Tovoli is also the creator of the European Federation of
Cinematographers Imago. The volume retraces all the
stages of making *Suspiria*, from test shots to printing.
It describes in detail the making of various sequences,
relations with the director, explores the cultural premises
of this immortal work and the historical context of the
struggle for innovation in the cinematography of the
Seventies. Above all, it reveals Luciano Tovoli's passion
and tireless search for an expressive use of color in films,
providing us with a first-hand experience of an incredible
adventure in aesthetics.